Rudolf Seiters

# VERTRAUENSVERHÄLTNISSE

Autobiografie

RUDOLF SEITERS

# VERTRAUENS VERHÄLTNISSE

AUTOBIOGRAFIE

Unter Mitarbeit von Carsten Tergast

HERDER

FREIBURG · BASEL · WIEN

MIX
Papier aus verantwortungsvollen Quellen
FSC® C083411

Originalausgabe

www.herder.de

Satz: Daniel Förster, Belgern
Herstellung: CPI books GmbH, Leck

Printed in Germany

ISBN 978-3-451-34968-3

# INHALT

# VERTRAUEN UND VERANTWORTUNG

»Vertrauensverhältnisse« – als ich den Titel von Rudolf Seiters Autobiografie zum ersten Mal las, dachte ich: Nur so können die Erinnerungen dieses Mannes heißen. Rudolf Seiters ist die personifizierte Vertrauenswürdigkeit. Ich darf das sagen; ich kenne ihn gut. Und ich kenne die politische Sphäre über die Jahre ganz gut, und kann deswegen auch sagen: Im Feld der Politik gibt es nicht viele wie ihn.

Dabei hat Vertrauen eine ambivalente Seite: Im persönlichen Kontakt zwischen Menschen, ob privat, politisch oder wirtschaftlich, ist Vertrauen unverzichtbar. Wir müssen uns verlassen können aufeinander, sonst erreichen wir miteinander nicht viel. Vertrauen, das auf gemeinsam gelebten Werten und Tugenden gründet, gehört zu den Voraussetzungen, von denen Staat und Gesellschaftsordnung zehren, ohne sie doch selbst rechtlich einfordern und garantieren zu können.

Auch im Verhältnis des einzelnen Bürgers zu gesellschaftlichen Gruppen und politischen Akteuren, zu Institutionen, Unternehmen oder, notabene, Banken ist Vertrauen unverzichtbar – aber hier fängt auch die Ambivalenz an. Denn Vertrauen ohne den Sinn für die eigene Verantwortung wird schnell blind. Man muss es am Ende selbst verantworten, wenn man und wem man vertraut. Vertrauen und Verantwortung müssen zusammen gehen.

Rudolf Seiters, das ist ein zweiter hervorstechender Charakterzug dieses Ausnahmepolitikers, hat Verantwortung übernommen und uns mit seinem Beispiel auch daran erinnert, dass »politische Verantwortung übernehmen« nicht heißt, nach verzweifeltem Ausprobieren aller Schlupflöcher und Hintertürchen zu kapitulieren, sondern dass Verantwortung mit Würde und erhobenem Haupt zu tun hat.

Rudolf Seiters war und ist ein überzeugender Mensch und Politiker. Es gibt kaum einen angenehmeren Gesprächspartner in dieser Mischung aus Kompetenz, Zurückhaltung, Sachlichkeit, Verbindlichkeit, Offenheit und ruhiger Freundlichkeit, die ihn auszeichnet. Er hat seine ruhige, bescheidene Art in den Dienst unseres Landes gestellt. Wie sehr er den Menschen hier gedient hat, das zeigen seine nun vorliegenden Erinnerungen – auf ihre Art eine Geschichte der Bundesrepublik bis in die Flüchtlingssituation unserer Tage hinein.

Dabei stand am Anfang seiner Karriere eine Schrecksekunde, in der stürmisch umarmte Nonnen, ein Polizeieinsatz und die Absage einer Abiturfeier eine Rolle spielen. Aber mehr wird nicht verraten.

Ein lesenswertes Buch eines außergewöhnlichen Menschen. Ich bin dankbar, Rudolf Seiters begegnet zu sein.

Wolfgang Schäuble, Berlin im September 2016

# EIN WORT ZUVOR

Am 30. September 1989 stand ich auf dem Balkon der Prager Botschaft. In dem nachtdunklen, verschlammten Garten sah ich nicht nur die 5000 Botschaftsflüchtlinge, sondern auch die 35 Großraumzelte des Deutschen Roten Kreuzes und die vielen Helferinnen und Helfer, die rund um die Uhr, Tag und Nacht, im humanitären Einsatz waren. Es war einer der bewegendsten Momente meines politischen Lebens.

Als daher im Jahr 2003 das Rote Kreuz auf mich zukam und mich bat, die Präsidentschaft zu übernehmen, habe ich spontan zugesagt. Es war immer mein Wunsch, nach meiner politischen und parlamentarischen Arbeit dem Ehrenamt etwas zurückzugeben, meine persönlichen Erfahrungen und meine guten Kontakte in alle politischen Lager der Bundesrepublik für die ehrenamtliche Arbeit zu nutzen. Speziell das rote Kreuz auf weißem Grund ist ja weltweit eines der schönsten Symbole für Solidarität und Menschlichkeit.

Zurückblicken konnte ich dabei auf 33 Jahre Mitgliedschaft im Deutschen Bundestag, von 1969 bis 2002. Vier Kanzler habe ich in dieser Zeit erlebt: Willy Brandt, Helmut Schmidt, Helmut Kohl, Gerhard Schröder und dann später Angela Merkel, mit der ich in früheren Jahren zusammen am Kabinettstisch von Bundeskanzler Helmut Kohl saß. Danach erlebte und erlebe ich ihre Amtszeit als Präsident des Deutschen Roten Kreuzes.

Es mag sich daher lohnen, meine Sicht auf die Dinge aufzuschreiben. Dabei ist der Titel dieses Buches mit Bedacht gewählt, denn immer wieder wird man meinen Zeilen anmerken, dass Vertrauen für mich eine zentrale Kategorie ist – in der politischen Arbeit wie auch im Leben allgemein.

Unter Bundeskanzlerin Angela Merkel sind die Herausforderungen für Deutschland nicht geringer geworden – in einer Zeit, da es in vielen Teilen der Welt unruhiger geworden ist und gefährlicher durch Kriege und Bürgerkriege, durch Flüchtlingselend, Hunger und Armut. Noch nie gab es eine so schnelle Abfolge von Naturkatastrophen – Tsunami, Haiti, Indonesien, Sudan, Pakistan. Seit nun schon 6 Jahren tobt der Krieg in Syrien, erleben wir die Ausbreitung des Terrors, werden wir Zeugen des Elends in den Flüchtlingslagern und der Flüchtlingsströme nach Europa. Durch diese Entwicklungen werden das Deutsche Rote Kreuz und mit ihm viele andere humanitäre Organisationen in einer Weise gefordert wie seit Jahrzehnten nicht mehr, im Ausland wie im Inland. Ohne dieses großartige bürgerschaftliche Engagement wären staatliche Institutionen oftmals überfordert.

Ich bin dankbar für die vielen Jahre in der Politik und im Ehrenamt, ich habe dabei viel gelernt. Vor allem aber habe ich erfahren, wie wichtig auch im politischen Handeln dieses ist: Ein innerer Kompass, ein Wertefundament, Bürgernähe, das gegebene und gehaltene Wort, Verlässlichkeit. Häufig genug hat sich bewiesen, wie hilfreich es ist, immer wieder pragmatisch die überparteiliche Zusammenarbeit zu suchen, um Probleme zu lösen. Es ist das Miteinander, das Dinge voranbringt.

# KRIEG, KRIEGSENDE, NEUBEGINN

Am 8. Mai 1945 endete der Zweite Weltkrieg. Ich war damals sieben Jahre alt und lebte mit meinen Eltern Adolf und Josefine Seiters und meinen drei älteren Geschwistern Julius, Adolf und Marianne in einem Haus, das mein Großvater Rudolph Seiters in Bohmte, einer kleinen Gemeinde nördlich von Osnabrück, für sich und unsere Familie errichtet hatte. Mein Großvater war ein bemerkenswerter Mann. 1850 geboren, machte er seine Handwerkslehre und ging auf Wanderschaft, die ihn bis nach Dänemark, Schweden und Lettland führte. In Philadelphia und New York war er beruflich sehr erfolgreich, zurück in Deutschland übte er bis ins hohe Alter Ehrenämter für Gemeinde und Kirche aus. Mein Vater war im Ersten Weltkrieg schwer verwundet worden, musste beruflich umschulen und wurde später Leiter des Bohmter Postamts. Meine Mutter hatte ihren Vater mit drei Jahren und ihre Mutter mit elf Jahren verloren. Eine harte Jugendzeit, doch sie hatte sich durchgebissen. Als sie meinen Vater heiratete, war sie Verkäuferin in einem angesehenen Textilgeschäft. Beide führten eine gute, harmonische und liebevolle Ehe.

Über Jahrzehnte war mein Vater im katholischen Kirchenvorstand der Gemeinde Bohmte tätig. Mein Großvater, genauso christlich eingestellt, hatte zwar ein Hindenburg-Portrait an der

Wand über seinem Schreibtisch hängen, wäre aber nie auf die Idee gekommen, dieses Portrait nach der Machtergreifung der Nationalsozialisten mit einem Bild des Führers zu tauschen. Die nationalsozialistische Ideologie stand für ihn und meine Eltern im krassen Widerspruch zu den christlichen Werten, die für unsere Familie so wichtig waren. Meine Eltern lehrten mich, anderen Menschen mit Respekt zu begegnen und niemanden zu diskriminieren oder als minderwertig zu betrachten. Sie schauten dem Treiben der Nationalsozialisten mit äußerster Distanz zu und hofften inständig, dass unsere Familie heil aus diesem Weltenbrand herauskommen würde.

Ich war zu klein, um mich an diese Zeit in allen Einzelheiten zu erinnern, doch ist mir durchaus bewusst, wie sich die Lage zum Kriegsende hin auch für uns im kleinen Bohmte immer weiter verschlechterte. Osnabrück war regelmäßig Ziel von Luftangriffen und auch das Umland blieb von deren Auswirkungen nicht verschont. Bereits Ende 1940 mussten wir unseren Waschkeller zum Luftschutzkeller umfunktionieren, was ich als damals Dreijähriger noch nicht in seiner ganzen Tragweite verstehen konnte. In den darauffolgenden Jahren jedoch traten wir immer häufiger den Weg in diesen Keller an. Die Geräuschkulisse mit dem Pfeifen der Bomben, dem lauten Knallen, auch das Zittern des unter der Bombenlast erbebenden Bodens haben sich mir tief ins Unterbewusstsein eingegraben. Kein Kind, das solche Dinge erlebt, vergisst diese Erlebnisse, daran denke ich auch heute, wenn ich die Kinder aus den Kriegsgebieten unserer Erde sehe, ihre traurigen Augen, ihren hilfesuchenden Blick.

Unmittelbare Zerstörungen mussten wir indes nicht hinnehmen, wohl auch ein Grund, warum für mich diese Stunden neben allem Schrecken auch immer etwas Abenteuerliches hatten. Als jüngstes von uns vier Geschwistern hatte ich da wohl doch einen Vorteil.

Gefährlich war die Zeit dennoch und auch unsere Familie schonte der Krieg nicht. Mein älterer Bruder Julius wurde 1943 eingezogen, schaffte es aber zumindest, als Marinesoldat nicht an die Front zu müssen. Er geriet in britische Kriegsgefangenschaft, kehrte allerdings glücklicherweise schon im Sommer 1945 wieder zurück.

Ich erinnere mich besonders an einen Tag: Feindliche Luftverbände sollten eigentlich Osnabrück angreifen, luden ihre tödliche Last jedoch bereits einige Kilometer vor der Stadt ab, sodass auf den Äckern rund um Bohmte plötzlich ein Hagel aus schweren Bomben niederging. Mit etwas Pech hätte er genauso gut das Dorf treffen und vernichten können. Zum Glück jedoch blieben wir auch an jenem Tag verschont und konnten uns nach dem Angriff wieder in unser unversehrtes Haus begeben. Erst zum Ende des Krieges hatte auch Bohmte Tote zu beklagen, als die Luftangriffe immer häufiger kamen und wir manchmal während des vormittäglichen Schulunterrichts in den Luftschutzkeller mussten. Durch den Beschuss starben in den letzten Kriegsmonaten im Umfeld unserer Gemeinde mehrere Dutzend Menschen. Für mich und meine gleichaltrigen Freunde hatte die Schulzeit gerade erst begonnen, 1944 waren wir eingeschult worden, und so schwankten wir manches Mal noch zwischen dem mittlerweile durch die Erwachsenen deutlich spürbaren Gefühl für den Schrecken des Krieges und der Faszination für die unterschiedlichen Fliegertypen, die über unser kleines Bohmte hinwegjagten.

## Aus den Trümmern des Krieges entsteht ein neues Deutschland

Die Debatte darüber, was die breite Masse der Deutschen, die nicht direkt in irgendwelchen Funktionen in der NSDAP oder beim Militär aktiv war, von den Gräueltaten der Nazis mitbekommen habe, wurde und wird immer wieder geführt. »Wir wussten ja nichts« war schon kurz nach dem Krieg ein beliebtes Argument, um sich unschöner Diskussionen zu entledigen, doch so einfach war es eben nicht.

Bohmte war nicht gerade der Nabel der Welt und doch erinnere ich mich daran, dass wir einen jüdischen Mitbürger im Dorf hatten, der eines Tages einfach abgeholt und abtransportiert wurde. Natürlich sagte uns niemand, was genau geschehen würde, man hörte irgendwas von »Arbeitslager«, doch die Tatsache, dass hier ein Mensch, der völlig unbescholten immer schon unter uns gelebt hatte, einfach weggebracht wurde, war für niemanden zu übersehen. Für mich ist das ein sehr prägendes Erlebnis gewesen, und die berechtigte Frage »Warum habt ihr damals nichts dagegen getan?« mag auch ein Grund gewesen sein, warum ich immer so großes Interesse an aktiver politischer Gestaltung hatte.

War der Krieg bei uns in der Provinz all die Jahre im Großen und Ganzen nur in Ausschnitten wirklich präsent gewesen, so rückte die grausame Realität im letzten Kriegsjahr immer näher an uns heran. An die letzten Monate habe ich deutliche Erinnerungen. Zwar war eine kleine Ortschaft wie Bohmte nicht unmittelbar gefährdet wie größere Städte, dennoch gab es die beschriebenen Bombenabwürfe, es gab die Tieffliegerangriffe, den Absturz zweier englischer Jagdmaschinen, immer wieder Fliegeralarm, Verdunkelungsanordnungen und nächtliche Stunden in unserem einigermaßen sicher gebauten Keller, in den dann auch unsere Nachbarn kamen.

Anfang April 1945 tauchte vor unserem Haus plötzlich eine versprengte Soldatentruppe auf, um bei uns rasten zu dürfen. Was uns alle am meisten erschreckte, war die Tatsache, dass diese jungen Soldaten zwar erschöpft und abgekämpft wirkten, trotzdem aber auch zu diesem Zeitpunkt noch vollständig vom Gedanken des Kampfes gegen einen längst übermächtigen Gegner und für Nazideutschland durchdrungen waren. Sobald sie den dringendsten Hunger gestillt und sich ein wenig ausgeruht hatten, planten sie den Bau von Stellungen, aus denen heraus sie die Engländer angreifen wollten, sobald diese sich in Bohmte sehen lassen würden. Für meine Eltern war das nicht nur unbegreiflich, sondern sie erkannten auch die große Gefahr, die für das ganze Dorf dadurch heraufbeschworen wurde: Wenn die Engländer kämen und auf Widerstand träfen, hätten sie keine andere Wahl, als in den Häuserkampf zu gehen. Was das für Bohmte bedeutet hätte, war allen Einwohnern klar.

Ich sehe meine Mutter noch vor mir, wie sie den vom »Endkampf« gezeichneten Jungen klarzumachen versuchte, dass ihr Vorhaben sinnlos und gefährlich sei. Trotzdem zogen diese am nächsten Tag weiter. Immerhin bauten sie ihren Unterstand nicht in unmittelbarer Nähe auf, sondern hielten sich wohl am Rande des Dorfes, um sich dort gegen den Feind zu verteidigen.

In den Bohmter Häusern, so auch bei uns, herrschte da längst hektische Betriebsamkeit. Allen war klar, dass es nicht mehr lange dauern konnte, bis die Engländer auch bei uns einziehen würden. Dinge, die einen in die Nähe des Nationalsozialismus hätten rücken können wie die allseits üblichen »Mein Kampf«-Ausgaben oder ähnliches, wurden vernichtet. Doch was viel wichtiger war und Bohmte letztlich vor der Zerstörung bewahrte, war die Tatsache, dass sich hier niemand mehr an den »Führer, Volk und Vaterland«-Gedanken gebunden fühlte. Das ganze Dorf hisste die weiße Flagge. Bei uns befestigten meine Geschwister und mein Vater dieses wichtige Stück Stoff am höchstgelegenen Fenster, sodass es auch auf jeden Fall zu sehen sein sollte. Das war eigentlich nicht ganz ungefährlich, denn noch bestand der sogenannte »Nero-Befehl« Hitlers, der auf eine Strategie der verbrannten Erde ausgerichtet war. Demzufolge war bei einem Vorrücken des Feindes alles zu vernichten, was ihm in die Hände fallen könnte. Kapitulation war ein Grund für die Todesstrafe.

Doch in Bohmte war niemand mehr, der diesen Wahnsinn ausgeführt hätte. Die englischen Soldaten fuhren mit ihren schweren Panzern langsam durchs Dorf und nahmen sehr wohl wahr, dass ihnen von der Bevölkerung in diesem kleinen Ort, der mittlerweile in ein weißes Flaggenmeer verwandelt worden war, kein Widerstand drohte.

Bohmte blieb also von Kämpfen und Verwüstungen weitgehend verschont und im Juli 1945 kehrte mein Bruder Julius, der zuletzt Fähnrich zur See gewesen war, aus der britischen Kriegsgefangenschaft zurück, sodass unsere Familie den Krieg im Gegensatz zu vielen anderen einigermaßen unbeschadet überstand. Eine »Spätfolge« des Krieges bekamen wir im August 1945 zu spüren, als von heute auf morgen Soldaten der nun Besatzungsmacht gewordenen englischen Armee in unserem Haus einquartiert wurden. Wehren konnten wir uns dagegen nicht, nur die notwendigsten Sachen zusammenpacken und umziehen, nämlich in die Räume einer nahe gelegenen Bäckerei.

Dort sollten wir in den Räumen des ehemaligen Cafés, genauer gesagt in zwei kleinen Zimmern, immerhin für ein ganzes Jahr wohnen, bevor wir im Sommer 1946 wieder das eigene Haus beziehen durften. Natürlich war das zum damaligen Zeitpunkt für uns alle keine einfache Situation. Die Räumlichkeiten in der Bäckerei waren beengt, es herrschte eine latente Ungewissheit, wie es weitergehen würde, und überhaupt mussten sich alle nach dem Ende der dunklen Jahre erst einmal neu sortieren. Doch im Nachhinein betrachtet zeigte sich auch, was Solidarität wert ist. Die Bäckersfamilie nahm uns ohne Wehklagen auf, man rückte einfach enger zusammen und letztlich war dann doch Platz für alle. Ich erinnere mich an den Duft nach frischem Backwerk, der die Räumlichkeiten häufig durchzog. Noch heute muss ich gelegentlich an jene Tage denken, wenn ich eine Bäckerei betrete und dieser typische Geruch in der Luft liegt.

Von Normalität war indes nicht viel zu spüren, als wir schließlich in unser Eigenheim zurückkehrten. Die englischen Soldaten hatten sich dort so verhalten, wie man es von Besatzern im schlimmsten Klischee vermuten sollte. Die Einrichtung war dreckig und kaputt, an den Wänden prangten Sprüche, die andeuteten, für was man alle Deutschen noch lange Zeit pauschal halten sollte, nämlich für »Nazischweine«.

Doch auch nach dem Abzug der Soldaten sollten wir unser Haus durchaus nicht für uns allein haben, sondern teilten es lange Jahre mit verschiedenen Flüchtlingsfamilien aus anderen Teilen Deutschlands, die nicht das Glück gehabt hatten, zumindest ihre Heimat nicht aufgeben zu müssen. Noch bis Ende der Fünfzigerjahre wohnten fremde Menschen mit bei uns im Haus. Fremde Menschen, mit denen wir in der Regel sehr gut klarkamen. In meiner politischen Karriere, aber auch danach in meiner Zeit als DRK-Präsident bin ich immer wieder hautnah mit dem Thema Flucht und Vertreibung konfrontiert gewesen, und gerade die aktuelle Situation mit den großen Flüchtlingsströmen aus Syrien und anderen Teilen der Welt rückt es noch einmal ganz stark in den Fokus. Bei aller gebotenen Differenzierung in der Debatte darüber, sollten wir daher nie vergessen, was Humanität bedeutet und was geflüchtete Menschen aufgegeben haben, um in ein ihnen vollkommen unbekanntes Gebiet zu ziehen, damit sie dort Zuflucht und Hilfe finden.

Viele dieser Ereignisse haben sich mir als Junge intensiv eingeprägt. Später ist mir auch aus diesen Erinnerungen immer stärker klargeworden, wie tief Deutschland wirtschaftlich und moralisch durch die Verbrechen des Nationalsozialismus am Boden lag. Nach dem Krieg begann in Deutschland die Zeit des Wiederaufbaus und der politischen Neuorientierung. Alte und neue Parteien traten an, aus den Trümmern des Krieges etwas Neues entstehen zu lassen. Es gab die traditionsreiche Sozialdemokratie, es gab das nicht minder traditionsreiche katholische Zentrum, die Kommunisten, die Liberalen, es gab den neuen »Bund für Heimatvertriebene und Entrechtete« (BHE). Und es gab CDU und CSU.

Wie auch in anderen Familien, so wurde auch bei uns viel diskutiert, wie man sich politisch orientieren sollte. Politische Diskussionen wurden in meiner Familie immer offen geführt, ich lauschte oft aufmerksam und bekam ein erstes Gefühl dafür, dass es da um bedeutungsvolle und wichtige Dinge ging. Meine Eltern hatten als katholische Christen früher immer das Zentrum gewählt. Nun aber, in Erinnerung an die gemeinsame Verfolgung von katholischen und evangelischen Christen durch den Nationalsozialismus, faszinierte meine Eltern die Perspektive einer großen christlichen Partei, die Katholiken und Protestanten gleichermaßen vertreten sollte, aber auch für andere Menschen mit einer ähnlichen Wertvorstellung offen war. Meine Überzeugung, dass es sich lohnt, alte Grenzen und Beschränkungen zu überwinden und zu integrieren statt zu trennen, hat sicherlich hier ihre ersten zarten Wurzeln erfahren.

Ich kann mich gut erinnern, dass meine Eltern Kurt Schumacher von den Sozialdemokraten und Theodor Heuss von den Liberalen als beeindruckende Persönlichkeiten empfanden. Von den politischen Vorstellungen jedoch stand ihnen Konrad Adenauer am nächsten. Adenauer, ehemaliger Oberbürgermeister von Köln, war Mitbegründer der »Christlich Demokratischen Union Deutschlands« und außerdem zum Vorsitzenden der neuen hoffnungsvollen Partei gewählt worden.

# Eine glückliche Jugend

Die unmittelbare Nachkriegszeit habe ich als unbeschwerte Kinder- und Jugendjahre in Erinnerung. Dazu mag die Tatsache beigetragen haben, dass wir in Bohmte abseits der schlimmsten Zerstörungen in den deutschen Großstädten lebten und unsere Familie außerdem mit ihrem großen Garten eine echte Ruheoase besaß. In unserem Garten standen viele Obstbäume mit Äpfeln, Birnen, Pflaumen und Kirschen und etwa 120 Johannisbeer- und Stachelbeersträuchern. Die mussten abgeerntet werden, nicht immer zu meiner Freude. Ein Teil der Früchte wurde im Keller eingelagert oder vermostet, ein anderer Teil ging zum Schuster, der uns dafür kostenlos die Schuhe neu besohlte, oder zum Schneider oder wurde von Lieferwagen abgeholt, um in die Osnabrücker Cafés gebracht zu werden.

Aus heutiger Sicht mag diese Zeit als entbehrungsreich und schwierig erscheinen, und sicher war sie das vor allem für die Erwachsenen auch, die sich nach den zwölf dunklen Jahren erst einmal neu orientieren mussten. Mir jedoch mangelte es an nichts Wesentlichem. Alle näheren Familienangehörigen hatten den Krieg unversehrt überlebt, meine Mutter war nach wie vor das Zentrum unserer Familie, behütete und umsorgte uns alle unermüdlich, und mein Vater arbeitete weiterhin als Postbeamter, sodass für regelmäßiges Einkommen gesorgt war. Dazu kam die Stellung, die das christliche Gemeindeleben in Bohmte einnahm. Etwa ein Drittel des Dorfes war katholisch, die anderen zwei Drittel evangelisch, und beide Konfessionen nahmen ihren Auftrag ernst. Die Kirchen waren stets voll, und auch für mich war die Teilnahme an kirchlichen Veranstaltungen immer eine Selbstverständlichkeit, die ich selten als Belastung empfand. Bei uns Katholiken waren das beispielsweise die Fronleichnamsprozession, man sang im Kirchenchor, besuchte die Gottesdienste und nahm den kirchlichen Feiertagskalender in einer Weise ernst, die heute nur noch wenige Menschen verstehen. Zugegeben, auch meine Motivation zum sonntäglichen Kirchgang war Schwankungen unterworfen, wie eine beliebte Familienanekdote aus dieser Zeit belegt. Eines Tages begab ich mich an der Hand meiner Mutter zum Gottesdienst und wurde von einer freundlichen Dame aus dem Dorf mit den Worten: »Na, willst Du auch in die Kirche gehen?« angesprochen. Meine Reaktion darauf war indes nicht ganz erwartungsgemäß, ich murmelte jedenfalls nur: »Ich will nicht, ich muss!« Später waren wir Jungen ein wenig unglücklich darüber, dass die sogenannte »Christenlehre«, deren Besuch für alle katholischen Schüler verpflichtend war, am Sonntagnachmittag parallel zu den Fußballspielen des TV 01 Bohmte lag. So konnten wir in der Regel immer nur die zweite Halbzeit sehen, es sei denn, wir fanden eine Gelegenheit, uns früher aus der Veranstaltung zu schleichen.

Die katholischen und die evangelischen Einwohner des Dorfes pflegten keine großen Rivalitäten. Die Bevölkerung war insgesamt im christlichen Glauben verbunden, die Menschen zogen daraus Kraft, um die Anforderungen des Nachkriegsalltags zu bewältigen. Unterschiede wurden höchstens auf Gebieten gemacht, auf denen man das niemals erwarten würde. So gingen die Katholiken zur »katholischen« Gärtnerei, während die evangelischen Einwohner tatsächlich ihre »evangelische« Gärtnerei hatten, auch wenn kaum zu vermuten ist, dass die Blumen einer Konfession angehörten.

Doch nicht nur in der Gemeinde, auch in unserer Familie spürte ich immer großen Zusammenhalt. Die unmittelbare Nachkriegszeit war oft aufregend und bedurfte dieser innerfamiliären Geschlossenheit, beispielsweise wenn es darum ging, das kaum verfügbare Heizmaterial zu besorgen. Geheizt wurde mit Kohle. Davon war prinzipiell in Deutschland zwar genug vorhanden, doch war sie für die Bevölkerung nicht ausreichend verfügbar, da die Besatzungsmächte es als legitim ansahen, die deutsche Kohle in größeren Mengen ins eigene Land zu transportieren.

In dieser Situation hörten wir einen Ausspruch von Kardinal Frings aus Köln, der die Praxis der Besatzer kritisierte und zwischen den Zeilen durchblicken ließ, dass es keinesfalls Sünde sein könne, wenn die deutsche Bevölkerung sich die Kohlen auf »spezielle Art und Weise« besorge. In der Folgezeit frönten auch meine Geschwister dem bald sprichwörtlichen »Fringsen«, warteten nämlich auf die langen Kohlezüge, die häufig nachts unterwegs waren, und holten im Schutz der Dunkelheit an den Haltestellen vom Zug runter, was nur möglich war. So war Kohle zum Heizen vorhanden und das schlechte Gewissen hielt sich in Grenzen. Mich nahmen sie bei diesen Aktionen nicht mit, ich galt als zu jung, doch zitterte ich jedes Mal daheim mit und drückte die Daumen, dass niemand erwischt würde und alle gesund und erfolgreich wieder daheim ankämen.

Ich wurde älter und die Entscheidung, auf welches Gymnasium ich gehen sollte, stand an. Für meine Eltern war das eine leichte Sache, denn einen besseren Ruf als das katholische Gymnasium Carolinum in Osnabrück hatte keine Schule zu bieten. Dieser Wechsel war gewissermaßen alternativlos.

Das Carolinum war und ist eine humanistische Schule. Gegründet im Jahr 804 von Karl dem Großen, ist es zusammen mit dem Paulinum in Münster eine der ältesten Schulen in Deutschland. Zu meiner Schulzeit litten wir darunter, dass das Paulinum anhand von Dokumenten behaupten konnte, die Münsteraner Schule sei die ältere. Später habe ich immer augenzwinkernd gesagt, offensichtlich habe der Bischof von Münster die Dokumente besser gefälscht als der Bischof von Osnabrück. Die heutige Schülergeneration sieht die Sache lockerer. Seit vielen Jahren gibt es jährlich ein Fußballspiel zwischen Paulinern und Carolingern mit der verbrieften Absprache: Die Sieger dürfen für ein Jahr behaupten, sie kämen von der ältesten Schule Deutschlands.

Während des Dritten Reiches war man an meiner Schule so standhaft wie nur irgend möglich geblieben, man konnte den Verantwortlichen am Carolinum nicht den Vorwurf machen, sich dem Regime kritiklos unterworfen zu haben. Ab 1949 setzte ich dort meine Schullaufbahn fort und musste jeden Morgen mit vielen anderen Schülern in den Zug steigen, der uns von Bohmte nach Osnabrück bringen sollte. Wie es der Ausrichtung der Schule und auch meinen persönlichen Interessen entsprach, zeigte ich in den geisteswissenschaftlichen Fächern gute Leistungen, vor allem die alten Sprachen hatten es mir angetan. Besonders begeisterten mich aber der Deutsch- und der Geschichtsunterricht, wobei ich letzterem die höchste Aufmerksamkeit widmete. Mir war sehr wohl bewusst, dass wir in einer Zeit lebten, in der wir vor allem aus der gerade erst vergangenen Geschichte eine Menge zu lernen hatten.

In der Schule zeigte sich auch, dass mich historische und politische Zusammenhänge interessierten. Ich erinnere mich in diesem Zusammenhang an eine Arbeit, die ich im Fach Deutsch vor meinem Abitur über meinen damaligen Lieblingsschriftsteller Reinhold Schneider, Friedenspreisträger des Deutschen Buchhandels, geschrieben habe. Schneider hat sich in vielen Werken und historischen Romanen wie etwa »Philipp II.« oder »Las Casas vor Karl V.« mit der Auseinandersetzung zwischen Macht und Gewissen, weltlicher Macht und göttlicher Gnade beschäftigt. Das Thema Macht, ihre Grenzen, ihre Versuchung und ihr Missbrauch ist durch die Jahrtausende, da die Menschen existieren, immer ein höchst aktuelles Thema gewesen, in Staat und Politik genauso wie in der Kirche.

Ich war gerne auf dem Carolinum, allerdings hatte ich auch kleine Tiefpunkte in meiner Schulkarriere zu verzeichnen. Später habe ich erzählt, mir habe es dort so gut gefallen, dass ich die Obersekunda, also die Klasse 11, zweimal gemacht habe. Die Wahrheit sah natürlich ein klein wenig anders aus. In Mathematik war ich tatsächlich schlecht, doch die Fünf in Latein, die mein Klassenlehrer mir verpasste, war ungerecht. Das hat mich damals sehr gewurmt und auch gedemütigt. Schuld war eine Aufmüpfigkeit im Schullandheim, die er mir gewaltig nachtrug. Angeblich sollte ich ihn mit einem Wasserstrahl beschossen haben. Eine echte Kleinigkeit, ein klassischer Streich, für meinen Lehrer allerdings Grund genug, mich von nun an auf dem Kieker zu haben. Das Ergebnis war, dass ich von heute auf morgen keine Dreien und Vieren mehr schrieb, sondern nur noch Fünfen. Der Lehrer ertränkte geradezu mein Tintenblau in einem roten Meer angeblicher Konstruktionsfehler.

Doch im Leben trifft man sich ja bekanntlich immer mindestens zweimal. 1990 war ich als Festredner auf einer Großveranstaltung der Osnabrücker CDU eingeladen. Da der dortige Parteivorsitzende verhindert war, musste stellvertretend der Vorsitzende der CDU-Ratsfraktion die feierliche Begrüßung übernehmen. Und so kam es, dass mein ehemaliger Klassenlehrer den dank ihm einmal sitzengebliebenen Rudi Seiters, mittlerweile Kanzleramtsminister, lobend erwähnen musste.

Beim Abitur 1959 war ich der Jahrgangssprecher und hatte eine aus meiner Sicht richtig schöne Rede für die Abschlussfeier vorbereitet. Leider durfte diese Rede nie gehalten werden. In der Freude über die soeben bestandene mündliche Abiturprüfung waren meine Mitschüler und ich mit dem Bierkutschenwagen zum Mädchengymnasium St. Angela gefahren, wo wir die Schülerinnen, die wir ja aus der Tanzstunde kannten, stürmisch umarmten. Auch die eine oder andere Nonne entkam uns nicht. Leider wurde diese harmlose Aktion von der Schulleitung gründlich missverstanden. Plötzlich ertönten Polizeisirenen und wir suchten schnell das Weite.

Das »Caro«-Lehrerkollegium trat zusammen und beschloss, wegen dieser der Schule nicht angemessenen »unsittlichen« Verhaltensweise gleich die ganze Abiturfeier ausfallen zu lassen. Die Zeugnisse durften wir uns später direkt im Direktorenzimmer abholen, unserer Freude über das bestandene Abi tat das allerdings keinen Abbruch.

Viele Jahre später, ebenfalls in meiner Zeit als Kanzleramtsminister, war ich dann beim großen Jubiläum der Angelaschule eingeladen, ebenfalls als Festredner. Unter großer Erheiterung aller Anwesenden erblickten bei dieser einmaligen Gelegenheit dann doch noch einige Zitate aus meinem damaligen Redenentwurf das Licht der Öffentlichkeit. Manch einer der anwesenden ehemaligen Schüler dürfte ein kleines Déjà-vu gehabt haben, vor allem mein ehemaliger Klassenkamerad Hermann, der zwischenzeitlich zum Direktor des Carolinums aufgestiegen war.

Nach dem Abitur kam die Einberufung zur Bundeswehr. Ich wurde mit der Note 2 tauglich gemustert und erhielt meinen Einsatzbefehl, soweit ich mich erinnere, für eine Heeresdivision in Hannover. Wir waren der erste Jahrgang, der einberufen wurde, denn die sogenannten »weißen Jahrgänge« (1. Januar 1929 bis 30. Juni 1937) waren für den Dienst in der neuen Bundeswehr bereits zu alt und wurden daher vom Militärdienst befreit. Mein Geburtsdatum im Oktober lag aber wenige Wochen nach dem Stichtag. Eine Uniform musste ich trotzdem nie anziehen. Wie man mir mitteilte, gab es bereits mehr Abiturienten als Plätze zur Verfügung standen. Ich konnte direkt mit dem Studium beginnen und schrieb mich an der Westfälischen Wilhelms-Universität in Münster ein.

# Erste Schritte in die Politik

Mein Studentenleben unterschied sich oberflächlich betrachtet nicht von den Erfahrungen, die unzählige andere junge Menschen auch machten und heute noch machen: Ich lernte viel, ich feierte nicht weniger, und ich war diszipliniert genug, um meine Examina planmäßig zu absolvieren. Die Ehrenrunde in der Schule hatte mir in dieser Hinsicht die Augen geöffnet, solch einen peinlichen Ausrutscher wollte ich mir nicht noch einmal erlauben.

Da die finanziellen Mittel knapp waren, hatte ich mir eine günstige Bleibe gesucht, im wahrsten Sinne des Wortes eine »Studentenbude«. Ich bewohnte ein kleines Zimmer in der Goldstraße in Münster, in dem es nicht einmal fließendes Wasser gab. Heizen musste ich etwas umständlich mit einem Ofen und ich erinnere mich an manchen Abend, an dem ich, abends aus dem Seminar oder einer Veranstaltung kommend, mit dem Mantel ins Bett ging, weil ich einfach keine Lust hatte, noch Feuer zu machen. Selbst beim Frühstück sparte ich, oft nahm ich es dankend an, dass meine Vermieterin mir einfach ein Spiegelei mit machte.

Die Nachkriegsjahre mögen hier prägend gewesen sein: Ich brauchte in materieller Hinsicht tatsächlich nicht viel, viel wichtiger waren mir zum einen der Zusammenhalt und die gemeinsamen Erlebnisse mit meinen Kommilitonen und zum anderen die vielen, vielen Diskussionen über Politik und Gesellschaft, die immer wieder Auswirkungen auf mein eigenes politisches Engagement hatten.

Münster war für mich ein günstiger Studienort, da der Abstand zur Heimat in Bohmte nicht allzu groß war. Das war wichtig, denn bereits als Schüler hatte ich dort den Ortsverband der Jungen Union gegründet – noch bevor ich überhaupt Mitglied der CDU geworden war. Als Vorsitzender war ich dort auch nach Beginn meines Studiums noch politisch aktiv und schaute regelmäßig daheim vorbei.

In umgekehrter Richtung machte sich meine Mutter irgendwann einmal nach Münster auf, um zu sehen, wo ihr Sohn sich sein Studentenleben eingerichtet hatte. Die Stadtführung, die sie von mir bekam, sollte allerdings nicht ihren Erwartungen entsprechen. Statt Lamberti-Kirche, Prinzipalmarkt und Dom zeigte ich ihr von Gilde-Stuben bis zum Gasthaus Töddenhoek die Stätten des echten studentischen Lebens. Das war nur zu berechtigt, denn schließlich lernte ich dort mindestens genauso viel wie im Hörsaal der Universität.

Nach einer mehrjährigen Mitgliedschaft in der studentischen Verbindung Unitas-Wiking schloss ich mich der Unitas-Winfridia an, einer katholischen wissenschaftlichen Verbindung, in der ich mich gut aufgehoben fühlte. Das Verbindungsleben gehörte in jener Zeit viel stärker zum studentischen Leben dazu als es heute der Fall ist. Die älteren Verbindungsmitglieder halfen den jüngeren, im Studium Fuß zu fassen, für jedes Problem wusste jemand eine Lösung, man war im positiven Sinne nie allein. Natürlich wurde ich als frisch gebackener CDUler auch Mitglied im Ring Christlich Demokratischer Studenten, RCDS, und engagierte mich auch hier politisch.

Die Verbindung spielte für mich eine wichtige Rolle, ich versuchte, so viel wie möglich zum Verbindungsleben beizutragen und nahm die Angebote wie den turnusmäßigen Gottesdienst zum Semesterbeginn oder die wissenschaftlichen Sitzungen, die über das Semester verteilt stattfanden, gerne an.

Ausgesprochen ungern erinnere ich mich jedoch an ein ganz bestimmtes Erlebnis. Im fünften Semester war ich Senior der Verbindung geworden und nutzte immer noch gerne die Veranstaltungen unserer Verbindung. Die waren häufig geselliger

Natur, wie die vielen fröhlichen Zusammenkünfte, die in unserem Bootshaus an der Werse stattfanden. Darüber hinaus fanden sich aber auch immer wieder einige sehr interessante Vorträge im Semesterprogramm. Während meines fünften Semesters war darin unter anderem ein Vortrag des Münsteraner Bundestagsabgeordneten Peter Nellen vorgesehen. Dieser war wegen erheblicher Differenzen mit seiner Partei in der Frage der Kriegsdienstverweigerung und Atomrüstung im November 1960 von der CDU zur SPD übergetreten. Innerhalb der SPD-Fraktion war er nun für die Beziehungen zur katholischen Kirche zuständig. Als der Vortragstermin näher rückte, gab es einen sogenannten Cumulativconvent mit den Wiking-Studenten und den Alten Herren, also den bereits im Berufsleben stehenden Unitariern. Gegen meinen heftigen Widerstand wurde mit den Stimmen der Älteren, durch die Bank Anhänger und Wähler der CDU, die Ausladung von Peter Nellen beschlossen. Ich allerdings hatte eine völlig andere Auffassung von Toleranz, Pluralität und studentischer Diskussionskultur. Deswegen erklärte ich, dass ich diese Entscheidung sehr bedauere und dieses Bedauern auch Peter Nellen persönlich übermitteln würde. Das wollte man mir per Abstimmung untersagen, worauf ich erklärte, dass ich dann sofort mein Seniorat niederlegen würde. Das wirkte, also machte ich mich auf den Weg zu Peter Nellen, dem man die tiefe Betroffenheit anmerkte. Er hatte ganz offensichtlich eine persönliche Gewissensentscheidung getroffen und nun versagte man ihm als Katholiken den Zugang zu einer katholischen studentischen Organisation. Das hat auch mich zu diesem Zeitpunkt tief bewegt. Mein lebenslanger Einsatz dafür, über Partei- und Fraktionsgrenzen pragmatisch zu handeln, wurde auch durch dieses Erlebnis mit geprägt.

Meine Studienjahre waren in vielerlei Hinsicht prägend für mein späteres Politikverständnis. Während meiner Jahre in Münster bin ich auch Joseph Höffner begegnet, damals Professor an der Westfälischen Wilhelms-Universität, später Bischof, Kardinal und Vorsitzender der Deutschen Bischofskonferenz. Ich hörte seine Vorlesungen und traf ihn auch bei Diskussionen in katholischen Studentenverbindungen. Schon damals beeindruckte er mich und gab mir Maximen fürs Leben mit. Als ich bereits mitten im politischen Leben stand, hielt er im September 1986 bei der Herbstvollversammlung der Deutschen Bischofskonferenz in Fulda einen Vortrag mit dem Titel »Der Staat – Diener der Ordnung«. Diesen Vortrag habe ich immer im Gedächtnis behalten und auch später oftmals nachgelesen. Höffner hat darin Mahnungen an den Staat, aber auch an die Politiker gerichtet und ich habe diese Mahnungen mit besonderer Aufmerksamkeit registriert.

In früheren Jahrhunderten, so sagte Höffner, liebte man es, für die verschiedenen Stände Leitbilder aufzustellen, sodass sich die Leser darin wie in einem Spiegel prüfend betrachten konnten. Es gab den Fürstenspiegel, den Handwerkerspiegel, den Bauernspiegel, den Kaufmannsspiegel und einige andere. In späteren Zeiten meinten manche, es sei kaum möglich, das Ethos des Politikers, also die Gesamtheit seiner moralischen, das politische Handeln bestimmenden Überzeugungen zu umschreiben, die Politik an sich verderbe nämlich bereits den Charakter. Dem widersprach der Kardinal und stellte seinerseits einen Politikerspiegel auf, der insgesamt sieben Züge aufweisen sollte.

Politiker, so der Kardinal, müssten stets Charakterfestigkeit beweisen. Dazu gehörten vor allem Unabhängigkeit und Unbestechlichkeit. Darüber hinaus sollten sie sich zu sittlichen Grundwerten bekennen. Höffner verlangte vom Politiker außerdem eine »schöpferische Kombinationsgabe«, die sich in der Bereitschaft zum Ordnen und Gestalten ausdrücken solle. Dieser Punkt ist sicher besonders anspruchsvoll und im politischen

Leben schwer umzusetzen. Darüber hinaus müsse der Politiker sachlich, nüchtern und gelassen handeln und dabei stete Dienstbereitschaft zeigen. Dieser Dienst manifestiere sich am Gemeinwohl und am Menschen. Einen wichtigen Punkt nannte Höffner, wenn er vom »Mut zu unpopulären Entscheidungen« sprach. Gerade in der heutigen Mediengesellschaft, wo jede kleine Entscheidung unter Umständen ein riesiges Echo und unkontrollierbare Kommentare, etwa in sozialen Netzwerken, auslöst, spielt die Fähigkeit, trotzdem solche Entscheidungen zu treffen, eine große Rolle für die Handlungsfähigkeit des Politikers. Zu guter Letzt forderte Höffner die »Bereitschaft zum Miteinander, zur Versöhnung und zum Kompromiss« und fand damit einen guten Gegenpol zu den »unpopulären Entscheidungen«. Denn diese werden natürlich nicht um ihrer selbst willen getroffen, sondern immer auf sachlicher Grundlage. Wann immer es möglich sei, sollten Politiker aber versuchen, möglichst viele Menschen bei ihren Entscheidungen »mitzunehmen«.

Wer diese Maßstäbe befolge, so Höffner, sei unfähig, Macht zu missbrauchen. Daran glaube auch ich. Während meiner politischen Laufbahn habe ich stets versucht, mich an diese Maximen zu erinnern.

## Lehrjahre eines jungen Politikers

Das Studium lief planmäßig, ich absolvierte beim Oberlandesgericht Hamm meine Erste Juristische Staatsprüfung sowie 1967 beim Justizministerium Hannover die Große Juristische Staatsprüfung und wurde anschließend Regierungsassessor bei der Bezirksregierung Osnabrück. Es hätte also eine ganz normale juristische Karriere sein können, die mir bevorstand, vielleicht wäre ich irgendwann Anwalt oder Richter Seiters geworden.

Doch die Politik ließ mich nie los, zu verlockend war die Aussicht, die Geschicke des Gemeinwesens mitzugestalten. Sowohl die Bereitschaft zum Ordnen und Gestalten, die Höffner'sche »Schöpferische Kombinationsgabe« also, fühlte ich in mir als auch die Dienstbereitschaft. Ich wollte gerne dem Gemeinwohl und dem Menschen dienen.

Bereits während des Studiums engagierte ich mich daher weiterhin politisch, wurde Bezirksvorsitzender der Jungen Union Osnabrück-Emsland und anschließend Landesvorsitzender der Jungen Union in Niedersachsen.

**Als Redner auf dem Landestag der Jungen Union 1968**

Damit hatte ich die Voraussetzungen für einen Sitz im Bundestag geschaffen, denn in der CDU Niedersachsen galt die Regel, dass neben den Wahlkreisabgeordneten auch jeweils ein Vertreter der Jungen Union Deutschlands, der Sozialausschüsse und der Frauenunion Anrecht auf einen Listenplatz hatten. Diesen

Listenplatz hatte ich dann allerdings nicht mehr nötig, denn im Frühjahr 1969 konnten sich die drei Kreisverbände der CDU in Aschendorf/Hümmling, in Meppen und in der Grafschaft Bentheim nicht auf einen gemeinsamen Nachfolger für den bisherigen Bundestagsabgeordneten Dr. Josef Stecker, später Präsident der Girozentrale in Hannover, einigen. Dabei hatte es drei Kandidaturen gegeben, die für sich genommen durchaus interessante Persönlichkeiten darstellten.

Der Kreisverband Meppen hatte Karl Maria Hettlage vorgeschlagen, früherer Zentrumspolitiker, auf Vorschlag von Franz Josef Strauß später beamteter Staatssekretär beim Bundesfinanzminister Franz Etzel. Allerdings war Hettlage im Dritten Reich Leiter des Amtes für Wirtschaft und Finanzen im Reichsministerium für Rüstungs- und Kriegsproduktion gewesen. Darüber hinaus gab es in seiner Vergangenheit auch noch eine Mitgliedschaft in der SS, die Nominierung musste also durchaus umstritten sein. Das war sie vor allem auch aus Sicht des Kreisvorsitzenden der CDU Grafschaft Bentheim. Dr. Alois Schäfer, Syndikus der Nordhorner Textilindustrie, vorher Landrat des Kreises Eichsfeld (Thüringen), jahrelang in sowjetischer Internierungshaft, zeigte sich als strikter Gegner einer Kandidatur Hettlages, der aus seiner Sicht nationalsozialistisch belastet war. Um das noch deutlicher zu machen, kandidierte er schließlich selbst. Daraufhin entschloss sich der Kreisverband Aschendorf/Hümmling, Amtsrichter Walter Remmers, meinen Nachfolger als Bezirksvorsitzender der Jungen Union Osnabrück-Emsland, zu nominieren. Wochenlang gab es keine Einigung, wer denn nun der gemeinsame Kandidat für Steckers Nachfolge sein solle. Dann jedoch rauften sich die alten Freunde Josef Stecker und Alois Schäfer zusammen und bedrängten mich zu kandidieren. Ich lehnte das zunächst mit einigem Befremden ab, hätte es doch bedeutet, dass ich als JU-Landesvorsitzender gegen meinen Freund Walter Remmers hätte antreten müssen. Remmers' Kandidatur galt jedoch intern als aussichtslos, also befürwortete der JU-Landesvorstand in einer Sondersitzung einmütig meine Kandidatur. Ich geriet ins Nachdenken. Hätte ich die Kandidatur verweigert, hätte ich befürchten müssen, auch meine Landeslistenkandidatur zu gefährden. Ich stimmte mich schließlich mit Remmers ab und nahm die Wahl »in Abstimmung mit meinem Freund Walter Remmers« an. Remmers selbst ging ein Jahr später in den Niedersächsischen Landtag. Später wurde er Justizminister in Niedersachsen und Sachsen-Anhalt, die kurze Wartezeit hatte also seiner Karriere glücklicherweise nicht geschadet. Und ich hatte nun, mit gerade einmal 31 Jahren, zum ersten Mal die Chance, in den Bundestag gewählt zu werden.

# DER SPRUNG IN DIE BUNDESPOLITIK

Die Bundestagswahl 1969 stellte für mich einen erheblichen Einschnitt in mein Leben dar. Ich erhielt 66,5 Prozent der Erststimmen und brauchte ein paar Tage, um es zu realisieren: Ich hatte tatsächlich den Einzug in den Bundestag geschafft. Zu diesem Zeitpunkt ahnte ich natürlich nicht im Entferntesten, dass mich dieser Sitz im deutschen Parlament durch die nächsten mehr als 30 Jahre begleiten sollte.

Ich stürzte mich in die Arbeit und versuchte vor allem auch Mitstreiter zu finden, die für eine ähnliche Sichtweise auf Politik und auf die Erfordernisse innerhalb der CDU standen. Netzwerke, so hatte ich bereits gelernt, sind extrem wichtig, der politische Einzelkämpfer wird bald aufgerieben und gilt gegenüber den starken Gruppen nicht viel. Mein Netzwerk war der Unionsnachwuchs. Ich selbst drängte mich nicht in den Vordergrund, sondern versuchte, innerhalb des Netzwerkes produktiv zu wirken. Auch wenn mir bisweilen nachgesagt wurde, in der Außenwirkung zu blass zu sein, so erkannten doch viele meinen Wert für die Arbeit in der Union. Dazu zählte auch der Journalist Gerhard Reddemann, der wenige Wochen vor der Wahl vom *Rheinischen Merkur* gebeten worden war, einen Artikel zu schreiben, in dem er, so die Überschrift, »Namen, die man sich merken muss« nennen sollte. Reddemann war überzeugt, dass einer davon mein Name sei. Er nannte zwei entscheidende

Kriterien, an denen er seine Prognose in Bezug auf meine Person festmachte: Zum einen strebte ich stets nach Glaubwürdigkeit, zum anderen sei ich ein Reformer, der es nicht nötig habe, ständig mit dem Wörtchen »progressiv« zu kokettieren. Meine Glaubwürdigkeit sei gerade auch innerhalb des konservativen Spektrums deshalb enorm wichtig, weil sie verhindere, dass die Wähler mit dem rechten Rand liebäugelten.

Auch wenn mir mein Wahlerfolg damals wie eine große Überraschung vorkam: Aus dem Nichts kam dieser neue Lebensabschnitt durchaus nicht. Die Diskussionen in der Familie, die stete Beschäftigung mit politischen Fragen von der untersten lokalen Ebene an, das Erkennen der Zusammenhänge von regionaler und »großer« Politik in Bonn: All das war in der Rückschau wie eine Vorbestimmung.

Meine Laufbahn ist jedoch kein Einzelfall: Es gibt viele Beispiele dafür, dass die politische Sozialisation in einer der Jugendorganisationen der Parteien eine gute Voraussetzung für eine Karriere bis in höchste Ämter ist. Aus der Jungen Union oder auch aus den Jungsozialisten und den Jungen Liberalen sind viele führende Politiker hervorgegangen. Der ehemalige schleswig-holsteinische Ministerpräsident Gerhard Stoltenberg war Bundesvorsitzender der Jungen Union. Bundeskanzler Gerhard Schröder und Außenminister Guido Westerwelle hatten das gleiche Amt inne, der eine bei den Jungsozialisten, der andere bei den Jungliberalen. Auch in der Jungen Union Niedersachsen machten viele Karriere: Meine Nachfolger als Landesvorsitzende waren unter anderem Karl-Heinz Hornhues, später Vorsitzender des Auswärtigen Ausschusses im Deutschen Bundestag, Dr. Fritz Brickwedde, später Generalsekretär der Deutschen Bundesstiftung Umwelt, oder auch Christian Wulff, später Ministerpräsident des Landes Niedersachsen und Bundespräsident.

Die politischen Jugendorganisationen sind wichtige Kaderschmieden für ihre jeweilige Partei, eine gute Gelegenheit, das Geschäft von der Pike auf zu lernen und sich mit den positiven wie negativen Seiten der Politik vertraut zu machen. Ich formuliere das an dieser Stelle absichtlich auch als Ermutigung an die heutige junge Generation, der so gerne Politikmüdigkeit und Desinteresse vorgeworfen wird. Ich glaube nicht, dass sich das so pauschal sagen lässt, und kann nur jeden jungen Menschen auffordern, sich in die politische Arbeit vor Ort einzubringen und für die eigenen Ideen zu kämpfen. Meckern kann jeder, gestalten ist jedoch etwas ganz anderes und vor allem sehr Befriedigendes. Ich weiß, wovon ich rede.

## Politische Vorbilder

Frühe Sozialisation ist das eine, doch häufig sind es die leuchtenden Beispiele anderer, die das eigene Tun motivieren. Mir wird oft die Frage nach Vorbildern in meiner politischen Arbeit gestellt und natürlich gibt es da ein paar Namen. An Konrad Adenauer habe ich bereits erinnert. Der Gründungskanzler der Bundesrepublik hat mit seiner klugen und weitsichtigen Politik die Grundlagen für den Aufbau einer freiheitlichen, rechtsstaatlichen, sozialen Bundesrepublik gelegt. Dabei hat er am Ziel der Überwindung des Status quo, also der Verwirklichung der Selbstbestimmung der Deutschen und damit der Wiedervereinigung, immer festgehalten. Adenauer hatte der bundesdeutschen Außenpolitik die Maxime vorgegeben, dass ihre beiden Hauptziele – die atlantische wie die europäische Westbindung sowie die Wiedervereinigung – nicht im Widerspruch zueinander stehen dürften, sondern einander bedingen müssten. Voraussetzung für eine praktische Verbindung dieser Ziele sei eine Neukonzeption der sowjetischen Westpolitik, zu der die UdSSR irgendwann aus eigener Schwäche kommen müsse. 1966 sagte Adenauer zu diesem Thema: »Eines Tages wird auch Sowjet-Russland einsehen, dass die Trennung Deutschlands und damit die Trennung Europas nicht zu seinem Vorteil ist. […] Wenn der Augenblick naht oder sich zu nahen scheint, der eine günstige Gelegenheit bringt, dann dürfen wir ihn nicht ungenutzt lassen.«

Man kann gar nicht hoch genug einschätzen, was für eine vorausschauende und realistische Einschätzung der internationalen Lage das war, und zwar zu einer Zeit, als viele Menschen in Deutschland die Einheit längst aufgegeben hatten. Behutsamkeit und Sorgfalt bei der Verfolgung deutschlandpolitischer Ziele war aber auch gegenüber den westlichen Verbündeten erforderlich. Es gehört zu den bleibenden, bis 1990 nachwirkenden Erfolgen der Adenauer'schen Politik, die drei Westmächte im Deutschland-Vertrag auf das gemeinsame Ziel eines wiedervereinigten, freiheitlich verfassten und in die westliche Gemeinschaft integrierten Deutschland verpflichtet zu haben.

Der Name Adenauer hat sicher die größte Strahlkraft, doch gibt es weitere Politiker, deren Auftreten und Leistung mich sehr geprägt haben. Zu diesen gehört vor allem auch Hermann Ehlers, der frühere, 1954 viel zu früh verstorbene Bundestagspräsident und evangelische Oberkirchenrat aus Oldenburg. Sein Portrait hat mich von Beginn meiner parlamentarischen Arbeit in Bonn bis zu meinem Ausscheiden aus dem Deutschen Bundestag in meinem Bonner und Berliner Büro begleitet. Hermann Ehlers hat nach dem Zweiten Weltkrieg und dem Zusammenbruch der Nazi-Diktatur, als Deutschland geächtet war, leidenschaftlich für die Übernahme von Verantwortung durch Christen und auch für die Anwendung von Macht geworben. Das war mutig in einem Moment, in dem die Welt nicht nur hinsichtlich der materiellen Werte in Trümmern lag, als viele sich lieber ins Privatleben zurückziehen und bloß nichts mit Staat und Politik zu tun haben wollten. Ehlers jedoch beharrte auf der notwendigen Übernahme von Verantwortung durch Politik, indem er sagte: »Die Mittel des Staates sind uns, auch den Christen, gegeben, um sie anzuwenden. Das heißt nicht, ihnen unchristlich zu vertrauen.«

Ehlers Lebensgeschichte ist ein Beweis dafür, dass er selbst sich immer der Verantwortung gestellt hat. 1937 wurde er, der seit 1936 als Richter beim Amtsgericht Berlin gearbeitet hatte, wegen »Aufforderung zum Ungehorsam gegen staatliche Anordnungen« von der Gestapo verhaftet und zeitweise inhaftiert. Nach dem Kriege trat er 1946 der CDU bei. 1949 wurde er Bundestagsabgeordneter, 1950 Bundestagspräsident und 1952 stellvertretender Bundesvorsitzender der CDU Deutschlands. Als er – ganz plötzlich, erst fünfzigjährig – im Jahr 1954 an den Folgen einer Mandelvereiterung starb, war die Trauer in ganz Deutschland groß. Alle Parteien nannten seinen Tod einen unersetzlichen Verlust für das deutsche Volk. Ich hätte einiges dafür gegeben, während meiner aktiven politischen Karriere noch von ihm lernen zu dürfen.

Neben Adenauer und Ehlers will ich unbedingt einen dritten Namen nennen, auch wenn dieser heute nicht mehr im kollektiven politischen Gedächtnis verankert sein mag. Für mich jedoch hat er immer eine wichtige Rolle gespielt: Ludwig Windthorst.

Windthorst war einer der großen katholischen politischen Wegweiser des 19. Jahrhunderts und darüber hinaus der wohl bedeutendste Gegenspieler Otto von Bismarcks. Geboren wurde er, wenige Kilometer von meinem Elternhaus entfernt, in Ostercappeln. In der Stadt Meppen, die er jahrelang parlamentarisch vertreten hat, steht sein Denkmal vor dem Windthorst Gymnasium. Ludwig Windthorst hatte – auch auf Grund persönlicher Erfahrungen – ein tiefes Misstrauen gegen Machtzusammenballungen und Machtmissbrauch, strebte jedoch seinerseits nach Macht, um – wie er sagte – die Herrschaft des Rechts sicherzustellen und die ungezügelte Macht des Staates einzudämmen. Wie sonst hätte er Bismarck in der Frage des Kulturkampfes Paroli bieten können, als es auch darum ging, die Rechte der Kirche und die Freiheit des Glaubens zu sichern?

Zu Unrecht hat man Ludwig Windthorst in späteren Jahren bisweilen unterstellt, als erzkatholischer Führer der Zentrumspartei vor allem deren Interessen durchzusetzen. Aus meiner Sicht hat ihn im Gegensatz zu diesem Vorwurf immer ausgezeichnet, dass er bei allem machtvollen Eintreten für das Zentrum gleichzeitig enormen Wert auf überkonfessionelles Eintreten für die Rechtsstaatlichkeit legte. Von ihm ist der Satz überliefert: »Ich werde das Recht, das ich für die Katholiken und für die katholische Kirche und deren Diener in Anspruch nehme, jederzeit vertreten, auch bei den Protestanten und nicht minder bei den Juden. Ich will eben das Recht für alle.«

»Das Recht für alle«, das ist die zentrale Überzeugung, die politischem Handeln immer zugrunde liegen sollte. Macht ist notwendig, um Entscheidungen zu treffen und durchzusetzen. Doch genauso notwendig ist die Kontrolle des Rechts über diese Entscheidungen sowie die – aus meiner Sicht christlich geprägte – Verantwortung, mit der Entscheidungen getroffen werden.

Als ich im Jahr 2003 als Nachfolger von Gerhard Stoltenberg und Hans Matthöfer Kuratoriumsvorsitzender der Otto-von-Bismarck-Stiftung in Friedrichsruh wurde, war mancher überrascht. Der Deutsche Bundestag hatte im Sommer 1997 beschlossen, nach Bundeskanzler Konrad Adenauer, Reichspräsident Friedrich Ebert, Bundespräsident Theodor Heuss und Bundeskanzler Willy Brandt auch den ersten deutschen Reichskanzler Otto von Bismarck durch Errichtung einer selbstständigen Stiftung zu ehren und dessen Leistungen zu würdigen. Ich habe die Aufgabe, in dieser Stiftung tätig zu sein, nie als Widerspruch zu meiner Hochachtung vor dem Wirken Windthorsts gesehen. Wir wissen auch in der Otto-von-Bismarck-Stiftung, dass die Bilanz der bismarckschen Innenpolitik kritisch ausfällt, und dass es in der Stiftung auch gilt, die großen Leistungen von Ludwig Windthorst zu würdigen. Gleichzeitig bleibt Bismarck jedoch ein »Kanzler der Einheit«, die er durch eine »Revolution von oben« herbeiführte. Der Historiker Lothar Gall nannte ihn den »weißen Revolutionär« und Henry Kissinger fasste sein Urteil über die Außenpolitik Bismarcks mit dem Satz zusammen, es sei ihm in einer staatsmännischen Leistung gelungen, das feste Gleichgewicht in Europa als ein Instrument des Ausgleichs und des Friedens zu erhalten. Man kann es auch so sagen: Mit Eisen und Blut schuf Bismarck das Deutsche Kaiserreich, um sich sodann ganz dem Aufbau einer europäischen Friedensordnung zu verschreiben, die eine erneute Öffnung des Janustempels verhindern sollte. Bismarcks zentrale staatsmännische Leistung besteht in der Lösung der deutschen Frage im kleindeutschen Sinn, der Verabschiedung eines wegweisenden Sozialgesetzgebungswerks und in der Schaffung einer europäischen Staatenordnung, in der das Kräftegleichgewicht als ein Instrument des Ausgleichs diente.

Während Adenauer, Ehlers und Windthorst prägende Figuren der Vergangenheit sind, ist für mich auch ein Mann als Freund und Ratgeber (und somit in gewisser Weise auch Vorbild) wichtig, der heute noch die Geschicke der Regierungspolitik mitbestimmt: Wolfgang Schäuble.

Drei Mal bin ich sein Nachfolger im Amt gewesen, was der Kontinuität auf diesen Posten sicher nie abträglich war.

Wolfgang Schäuble ist mir immer ein treuer Wegbegleiter gewesen und so erinnere ich mich noch genau an das Ereignis, das nicht nur mich, sondern sehr viele Menschen in Deutschland erschütterte.

Politische Weggefährten und Vertraute: Rudolf Seiters und Wolfgang Schäuble

Am 12. Oktober 1990 saß ich mit Horst Teltschik, dem außenpolitischen Berater von Bundeskanzler Helmut Kohl, in einem Papenburger Restaurant zusammen. Da erreichte uns die schreckliche Nachricht, die mich auch später nie daran zweifeln ließ, dass der Schutz durch Bodyguards für hochrangige Politiker notwendig und berechtigt ist. Auf Bundesinnenminister Wolfgang Schäuble war während einer Wahlkampfveranstaltung in Oppenau ein Attentat verübt worden. Gegen 22 Uhr wurde Schäuble von einem – wie sich später herausstellte – psychisch kranken Mann angeschossen, in Kiefer und Rückenmark schwer verletzt und noch in der Nacht in die Freiburger Uniklinik gebracht. Teltschik und ich waren geschockt und brachen unsere Besprechung ab. Die ganze Nacht trieb mich die Sorge um den politischen Weggefährten und Freund um, bis ich endlich am nächsten Tag die Gelegenheit hatte, gemeinsam mit dem

Bundeskanzler nach Freiburg zu fliegen. Schäuble war schwer getroffen worden und es stellte sich bald heraus, dass er von da an auf einen Rollstuhl angewiesen sein würde.

Dies war ein sehr trauriger Moment, der mir auch persönlich vor Augen führte, dass dieses Leben, das wir als Politiker führen und das von so vielen spannenden und bereichernden Erlebnissen geprägt ist, von einem auf den anderen Tag ganz anders aussehen kann. Ich bin ziemlich sicher, dass ich die innere Kraft und die Disziplin, die Wolfgang Schäuble bereits ein Jahr später an die Spitze der Bundestagsfraktion führten, nicht aufgebracht hätte. Diese einmalige psychische und physische Leistung steht seiner ebenso beachtlichen politischen Leistung nicht nach. Heute ist er eine der zentralen Persönlichkeiten in Deutschland und Europa.

## Wer seine Wurzeln nicht kennt, kommt in der Politik nicht weit

Mit meinem Eintritt in den Bundestag war ich plötzlich gewissermaßen ein Bonner geworden, lag doch der Schwerpunkt meiner künftigen Tätigkeit in der rheinischen Bundeshauptstadt. Doch ein Abgeordneter ist immer nur so viel wert wie die Arbeit, die er für seinen Wahlkreis tut. In diesem ist er gewählt worden und diesem hat er seine Schuldigkeit zu erweisen. Mir war das 1969 genauso klar wie in all den Jahren danach, in denen ich wiedergewählt wurde.

33 Jahre lang habe ich das nördliche Emsland als direkt gewählter Abgeordneter im Bundestag vertreten, von 1969 bis 1980 zählte auch der Landkreis Grafschaft Bentheim zu meinem Gebiet, von 1980 bis 2002 schließlich der Landkreis Leer, zu dem auch die Insel Borkum gehört. Wenn man sich eine Land-

karte nimmt, sieht man die erhebliche räumliche Ausdehnung dieses Wahlkreises und erahnt, dass dort zum Teil recht unterschiedliche Ansprüche zu befriedigen waren.

**Als junger Abgeordneter im eigenen Wahlkreis**

Jahrhundertelang galt das Emsland als Armenhaus Deutschlands, gekennzeichnet durch weite Moor- und Heideflächen, ertragsarme Böden, dünne Besiedlung und zurückgebliebene Verkehrserschließung. Nach dem Zweiten Weltkrieg wurden die Weichen für eine bessere Zukunft der Region gestellt: Am 5. Mai 1950 entschied der Deutsche Bundestag über den sogenannten »Emsland-Plan« und bewilligte eine Fördersumme von zunächst 200 Millionen D-Mark. Das gemeinsame Zusammenwirken von Bund, Land und Kreis mit einem Mitteleinsatz von später insgesamt über 2 Milliarden Mark war die Initialzündung für den fast beispiellosen Aufschwung des Emslandes und machten das Unternehmen »Emsland-Plan« zu einer einzigartigen Erfolgsgeschichte. Aus dem Armenhaus Deutschlands wurde eine aufblühende Landschaft mit großer Attraktivität für Handel, Gewerbe, Industrie, Dienstleistungen, Landwirtschaft, Tourismus und mit einem Bevölkerungsanstieg von mehr als 50 Prozent auf weit über 300 000 Einwohner. Nicht zuletzt wurde das Emsland für zahlreiche Neubürger zur Heimat mit einer hohen Lebensqualität.

Heute gehört das Emsland mit seinem breit gefächerten Branchenmix, vielen mittelständischen Spezialbetrieben, einer gut ausgebildeten Arbeiterschaft und dem erfolgreich abgeschlossenen Strukturwandel von der Agrarwirtschaft über die Industrie zur Dienstleistungsgesellschaft zu den wettbewerbsfähigen Standorten in Deutschland und Europa. Und dies trotz seiner geografischen Grenzlage. Viele Namen sind mit dem Erfolg der Region verknüpft: Betriebe und Unternehmen, einige mit absoluter Weltgeltung, angefangen bei der Meyer Werft in Papenburg, dem Stolz der ganzen Region, Nordland Papier, der Maschinenfabrik Krone oder auch der Bauunternehmung Bunte – nur vier Beispiele von vielen herausragenden emsländischen Firmen. Insgesamt ist das Emsland mittelständisch geprägt, die soziale Marktwirtschaft lebt ja auch nicht in erster Linie von der Großindustrie. Sie lebt vielmehr von den vielen kleinen bis mittleren Betrieben in Handel, Handwerk, Gewerbe und Landwirtschaft. Dort steigt die Zahl der Arbeitsplätze und dort werden Lehrstellen geschaffen.

Ich habe in meinem politischen Leben einige historische Momente miterleben und miterarbeiten dürfen. Doch zu den befriedigendsten Ergebnissen meiner Arbeit, und das dürfte bei jedem Abgeordneten des Bundestages so sein, gehörte es immer, dafür zu sorgen, dass vor Ort in meinem Wahlkreis wichtige Vorhaben realisiert werden können. In meiner langen Zeit im Bundestag habe ich vielen kleinen, aber auch ein paar größeren Projekten mit auf die Beine geholfen. Nicht wenige davon bestimmen bis heute die Lebensqualität im Emsland und in Ostfriesland.

Ein solches Infrastrukturprojekt war etwa der Bau des sogenannten »Ostfriesenspießes«. Die Emslandautobahn A 31, die das Ruhrgebiet mit der Nordseeküste verbindet, ist eine der Lebensadern dieses Gebietes, vor allem auch für viele Firmen, für die diese direkte Verkehrsanbindung hinsichtlich ihrer Logistik von entscheidender Bedeutung ist. Ich erinnere mich noch, wie froh alle waren, als endlich der letzte Lückenschluss zwischen Wietmarschen und Gronau in Nordrhein-Westfalen geschafft war.

Ich habe außerdem die Ansiedlung der Mercedes-Teststrecke hier bei uns in Papenburg vor der Haustür und natürlich die Versuchsanlage für den Transrapid mitbegleitet, dessen tragisches Ende im Emsland mich sehr geschmerzt hat.

Der Bau des Emssperrwerks bei Gandersum südlich von Emden war existenziell wichtig, damit die großen Kreuzfahrtschiffe der Meyer Werft die Ems bis hin ins offene Meer passieren konnten. Es gab damals lange Diskussionen bis klar war, dass der Bund und das Land Niedersachsen 1998 für dieses Sperrwerk jeweils 175 Millionen D-Mark zur Verfügung stellen würden.

Wenn ich den heutigen Bundesaußenminister Frank-Walter Steinmeier treffe, tauschen wir gerne Erinnerungen an die damaligen Monate aus. Steinmeier war zu jener Zeit Chef der Staatskanzlei in Niedersachsen und führte im Auftrag vom Ministerpräsident Schröder die Verhandlungen für sein Bundesland. Ich selbst war auf Bundesebene in die Verhandlungen eingebunden. Denkwürdig, ja, ich würde fast sagen sensationell, wenn man die üblichen politischen Entscheidungswege bedenkt, war jene Sitzung, in der Steinmeier und ich die für das Emssperrwerk notwendige Kabinettsvorlage für die SPD-Regierung Schröder formulierten, und zwar in meinem Wintergarten in Papenburg. Nicht gerade üblich, dass ein CDU-Politiker die Kabinettsvorlage eines SPD-Ministerpräsidenten bearbeitet. Aber so was verbindet.

Die Ems stand überhaupt häufig im Brennpunkt der politischen Fragen in meiner Heimat. So auch Anfang der Achtzigerjahre, kurz nachdem Helmut Kohl 1983 Bundeskanzler geworden war. Im Wahlkampf hatte der damalige Bundesverkehrsminister Werner Dollinger von der CSU bei einem Besuch in meinem Wahlkreis versprochen, dass der Bund die Emsvertiefung mit 40 Millionen DM finanzieren würde. Dieses Projekt war von immenser Bedeutung für die Meyer Werft, weil ihre immer größer werdenden Kreuzfahrtschiffe über die Ems Richtung Nordsee transportiert werden mussten. Der Fluss war dafür jedoch nicht an allen Stellen tief genug. Als dann nach der Bundestagswahl 1983, bei der Bundeskanzler Kohl bestätigt wurde, der neue Bundeshaushalt aufgestellt wurde, schwante mir bereits Böses. Das Kabinett hatte ein Moratorium beschlossen, was nichts anderes besagte, als dass vorerst keine neuen Verkehrsprojekte in den Haushalt aufgenommen werden sollten. Mit anderen Worten: Das Projekt Emsvertiefung, im Wahlkampf groß verkündet, stand im Haushaltsplan überhaupt nicht drin.

Als diese Tatsache öffentlich wurde, rief mich ein Journalist von der *Ems-Zeitung* an und sagte mir auf den Kopf zu, hier sei doch offensichtlich ein Wahlversprechen gebrochen worden. Wenn sich das bewahrheiten und die Vertiefung tatsächlich nicht kommen sollte: Müsste ich dann nicht von meinem Amt als Parlamentarischer Geschäftsführer, das ich gerade seit 1982 wieder innehatte, zurücktreten? Ich hielt mich mit einer klaren Aussage zunächst zurück und rief meinen Freund Manfred Carstens, Abgeordneter für den Wahlkreis Cloppenburg-Vechta und haushaltspolitischer Sprecher der CDU/CSU-Bundestagsfraktion, an. Wir waren beide im Urlaub, ich auf Mallorca, Manfred in den Südtiroler Bergen, doch er gehörte zu denjenigen, die einem nicht gram sind, wenn man sie auch dann um Rat fragt. Der Vorschlag, den er mir machte, war im Grunde einfach: »Sag einfach, es sei nicht wichtig, was im Haushaltsentwurf steht, sondern, was der Bundestag bei den bevorstehenden Haushaltsberatungen beschließt.« Genauso machte ich es und gewann ein wenig Zeit. Als der Urlaub vorbei war, musste gehandelt werden. Ich setzte mich mit Manfred Carstens und Torsten Wolfgramm, dem Parlamentarischen Geschäftsführer der FDP-Bundestagsfraktion, also unserem Koalitionspartner, zusammen und machte mich an die Arbeit. Das Ergebnis konnte sich sehen lassen: Am Ende standen nach den Beschlüssen des Haushaltsausschusses des Bundestages tatsächlich die 40 Millionen D-Mark im Bundeshaushalt.

Das war damals eine ganz wesentliche Entscheidung für die Zukunft der emsländisch-ostfriesischen Region. Und außerdem für mich der Beweis, wie wichtig es ist, parlamentarische Freunde zu haben, die sich gegenseitig helfen. Nur auf diese Weise sind manchmal politische Entscheidungen durchzusetzen, von deren Richtigkeit man absolut überzeugt ist.

## Heimat im doppelten Sinn

Nicht nur ich bin mit dem Emsland tief verwurzelt, mittlerweile gilt das auch für meine Frau. Brigitte wurde 1942 in Berlin-Charlottenburg geboren, wo ihre Mutter, eine Schlesierin, arbeitete. Von Berlin zogen sie dann erst zurück in ihre schlesische Heimat, mussten aber am Ende des Krieges flüchten und landeten nach mehreren Stationen schließlich in Osnabrück.

Wirklich kennengelernt habe ich Brigitte Mitte der Sechzigerjahre. Und bei diesem Kennenlernen standen die Chancen, dass wir uns einmal näherkommen sollten, nicht besonders gut. Ich war als Redner zum Bezirksparteitag der CDU in Bad Rothenfelde geladen. Es war eine von vielen Parteiveranstaltungen, auf denen ich mich, mittlerweile schon ein erfahrener und nicht mehr ganz unbekannter Politiker, tummelte. Aus diesem Grunde trug ich auch die eigentlich für den Einlass nötige Delegiertenkarte nicht bei mir, machte mir darüber jedoch wenig Gedanken. Brigitte arbeitete damals als Sekretärin bei der CDU und war eingeteilt worden, am Eingang zum Parteitag genau diese Karten zu überprüfen. Und das tat sie mit der ihr eigenen Konsequenz. Es kam, wie es kommen musste, den Namen Seiters mochte sie zu jenem Zeitpunkt schon einmal gehört haben, ein Bild hatte sie offenbar aber nicht vor Augen. Also ließ sie mich nicht in den Saal, denn ich hatte ja meine Karte nicht dabei. Auch mein Argument, dass ich einer der angekündigten Redner sei und auf der Bühne erwartet werde, ließ sie nicht erweichen. Zum Glück fand sich jemand, der bestätigen konnte, wer ich war, und ich konnte mit leichter Verspätung doch noch den Weg in den Saal antreten. Brigitte war es wohl peinlich, dass sie fast eine der geplanten Reden verhindert hätte, ich hingegen maß dem Vorfall keine große Bedeutung zu. Sie hatte beim Einlass doch nur ihre Aufgabe erledigt. Im Grunde war ich beeindruckt.

Ich hatte dieses Erlebnis auch nicht vergessen, als ich ein paar Jahre später übergangsweise die Bezirksgeschäftsstelle der CDU in Osnabrück leitete. Meine neue Sekretärin erkannte ich auf Anhieb: Da stand die sympathische brünette Frau, die ihre Aufgabe als Türsteherin so ernst genommen hatte, und hoffte vermutlich, dass ihr neuer Chef sich nicht mehr an diese Geschichte erinnern möge.

Brigitte war verheiratet, doch Jahre später ging ihre Ehe einvernehmlich auseinander. In der CDU war Brigitte wegen ihres fröhlichen und temperamentvollen Wesens und ihrer tüchtigen Arbeit sehr beliebt und geschätzt. Auch ich mochte sie sehr, zumal wir nach und nach feststellten, wie gut wir harmonierten. 1974 heirateten wir, und neben Brigitte traten mit Silke und Kirstin zwei kleine Mädchen in mein Leben.

Dann allerdings kam das darauffolgende Jahr, in dem wir schwere Momente zu überstehen hatten. Nicht etwa, weil es in unserer Ehe gekriselt hätte, sondern weil sich die damals vorherrschende Moral plötzlich gegen uns wandte.

Als die Bundestagswahl 1976 näher rückte und im Herbst 1975 erneut die Nominierung der Kandidaten anstand, bildete sich eine »Initiativgruppe Bundestagswahl 1976 für die CDU«, die in einem Rundschreiben an die Kreisverbände und Ortsvereine der CDU in den Kreisen Aschendorf/Hümmling, Meppen und Grafschaft Bentheim ihre Bedenken gegen meine Kandidatur zum Ausdruck brachte. In diesem Schreiben, dem in den folgenden Wochen noch zwei weitere folgten, hieß es:

> »Der derzeitige Bundestagsabgeordnete Rudolf Seiters ist nach vieler Wählermeinung durch eine schwerwiegende persönliche Lebensentscheidung nicht mehr geeignet, das politische Wollen eines erheblichen Teiles der Wähler des Wahlkreises 26 zu vertreten, weil er durch seine Eheentscheidung widerlegt, was die meisten hiesigen Wähler an Werten in Bezug auf Ehe und Familie öffentlich repräsentiert und verwirklicht sehen möchten. Wir wünschen einen Kandidaten für die Bundestagswahl, der durch sein eigenes Leben und Handeln in der Öffentlichkeit uneingeschränkt für die von der Kirche verkündeten Grundsätze des Evangeliums

bzw. der Ehe und Familie einsteht, der auch jungen Menschen in diesem Fragenkreis Vorbild sein kann. Es wird Ihnen bekannt sein, dass Herr Seiters durch seine Heirat einer geschiedenen Frau den eindeutigen Weisungen des Evangeliums nicht folgte und somit in Konflikt mit seiner Kirche lebt.«

Die folgenden Monate waren speziell für meine Frau nicht einfach. Das Rundschreiben geriet in die Öffentlichkeit, keine Woche verging ohne Stellungnahmen, Meldungen und Kommentare. Die »Affäre« fand schließlich sogar überregional weite Beachtung, vom Norden Deutschlands bis ins tiefste Bayern wurde berichtet, von *Spiegel* und *Stern* bis hin zu Kirchenzeitungen.

Als dann im Oktober 1975 auf dem Kreisparteitag der CDU Aschendorf/Hümmling eine Vorentscheidung fallen sollte, sagte ich in meiner Rede:

»Ich möchte nicht im Einzelnen Stellung nehmen zu den Diskussionen, die in den vergangenen Wochen über das ›C‹ in der CDU in Bezug auf meine Bundestagskandidatur geführt worden sind. Ich darf an dieser Stelle jedoch ausdrücklich erklären, dass ich unterschiedliche Auffassungen – auch in dieser Frage – stets respektiert habe und auch weiter respektiere, jedenfalls dann, wenn sie von Überzeugung getragen sind und fair vertreten werden. Ich selbst bekenne mich zu den Grundsätzen der CDU wie sie im Programm der Partei niedergelegt sind:

- Zur christlich-sozialen Idee als tragenden Pfeiler der Partei mit ihrem Engagement für soziale Gerechtigkeit, praktizierte Nachbarschaft, Solidarität mit sozial Schwächeren und benachteiligten Minderheiten, mit ihrem Einsatz für das ungeborene Leben und mit der christlichen Tugend der Toleranz,

- zur liberalen Idee mit ihrem Freiheitsspielraum des Einzelnen, einer Freiheit, die wir als verantwortete Freiheit verstehen,

- zur konservativen Idee, die den Fortschritt will, aber gleichzeitig das Bewährte bewahrt.

In diesem Sinne bewerbe ich mich um die Bundestagskandidatur und bitte weiterhin um ihr Vertrauen.«

Am Ende des Parteitages votierten in geheimer Abstimmung von den 530 anwesenden Mitgliedern 486 für eine mich unterstützende Delegiertenliste, 29 Mitglieder stimmten gegen diesen Vorschlag, 11 enthielten sich der Stimme, 4 Wahlzettel waren ungültig. Im November kamen dann die beauftragten 43 Wahlmänner und -frauen aus den Kreisen Aschendorf/Hümmling, Meppen und der Grafschaft Bentheim zusammen und nominierten mich ebenfalls in geheimer Abstimmung mit 41 zu 2 Stimmen als Kandidaten für die Bundestagswahl am 3. Oktober 1976, bei der ich mit 62,2 Prozent der Stimmen endgültig gewählt wurde.

Ich habe in meinem Wahlkreis viele Menschen kennengelernt, die bodenständig waren, zuverlässig und hilfsbereit – typisch für diese Region. Das hat mich in meiner politischen Arbeit immer wieder motiviert. Dasselbe gilt auch für die große Unterstützung in meiner damals schwierigen Situation. Ich habe in dieser Hinsicht vielen Menschen zu danken, vielen Parteifreunden im

Emsland, aber auch in der Landes- und Bundespartei. Der damalige CDU-Landesvorsitzende Wilfried Hasselmann stellte sich uneingeschränkt hinter mich. Helmut Kohl als Bundesparteivorsitzender hat sich zwar nicht öffentlich geäußert, aber ich weiß, dass er, wenn er angesprochen wurde oder wenn er Briefe erhielt, sich ebenfalls deutlich für mich einsetzte und mich verteidigte.

Auch heute noch leben meine Frau und ich im Emsland. Zunächst haben wir in Meppen gewohnt, was ich fast als ein wenig schicksalhaft empfand, denn schließlich ist Meppen die Stadt von Ludwig Windthorst. Seit 1982 haben wir unseren Lebensmittelpunkt an einer etwas nördlicheren Stelle des Emslandes gefunden. Papenburg liegt an der Grenze der Landkreise Emsland und Leer und somit durchaus mittendrin in diesem großen Wahlkreis. Von hier ist man in etwas mehr als einer Stunde an der Nordseeküste, kann jedoch auch direkt auf die Autobahn 31, den sogenannten »Ostfriesenspieß«, und hat in südlicher Richtung nach ebenfalls einer guten Stunde schon das Ruhrgebiet erreicht. Hier sind unsere Kinder groß geworden und hier ist für Brigitte und mich noch immer unsere Heimat. Meine mittlere Tochter Kirstin lebt mit unserem Schwiegersohn Torsten und Enkel Florian ebenfalls in Papenburg. Und auch für meine älteste Tochter Silke und für die jüngste Sarah ist Papenburg noch immer ein Stück weit Zuhause, auch wenn es die beiden beruflich vor geraumer Zeit nach Frankfurt und München zog.

## Bodenständig bleiben

Manche Abgeordnete des Bundestages verlegten ihren Wohnsitz nach Bonn, für mich war das nie eine Versuchung. Auch wenn diese Lösung sicher ihre Vorteile gehabt hätte. Als meine Frau Barbara Genscher einmal fragte, wie sie es denn verkrafte, dass ihr Mann als Außenminister so häufig im Ausland sei, erwiderte diese: »Das sind zwei Seiten einer Medaille. Auf der einen Seite ist er viel unterwegs, auf der anderen Seite wohnen wir in Bonn und in den Sitzungswochen ist er öfter beim gemeinsamen Frühstück und spätabends noch bei einem Glas Wein zu Hause.«

**Brigitte und Rudolf Seiters**

Meine Familie lebte jedoch im Emsland und das war gut so, denn mir hat diese Tatsache immer dabei geholfen, bodenständig zu bleiben. Meine Wähler sahen meine Frau und mich, sie wussten: Auch, wenn ich meinen politischen Aufgaben in der Hauptstadt nachzugehen hatte, war ich doch immer für die Belange vor Ort ansprechbar. Man traf sich sonntags beim gemeinsamen Kirchgang, unsere Kinder gingen in Papenburg zur Schule. Mir war es außerdem immer wichtig, unseren Freundeskreis in der Heimat zu erhalten. Freunde vor allem auch jenseits der Politik, die einen ganz schnell wieder auf den Boden holten, wenn die Gefahr bestand, sich im hektischen Betrieb der Bundes- und Weltpolitik zu verlieren. Ja, das Emsland ist eine beschauliche Region, doch genau das ermöglichte es mir, ein ganz normales Familienleben zu führen. Das ist bis heute so geblieben, und dafür bin ich wirklich dankbar.

Meine Frau hielt mir zu Hause den Rücken frei. Sie kümmerte sich nicht nur um Familie, Haus und Garten, ihr Aufgabengebiet ging weit darüber hinaus. Sie war und ist bis heute auch meine wichtigste Helferin und Beraterin. Das Sprichwort von der starken Frau, die hinter jedem erfolgreichen Mann steht, trifft auf sie im besten Sinne zu. In meiner Zeit als aktiver Politiker vermittelte sie Termine, hörte sich die Sorgen und Anliegen der Menschen vor Ort an und sorgte immer zuverlässig dafür, dass ich ihre Zusagen einhielt. So war ich in meinem Wahlkreis jederzeit erreichbar, denn wir standen auch privat mit unserer Nummer im Telefonbuch. Diese Möglichkeit nutzten die Menschen ohne Scheu, in Norddeutschland schätzt man den direkten Kontakt und hat da wenig Berührungsängste. Wenn ich unterwegs war, nahm meine Frau viele der Anrufe für mich an und kümmerte sich darum, dass ich die Bürger so schnell wie möglich persönlich zurückrief.

Sie ging auch ans Telefon, als ein älterer ostfriesischer Landwirt anrief und mich sprechen wollte. Allerdings war ich wieder einmal nicht daheim, was ihn nicht davon abhielt, sich eine volle halbe Stunde mit meiner Frau über sein persönliches Anliegen zu unterhalten. Doch nicht nur darüber, wie Brigitte mir berichtete, sondern gleich auch noch über die allgemeine Weltlage und wie diese zu beurteilen sei. Zwei Wochen später probierte er es noch einmal und wie das Leben so spielt, war ich wieder nicht zu Hause und er musste mit meiner Frau vorliebnehmen. Dies jedoch schien ihn überhaupt nicht zu stören, denn wieder entwickelte sich ein ausführlicher Plausch von 30 Minuten daraus. Nachdem wir eine Weile nichts von ihm gehört hatten, versuchte er es ein paar Wochen später erneut. Dieses Mal war ich direkt am Apparat. Doch sein ursprüngliches Ziel, mich zu erreichen, schien ihm gar nicht mehr so wichtig zu sein, vielleicht hatte er sein eigentliches Anliegen auch längst vergessen. Jedenfalls bekam ich, nachdem ich mich mit meinem Namen gemeldet hatte, nur zu hören: »Ach Herr Seiters, jetzt sind Sie ja endlich mal da. Könnte ich vielleicht Ihre Frau sprechen?«

Ich kann mich tatsächlich nur an wenige problematische Situationen in meinem Wahlkreis erinnern, obwohl ich nicht sehr zurückgezogen lebte. Die wenigen kritischen Erlebnisse waren im Grunde immer nur Momentaufnahmen, die unser Leben nicht langfristig belasteten.

Trotzdem musste auch ich bisweilen erfahren, dass die Nähe zu den Bürgern negative Auswirkungen haben kann. Im November 1985 waren meine Frau und ich auf einer Veranstaltung eingeladen, sodass unsere drei Töchter für ein paar Stunden allein zu Hause waren. In Bonn kämpften wir zu dieser Zeit mit den Gewerkschaften um die Ausgestaltung einer Änderung des sogenannten Streikparagrafen 116, welche die Bundesregierung geplant hatte. Die Gewerkschaften machten massiv Stimmung und mir war angekündigt worden, dass auch in Papenburg Protestaktionen zu erwarten seien. Wie diese genau aussehen sollten, wusste ich natürlich nicht. Vorsichtshalber hatte ich den zuständigen Gewerkschaftsfunktionären sogar mitgeteilt, dass ich an jenem Abend nicht anwesend sein würde. Das hielt einen Trupp von etwa 30 Leuten der Gewerkschaft IG Metall trotzdem nicht davon ab, direkt vor unserem Haus einen gespenstischen Fackelzug zu veranstalten. Eine Aktion, die an längst vergangene Zeiten erinnerte. Ich mag mir gar nicht vorstellen, wie meine Töchter sich gefühlt haben müssen, als plötzlich die fremden Männer mit brennenden Fackeln vor unseren Fenstern auftauchten. Von dem Streit mit den Gewerkschaften wussten sie nichts. Als ich von der Situation erfuhr, war ich extrem zornig. Wie konnte es sein, dass trotz der Absprachen im Vorfeld eine solch martialische Aktion direkt vor meinem Privathaus organisiert worden war, obwohl meine Kinder allein zu Hause waren? Gleich am nächsten Morgen formulierte ich Briefe an den DGB-Vorsitzenden Ernst Breit und den IG-Metall-Vorsitzenden Hans Mayr, in denen ich die Aktion scharf kritisierte:

> »Ich halte es für skandalös und beschämend, wenn die Gewerkschaft versuchen sollte, die Familien von Politikern in die politische Auseinandersetzung mit hineinzuziehen. Die Gewerkschaft hat das Recht, für ihre Ziele zu demonstrieren und zu kämpfen, aber sie sollte den Privatbereich eines Politikers respektieren. Ich finde es besonders skandalös, Druck auf Abgeordnete des Bundestages mit sogenannten Mahnwachen auszuüben, die in unseliger Weise an frühere Zeiten erinnern. Wir sollten den Anfängen wehren. Ich kann mir nicht vorstellen, dass diese Form der politischen Auseinandersetzung von Ihnen gewollt, gebilligt oder geduldet war.«

Immerhin: Die Antwort von Ernst Breit ließ nicht lange auf sich warten, und er fand entschuldigende Worte für die Aktion: »Sie können versichert sein, dass die genannte Demonstration – wie auch immer man sie bewerten mag – als einmalig gedacht war und sich in dieser Form nicht wiederholen wird.« Auch die Zeitungen griffen den Vorfall auf und waren in der Regel meiner Ansicht. In der *Neuen Osnabrücker Zeitung* sah der Kommentator den Frieden wiederhergestellt: »Ernst Breit hat so reagiert, wie es im Interesse des DGB, aber noch mehr der politischen Kultur in der Bundesrepublik geboten war. Seine Zusagen, dass sich die unsägliche Mahnwache im Fackelschein vor dem Haus eines andersdenkenden Politikers nicht wiederholen werde, kam erfreulich schnell. Sie befreite den DGB von dem Verdacht, persönliche Pression an die Stelle der Argumentation zu setzen.«

Glücklicherweise blieben Situationen wie diese, in der meine Familie durch meinen Beruf zu leiden hatte, die Ausnahme. Trotzdem ist man als Politiker im eigenen Wahlkreis und im eigenen Land nie ganz privat, nie ganz unbekannt. Deshalb bin ich mit meiner Familie immer gerne ins Ausland gereist. Unsere Reisen nach Mallorca oder Gran Canaria, Florida oder Kalifornien habe ich als wunderbare Aus- und Familienzeiten in Erinnerung. Auch wenn meine Töchter bis heute behaupten, ich habe selbst am Grand Canyon die anderen Touristen mit einem Wahlkampflächeln begrüßt, weil ich angenommen habe, auch dort noch erkannt zu werden. Mit einer Anekdote zieht meine Familie mich auch heute noch gerne auf: Wir standen auf Gran Canaria just vor unserem Hotel. Da kam ein Mann auf mich zugestürmt, der sich allem Anschein nach besonders freute, als er mich sah. Ich wollte mich schon recht geschmeichelt fühlen, aber da rief er auch schon: »Herr Schäuble, Sie auch hier?!«

## Familiäre Schutzmaßnahmen

1990, als ein Wahnsinniger das Attentat auf meinen Freund Wolfgang Schäuble verübte, wurde mir mit einem Mal deutlich bewusst, wie gefährdet wir Politiker durch unsere exponierte Stellung tatsächlich waren. Bis zu diesem Tag war die Bedrohung eher abstrakt gewesen, auch wenn die Sicherheitskräfte uns natürlich darauf hingewiesen hatten. Nicht umsonst erhält jeder Politiker, der in höhere Ämter aufsteigt und somit zum potenziellen Angriffsziel wird, verstärkten Personenschutz. Das machte es mir manchmal schwer, mich in meiner Heimat Papenburg wie ein normaler Mitbürger zu fühlen, denn meine »Bodys«, wie meine Familie die Personenschützer bald liebevoll nannte, teilten quasi mein Privatleben. Nachdem ich 1989 Kanzleramtsminister geworden war, hatte ich bei jeder Fahrt einen Begleitwagen mit zwei Bodyguards. Einer der beiden saß stets neben meinem Fahrer Werner Güttes. Güttes gehörte quasi schon zur Familie, seine Anwesenheit störte mich auch nicht, wenn meine Frau mal mit an Bord meines Dienstwagens war. Doch das hier war schon etwas anderes. Es fühlte sich seltsam an, private Dinge zu besprechen, während wildfremde Menschen im Auto saßen und alles mithören konnten. Natürlich waren die Männer zum Schweigen und zum professionellen Weghören verdonnert und sie hielten sich selbstverständlich auch daran. Trotzdem fühlten wir uns eine ganze Weile ein wenig gehemmt und vermieden allzu private Unterhaltungen im Auto. Allerdings schafften wir es nach einer Weile dann doch, die Bodyguards gewissermaßen in die Familie zu integrieren.

Der Gewöhnungseffekt sollte sich als unbedingt notwendig erweisen, denn die Intensität dieser »Betreuung« steigerte sich noch erheblich, als ich 1991 den Posten des Innenministers übernahm. Waren meine persönlichen Schatten bis dahin immer nur unterwegs in meiner Nähe gewesen, so stand von heute auf morgen plötzlich ein zusätzlicher Container vor unserem Privathaus in Papenburg. Die Besetzung bestand durchgängig aus mehreren Polizisten, die von nun an jeden meiner Schritte, und damit auch viele Schritte meiner Familie, kritisch beäugten.

Unseren Kindern wollten wir das Gefühl ersparen, dass auch sie von nun an von den Polizisten beschattet werden sollten. Es stellte sich schnell heraus, dass dies ein Fehler war. Kinder sind nie so ahnungslos, wie Erwachsene vermuten. Unsere jüngste Tochter Sarah fuhr zu dieser Zeit meist mit dem Fahrrad in die Schule. Eines Tages bemerkte sie auf dem Schulweg, dass sie von einem Mann mit dem Rad verfolgt wurde. Dieser Mann wartete auch noch, als die Schule vorbei war. So heckte meine Tochter einen Plan aus, wie sie ihren Verfolger abschütteln könnte, und dieser Plan gelang ihr auch. Atemlos kam sie zu Hause an – kurz vor ihrem Verfolger, dem es sichtlich unangenehm war, die Tochter des Politikers Rudolf Seiters aus den Augen verloren zu haben. Er gehörte nämlich zu den Polizisten aus dem Container.

Auch mit dieser Situation haben wir uns nach einer Weile gut arrangiert. Meine Frau versorgte die Beamten im Container gelegentlich mit Schnittchen und Getränken und meine jüngste Tochter war froh, immer jemandem zum unterhalten vor der Tür zu haben. Schon meine Personenschützer hatten sich schnell mit Silke, Kirstin und Sarah angefreundet. Sarah, damals fast noch ein kleines Mädchen, hatte jede Woche einen anderen Schwarm unter den Bodyguards und war manchmal auch neidisch, wenn sie, anders als ihre Schwestern, abends nicht mit ausgehen durfte.

Nach all den Jahren, in denen ich Regierungsämter bekleidet habe und dementsprechend beschützt worden war, war es fast schon traurig, als wir uns schließlich von unseren Begleitern verabschieden mussten. Einige von ihnen kommen noch heute jedes Jahr nach Papenburg, sozusagen für ein »Familientreffen«.

## Ein festes Fundament

Heimat, Familie – das sind Werte, die mir wichtig sind und die mich geprägt haben. Was meinen Glauben angeht, so habe ich ihn nie plakativ vor mir hergetragen. Ich bin jedoch einmal gebeten worden, für einen Buchbeitrag[1] zu formulieren, »wie der Glaube in meinem Leben Gestalt angenommen« habe. Die Sätze,

1 In: Jörg Buchna: Worte, die mich begleiten, Norden 2008.

die ich damals schrieb, gelten für mich auch heute unverändert: »Der wohl innigste Ausdruck des Gottvertrauens ist das im Angesicht seines Todes von Dietrich Bonhoeffer geschriebene Gebet: ›Von guten Mächten wunderbar geborgen, erwarten wir getrost, was kommen mag. Gott ist mit uns am Abend und am Morgen und ganz gewiss an jedem neuen Tag.‹«

Wer glaubt, ist niemals allein. In meinem privaten wie beruflichen und politischen Leben habe ich immer wieder erfahren, wie hilfreich und wohltuend das Gebet war – in schwierigen und auch in schönen Stunden. Ich finde darin Trost, Zuspruch und Ermutigung. Man kann auch sagen: Es war und ist eine Hilfe für den inneren Kompass, für Grundüberzeugungen und Grundwerte bei vielen Entscheidungen, gerade auch im politischen Raum, so wie es in Psalm 127,1 heißt: »Wenn nicht der Herr das Haus baut, müht sich jeder umsonst, der daran baut.«

Dafür steht für mich auch die Präambel des Gundgesetzes, die nach dem Zweiten Weltkrieg geschrieben wurde, als so vieles in Deutschland in Trümmern lag. »Im Bewusstsein seiner Verantwortung vor Gott und den Menschen …« Die Verantwortung vor Gott und den Menschen sollte die Politik prägen – bei Themen wie dem Schutz des Lebens, Bioethik und Gentechnik, bei Frieden und Gerechtigkeit. Aber auch das Handeln der einzelnen Menschen in Familie, Staat und Gesellschaft sollte dieser Verantwortung gerecht werden. Die Aufgaben und Lasten, die uns auferlegt sind, lassen sich mit der Gewissheit tragen, dass Gott nie weiter als ein Gebet von uns entfernt ist. Und aus dieser Gewissheit wächst die Dankbarkeit gegenüber dem Gott, bei dem wir wunderbar geborgen sind und bleiben an allen Tagen unseres Lebens.

# IN DIE OPPOSITION UND WIEDER ZURÜCK

Jubel auf der einen Seite des Parlaments, tiefe Enttäuschung auf der anderen: Die von Bundeskanzler Kurt Georg Kiesinger geführte CDU/CSU kam bei der Bundestagswahl 1969 auf 46,6 Prozent der Stimmen, SPD und FDP kommen auf insgesamt 48,8 Prozent. Kanzler Kiesinger, der sich nach den ersten Hochrechnungen bereits als Sieger wähnte, hatte am Ende des Tages keine Mehrheit mehr – 242 Abgeordneten von CDU/CSU standen 254 Abgeordnete von SPD und FDP gegenüber. Willy Brandt wurde erster sozialdemokratischer Bundeskanzler, Walter Scheel Vizekanzler und Bundesminister des Auswärtigen. Erstmals seit Bestehen der Bundesrepublik, nach zwanzigjähriger Regierungsverantwortung, mussten die Unionsparteien am 28. September in die Opposition. Rainer Barzel, seit 1964 Vorsitzender der CDU/CSU-Fraktion, übernahm erneut den Vorsitz.

Viele altgediente Unionsabgeordnete sahen das für sie so unangenehme Wahlergebnis als einen »Betriebsunfall«, den man sehr bald korrigieren würde. Wir Jüngeren – ich war damals 31 Jahre alt – hatten da eine ganz andere Perspektive. Wir setzten seit langem auf Reformen und Erneuerungen in der Union, sei es in der Bildungspolitik, speziell bei den Hochschulen, oder beim Produktivvermögen der Arbeitnehmer der Wirtschaft. Auch bei den eingefahrenen Strukturen in der Bundestagsfraktion sahen wir Handlungsbedarf. Willy Brandts Aufruf zu gesellschaftlichen Reformen und sein Credo »Mehr Demokratie wagen« fanden auch bei jungen Oppositionsabgeordneten durchaus Zustimmung.

Ich erinnere mich, bei seiner Regierungserklärung sogar mehrfach Beifall geklatscht zu haben, zum deutlichen Stirnrunzeln meiner Fraktionskollegen.

So entstand 1969 ein Buch mit dem Titel »Die Union in der Opposition«, das als Diskussionsbeitrag für die Notwendigkeit beweglicher und rationaler Reformpolitik gedacht war. Geschrieben hatten es etwa zwanzig jüngere Abgeordnete, unter anderem Georg Gölter und Elmar Pieroth, Walter Leisler-Kiep, Philipp Jenninger, Anton Pfeifer und ich selbst. In meinem eigenen Beitrag schrieb ich: »Die CDU gilt in der Öffentlichkeit vornehmlich als konservative, auf Sicherung und Bewahrung bedachte, risikoscheue Partei.«

Solche Töne wollten viele der Älteren nicht hören. Wir Jüngeren waren uns jedoch einig: Die Zeit der teilweise engen Zirkel der Mitgliederversammlungen, der eingefahrenen Veranstaltungsabläufe und veralteten Strukturen der Union musste vorbei sein. Wir wollten den direkten Kontakt, speziell mit der jungen Generation, mit Schülern, Studenten und Lehrlingen – auch als Gegensatz zu den Anhängern der sogenannten außerparlamentarischen Opposition APO.

Bereits vor der Bundestagswahl hatte ich mich mit der niedersächsischen Jungen Union zu den Fragen innerparteilicher und außerparteilicher Reformen positioniert. Die »CDU in Niedersachsen«, wie es damals hieß, war noch immer in drei Landesverbände zersplittert: Braunschweig, Hannover und Oldenburg. Alle Vorstöße, einen schlagkräftigen, einheitlichen Landesverband Niedersachsen zu schaffen, wurden abgeblockt. Die Parteiführung war überaltert und sah über manche Verkrustungen im gesellschaftlichen und politischen Leben hinweg. An der Spitze der

CDU in Niedersachsen stand seit langem Dr. Otto Fricke, Baustoffgroßhändler aus Goslar, Mitbegründer der CDU in Niedersachsen, Weggefährte Konrad Adenauers. Geboren im Jahr 1902, ein Kind des Kaiserreichs, das auch »Kaiser Otto« genannt wurde. Nach Meinung der niedersächsischen Jungen Union brauchte die CDU neben vielem anderen dringend einen Generationswechsel.

Ein erster und wichtiger Schritt war, dass es mir gelang, die Junge Union in eine innerparteiliche Vorreiterrolle zu bringen. Auf mein Drängen entschlossen sich die Landesverbände Braunschweig, Hannover und Oldenburg, sich aufzulösen und zu einem einheitlichen JU-Landesverband Niedersachsen zusammenzuschließen. Das erregte großes Aufsehen. Ich wurde zum JU-Landesvorsitzenden gewählt und fand in der Partei nun zunehmend einen Resonanzboden vor, um Veränderungen innerhalb der CDU herbeizuführen. Auf dem Landesparteitag 1967 sagte ich:

> »Es ist falsch, wenn die CDU so tut, als gäbe es nicht eine erhebliche Unruhe unter den jungen Leuten, was Reformen im Staate, in den Universitäten, im wirtschaftlichen Rahmen betrifft ... Als Mitglieder der jungen Generation und Mitglieder der Partei müssen wir darauf dringen, dass diese Reformen stattfinden.«

Bei dieser Rede hatte es sehr viel Beifall gegeben, zumal wir uns als Junge Union ausdrücklich von den linksradikalen Gruppierungen abgrenzten. Wir sagten damals:

> »Wir dürfen nicht zulassen, wollen wir unseren Staat nicht selbst zerstören, dass jede politische Gruppe, der die politischen Verhältnisse nicht gefallen, versucht, ihre Ansichten mit Gewalt und Gesetzlosigkeit durchzusetzen. Dann werden wir bald die Schlägertrupps der

> Rechtsradikalen und eine allgemeine Verwilderung des politischen Lebens erfahren. Wir müssen die Demokratie verlebendigen und offen diskutieren über die Missstände in unserem Land.«

Parallel dazu liefen unsere Bemühungen um einen Generationswechsel an der Spitze der Partei. Dr. Fricke hatte uns im persönlichen Gespräch Ende 1967 in Goslar zugesichert, bei der Wahl im kommenden Jahr nicht mehr für den Vorsitz anzutreten und den Weg für einen jüngeren Nachfolger freizumachen. Als sich die Kandidatenaufstellung dann konkretisierte, erwies sich jedoch, dass Fricke nicht Wort halten wollte.

Mit einer unerträglich arroganten Haltung stieß er uns alle vor den Kopf und verstieg sich öffentlich zu der selbstverliebten Formulierung: »Ich sehe die Hände nicht, in die ich mein Amt legen könnte.« Das war zu viel. Im Alleingang gab ich der *Hannoverschen Allgemeinen Zeitung* ein Interview, forderte den Führungswechsel und warf Dr. Fricke Selbstgefälligkeit und Honoratiorengehabe alten Stils vor. Fricke ging in die Luft. In der Landespressekonferenz erklärte er, dieser Rudolf Seiters habe keine Ahnung. Das wiederum führte zu einer sofortigen Solidarisierung der gesamten niedersächsischen Jungen Union gegen Fricke und auch innerhalb der CDU regte sich massiver Widerstand.

Ende Mai 1968 beendete Otto Fricke dieses Kapitel niedersächsischer CDU-Geschichte: Er verzichtete auf eine erneute Kandidatur, Wilfried Hasselmann wurde auf dem Landesparteitag im gleichen Jahr sein Nachfolger. Ich selbst wurde mit der zweithöchsten Stimmenzahl als Beisitzer in den neuen Landesvorstand gewählt und vier Jahre später stellvertretender Parteivorsitzender.

Es ist auch diesen Vorgängen zu verdanken, dass Rainer Barzel auf unseren Kreis der jüngeren Abgeordneten und auch auf mich aufmerksam wurde. 1971 starb Willi Rasner, ein echtes Urgestein.

Seit 1955 war er erfahrener und erfolgreicher Geschäftsführer der CDU/CSU-Fraktion gewesen und galt als »Großmeister« aller Fraktionsgeschäftsführer. Zur gleichen Zeit übernahm Heinrich Köppler, bis dahin ebenfalls Fraktionsgeschäftsführer, den Vorsitz des Präsidiums der CDU in Nordrhein-Westfalen. Für beide Posten wurden Nachfolger gesucht. Zu einem dieser Nachfolger berief zu meiner eigenen großen Überraschung Rainer Barzel mich. Plötzlich war ich mit 34 Jahren der jüngste Geschäftsführer der CDU/CSU-Bundestagsfraktion und darüber hinaus auch Mitglied im sogenannten »Elferrat«. Diesem gehörten neben Rainer Barzel die stellvertretenden Fraktionsvorsitzenden an, also unter anderem Franz Josef Strauß und Hans Katzer, ferner die Parlamentarischen Geschäftsführer. Der Elferrat war also praktisch der Geschäftsführende Vorstand der Fraktion.

Der Vorsitzende der CDU/CSU-Bundestagsfraktion Rainer Barzel mit Rudolf Seiters, dem jüngsten Geschäftsführer der Fraktion

Das Jahr 1971 stand auch im Zeichen der Nachfolgeregelung für Kurt Georg Kiesinger als damaligem Bundesvorsitzenden der CDU. Zwei Nachfolgekandidaten standen zur Wahl: Rainer Barzel, damals anerkannter Fraktionsvorsitzender, und Helmut Kohl, erfolgreicher Ministerpräsident von Rheinland-Pfalz und auch in den Augen der jüngeren Abgeordneten einer der Hoffnungsträger der CDU. Kohl und ich kannten uns bereits persönlich, da ich ihn 1967 zum JU-Landestag nach Osnabrück eingeladen hatte. Ich war daran interessiert gewesen, ihn über seine Erfahrungen in Rheinland-Pfalz reden zu hören, da in diesem Bundesland die Erneuerung der CDU durch die jüngere Generation bereits weiter vorangeschritten war als in Niedersachsen. Kohl hatte damals einige vielversprechende junge Minister in seinem Kabinett, darunter Namen wie Heiner Geißler oder Bernhard Vogel, die auch später noch für Furore in der deutschen Politik sorgen sollten.

Ich hegte also durchaus Sympathien für ihn und seine Art, Politik zu machen. Dennoch stellte ich mich bei der Wahl zum Bundesvorsitzenden hinter Barzel. Nicht, weil er mich zum Parlamentarischen Geschäftsführer gemacht hatte, sondern weil nach meiner Auffassung in der damals besonders schwierigen Situation der CDU das Amt des Leiters der Bundestagsfraktion und des Vorsitzenden der Bundespartei in eine Hand gehörten. Ich war überzeugt davon, dass wir uns hier keinen Dualismus leisten sollten. Das war übrigens später auch immer der Standpunkt Helmut Kohls, der in der Folgezeit fünfzehn Jahre lang gleichzeitig Bundeskanzler und Bundesparteivorsitzender war.

Barzel erhielt von den 520 gültigen Stimmen 344, 174 Delegierte votierten für Helmut Kohl, der mit 470 Stimmen dann jedoch anschließend für die Position des stellvertretenden Bundesvorsitzenden die höchste Stimmenzahl erreichte. Ich selber wurde als Jüngster ebenfalls in den Bundesvorstand gewählt.

# Ringen um die Ostverträge

Die Politik Anfang der Siebzigerjahre stand ganz im Zeichen der »neuen« Ostpolitik der sozialliberalen Bundesregierung. Der angestrebte Moskauer Vertrag mit der Sowjetunion und der Warschauer Vertrag mit Polen waren in der CDU/CSU-Bundestagsfraktion sehr umstritten. Man begegnete den vermuteten Geheimverhandlungen von Egon Bahr mit größtem Misstrauen. Die Sorge der Union war, dass die neue Ostpolitik der sozialliberalen Regierung zur Aufgabe des Wiedervereinigungsgebots führen würde. Daher stand die Bundestagsfraktion mehrheitlich lange Zeit für ein Nein, das allerdings international zu Irritationen geführt hätte. Moskau wäre brüskiert worden, viele westliche Staaten hätten die Ablehnung von Verträgen, die nach Aussagen beider Regierungen doch der Entspannung und dem Frieden dienen sollen, nicht verstanden. Daher der Versuch von Rainer Barzel, über ein konstruktives Misstrauensvotum die Regierung Brandt abzulösen, um dann als Bundeskanzler neue Verhandlungen über die Ostverträge zu erreichen. Barzel war dabei fest von einer parlamentarischen Mehrheit für ein Misstrauensvotum überzeugt.

Der FDP-Mann Siegfried Zoglmann, der langjährige FDP-Parteivorsitzende Erich Mende und der ehemalige Bundesfinanzminister Heinz Starke waren aus ihrer Fraktion ausgetreten, der FDP-Bundestagsabgeordnete Wilhelm Helms und weitere Abgeordnete waren ebenfalls mit der Parteiführung beziehungsweise den Ostverträgen unzufrieden. Ich war im Elferrat mit dabei, als Franz Josef Strauß Barzel fragte: »Rainer, hast du die Mehrheit?« Ich bin nicht mehr sicher, ob Barzel genickt oder »Ja« gesagt hat, jedenfalls war seine Haltung eindeutig.

Dann jedoch kam es zur großen Überraschung: Das konstruktive Misstrauensvotum gegen Willy Brandt scheiterte. Bei der Abstimmung im Deutschen Bundestag am 27. April 1972 fehlten Rainer Barzel zwei Stimmen zur erforderlichen Mehrheit von 249 Stimmen. Später wurde bekannt, dass die DDR den CDU-Abgeordneten Julius Steiner mit 50 000 D-Mark gekauft hatte, vermutlich auch den CSU-Abgeordneten Leo Wagner. Steiner immerhin räumte später freiwillig ein, dass die Vorwürfe zutreffend waren, Wagner jedoch hat Zeit seines Lebens bestritten, in die Sache verwickelt gewesen zu sein, obwohl Stasiakten die Bestechungsvermutung später erhärteten.

Zum damaligen Zeitpunkt jedoch ließ sich all das nicht beweisen und so war die Lage der Union klar: Wir waren gescheitert, mussten weiterhin in der Opposition verharren und darauf setzen, wenigstens einige klarstellende Ergänzungen zum Moskauer Vertrag durchzusetzen. Wichtig waren für uns vor allem das Offenhalten der deutschen Frage, das Selbstbestimmungsrecht und der Friedensvertragsvorbehalt. 1970 hatte Bundesaußenminister Walter Scheel zugestimmt, bei der Unterzeichnung des Moskauer Vertrags den gemeinsam entworfenen »Brief zur Deutschen Einheit« zu übergeben. Darin hatte die Bundesregierung festgestellt, dass der Vertrag mit der Sowjetunion nicht im Widerspruch zu dem politischen Ziel der Bundesrepublik Deutschland stehe, »auf einen Zustand des Friedens in Europa hinzuwirken, in dem das deutsche Volk in freier Selbstbestimmung seine Einheit wiedererlangt«. Dieser Kompromiss reichte jedoch vielen CDU/CSU-Abgeordneten nicht, es kam zu Unstimmigkeiten insbesondere zwischen Strauß und Barzel. So bestand die Gefahr, dass die CDU/CSU-Bundestagsfraktion bei einer parlamentarischen Entscheidung in Ja und Nein auseinanderfallen würde. Nach mehreren sehr emotional geführten Fraktionssitzungen verständigte sich die Fraktion schließlich darauf, sich im Bundestag der Stimme zu enthalten. Im Mai 1972 passierten daraufhin der Moskauer und der Warschauer

Vertrag den Bundestag und den Bundesrat – der Grundlagenvertrag mit der DDR wurde später, im Mai 1973, mit Mehrheit im Bundestag ratifiziert.

Nach dem gescheiterten Misstrauensvotum und der in der Bevölkerung nicht sehr populären Enthaltung geriet die Stellung von Rainer Barzel ins Wanken. Dies verstärkte sich, als bei der Bundestagswahl am 19. November 1972 die Unionsparteien mit 44,9 Prozent der Stimmen das schlechteste Wahlergebnis seit der Bundestagswahl 1949 erhielten. Als sich die Fraktion dann am 8. Mai 1973 Barzels Votum, der Regierungsvorlage zum Beitritt der Bundesrepublik Deutschland zu den Vereinten Nationen zuzustimmen, nicht anschloss, war dies der sprichwörtliche letzte Tropfen. Grund für die Zurückhaltung der Fraktion in dieser Frage waren Befürchtungen, eine gleichzeitige UNO-Mitgliedschaft von Bundesrepublik und DDR sei nach außen ein Signal dafür, dass die deutsche Teilung zusätzlich zementiert werde. Rainer Barzel trat am folgenden Tag von seinem Amt als Partei- und Fraktionsvorsitzender zurück. Sein Nachfolger als Fraktionsvorsitzender wurde Karl Carstens, der mich in meinem Amt als Fraktionsgeschäftsführer behielt.

Der Kampf um die Ostverträge und die Rolle Egon Bahrs standen Anfang der Siebzigerjahre immer wieder im Vordergrund. Damals habe ich hautnah miterlebt, wie tief die Kluft war zwischen den neuen Vorstellungen der sozialliberalen Bundesregierung und der CDU/CSU-Opposition, wie viel Misstrauen vorhanden war, dass die neue Ostpolitik zur Aufgabe des Wiedervereinigungsgebotes führen würde. Heute gelten diese Verträge parteiübergreifend als wichtige Marksteine der Entspannung in der Zeit des Kalten Krieges und sie schufen gleichzeitig wichtige, menschliche Erleichterungen für die Bevölkerung der DDR. Egon Bahr war damals ganz sicher der wichtigste und einflussreichste Berater Willy Brandts, jedenfalls im Hinblick auf die Entspannungspolitik. Nicht ohne Grund nennt man ihn den »Architekten der Ostverträge«.

Mit Blick auf diese Vorgeschichte und das damalige Verhalten der CDU/CSU-Bundestagsfraktion war ich nicht wenig überrascht, als ich am 16. Juli 2013 den Anruf des sachsen-anhaltinischen Ministerpräsidenten Haseloff bekam, der mich, in Abstimmung mit dem Magdeburger Oberbürgermeister, dringend bat, eine Laudatio auf Egon Bahr zu halten. Und zwar am 18. Juli, also zwei Tage später, bei der Verleihung des Kaiser-Otto-Preises der Landeshauptstadt Magdeburg. Damit würdigten das Preiskomitee der Kulturstiftung Kaiser Otto und die Otto-Stadt Magdeburg das Engagement des Geehrten für eine Politik der Völkerverständigung und der europäischen Einigung. Diesen überraschenden Anruf verdankte ich dem Umstand, dass der ursprünglich vorgesehene Laudator, der luxemburgische Ministerpräsident Jean-Claude Juncker, seine Teilnahme kurzfristig hatte absagen müssen. Grund war die an diesem Tage proklamierte Auflösung des luxemburgischen Parlaments durch den Erzherzog und es war Tradition, dass bei diesem Staatsakt der jeweilige Ministerpräsident an der Seite des Erzherzogs stehen musste.

Ich weiß nicht, ob Egon Bahr ähnlich überrascht war, als er von dem neuen Laudator hörte, ich hatte mit dieser Aufgabe aber kein Problem. Ich habe nicht verschwiegen, dass das von ihm geprägte Motto der sozialliberalen Ostpolitik »Wandel durch Annäherung« seinerzeit sehr umstritten war. Viele, mich eingeschlossen, sahen damals im Wandel durch Annäherung eher einen Wandel durch Stabilisierung der DDR. Es war unumstritten, dass alle Parteien der BRD Freiheit für die Bewohner der DDR wollten. Meine Parteifreunde und ich waren allerdings überzeugt, dass mehr Freiheit und Selbstbestimmung in der DDR zwangsläufig zur Wiederherstellung der deutschen Einheit führen würden. Und gerade mit Blick auf die spätere Situation der Botschaftsflüchtlinge 1989 waren wir ja auch gut beraten, einer vertragsmäßigen Respektierung der DDR-Bürgerschaft nicht näherzutreten.

In meiner Laudatio habe ich mich auch an die Sitzung der SPD-Bundestagsfraktion nach dem Rücktritt von Bundeskanzler Willy Brandt im Mai 1974 erinnert. Das Bild von damals ist mir unvergessen, wie Egon Bahr in der Fraktionssitzung tief erschüttert die Hände vor das Gesicht schlug und die Tränen nicht zurückhalten konnte – das Bild eines harten Politikers, eines harten Verhandlers, der seine Gefühle nicht verbergen konnte und damit auch die tiefe Treue zu seinem Kanzler zeigte.

Es lohnt sich immer, politische Vorgänge mit dem Abstand einiger Jahre noch einmal zu überdenken und neu zu bewerten. Oft werden im ersten Moment scheinbar wichtige Dinge in der Rückschau viel kleiner und die großen Linien – das, was bleibt – werden sichtbar.

## Helmut Kohl betritt die Bühne

Nach dem Abgang Rainer Barzels sollte Helmut Kohl endgültig zum starken Mann der CDU zu werden, auch wenn in diesem Moment noch niemand ahnen konnte, welch beeindruckende Karriere dem Pfälzer bevorstehen würde.

Für mich verlief der Bundesparteitag der CDU 1973, der ganz im Zeichen des Führungswechsels von Rainer Barzel zu Helmut Kohl stand, negativer. Ich wurde an diesem Tag in der Bonner Beethovenhalle nicht wiedergewählt, ich galt als Barzel-Mann. Das hat mich gekränkt, weil dies ja kein Votum über meine Leistungen als Abgeordneter und Parlamentarischer Geschäftsführer war, sondern Ausdruck einer Anti-Barzel-Stimmung, die ich in dieser Form von meiner Partei nicht erwartet hätte. Die *Frankfurter Allgemeine Zeitung* schrieb damals sinngemäß, dies sei ein guter Parteitag gewesen, aber die Abwahl des Jüngsten im Parteivorstand sei kaum erklärbar.

Die Zusammenarbeit mit Karl Carstens in der Fraktion klappte jedoch reibungslos, ich habe ihn sehr gemocht und geschätzt. Er war aus meiner Sicht eine der klügsten und sympathischsten Führungskräfte der Union und von einer sehr fairen und noblen Gesinnung. Die späteren Wahlen zum Bundestagspräsidenten und zum Bundespräsidenten zeugen von dem parteiübergreifenden Ansehen, das er sich unter Politikern und in der Bevölkerung erworben hatte. Eine seiner wichtigsten Botschaften habe ich oft zitiert: »Wer frei ist, trägt Verantwortung, wer Rechte hat, der hat auch Pflichten, und wer Ansprüche stellt, vor allem Ansprüche an den Staat, muss auch bereit sein, Leistung zu erbringen.« Bundespräsident Joachim Gauck nannte später Karl Carstens einen Mann, dessen Dienst an der Gesellschaft wir als herausragend empfinden sollten und dessen Einsatz zur Förderung des freiheitlich verfassten Staates vorbildlich gewesen sei. Auch seine Wanderungen durch Deutschland, bei denen er sich streckenweise von vielen Menschen begleiten ließ, zeigten seine Popularität.

1976 – CDU und CSU hatten ein hervorragendes Wahlergebnis erzielt, aber für die Regierungsbildung reichte es nicht – kam Helmut Kohl als Fraktionsvorsitzender nach Bonn. Er berief enge Vertraute als Parlamentarische Geschäftsführer, dazu gehörte ich nicht. Anders als das Votum des Bundesparteitages habe ich diese Entscheidung des neuen Fraktionsvorsitzenden innerlich voll akzeptiert. Ich konzentrierte mich weiterhin auf meine Wahlkreisarbeit, meine Position als stellvertretender Landesvorsitzender der CDU Niedersachsen sowie auf die Ausschussarbeit im Parlament.

Schon bald darauf geschah etwas Sensationelles, was meiner politischen Arbeit eine neue Perspektive gab. In Niedersachsen regierte eine Koalition aus SPD und FDP. Ministerpräsident war Alfred Kubel von der SPD. Er war amtsmüde, sein Nachfolger sollte sein Parteifreund Helmut Kasimier werden, der das Amt des Finanzministers innehatte. Dieser Plan ging aber nicht auf, denn es ereignete sich etwas, was niemand auf der Rechnung hatte. Der Kandidat der CDU, Ernst Albrecht – 1958 Kabinettschef bei der EWG-Kommission in Brüssel, 1969 Generaldirektor der EG, später Geschäftsführer im Unternehmen Bahlsen und seit 1971 stellvertretender Vorsitzender der CDU-Landtagsfraktion –, siegte in zwei Durchgängen mit Stimmen aus der Koalition gegen Kasimier und ein drittes Mal mit 78 zu 75 Stimmen gegen den Bundesminister für Bauwesen und Städtebau Karl Ravens, der extra aus Bonn abkommandiert war, um ein Desaster für die SPD/FDP-Koalition zu verhindern.

Zur gleichen Stunde tagte in Bonn der Bundestag. Ich saß in meinem Büro am Radio und verfolgte die Entwicklungen in Hannover. Unmittelbar nach Bekanntwerden des Ergebnisses stürzte ich ins Plenum und unterrichtete meinen Fraktionsvorsitzenden Karl Carstens, der sich daraufhin sofort erhob und ans Mikrofon trat, um eine Frage zu stellen. Er erhielt das Wort und fragte: »Herr Präsident, darf ich dem hohen Hause mitteilen, dass Ernst Albrecht soeben zum Ministerpräsidenten des Landes Niedersachsen gewählt wurde?« Die Reaktionen darauf waren in Bonn dieselben wie in Hannover: Auf der einen Seite großer Jubel, auf der anderen Seite lähmendes Entsetzen.

Albrecht wusste, dass im Frühsommer 1978 die nächste Landtagswahl anstehen würde. Er war mit dem organisatorischen Zustand der CDU-Zentrale in Hannover nicht zufrieden und bot mir dort das Amt des CDU-Generalsekretärs an. Ich lehnte jedoch ab, weil ich meine emsländische Heimat weiterhin in Bonn vertreten wollte. Ich war aber bereit, ehrenamtlich die Landeswahlkampfleitung zu übernehmen und habe das in Abstimmung mit Helmut Kohl auch getan. Kohl war an einem guten Ergebnis bei dieser Wahl natürlich außerordentlich interessiert. Niedersachsen war für die Bundes-CDU ein enorm wichtiges Bundesland und es galt alles daran zu setzen, hier auf die Regierungsbank zu gelangen. Als klassisches SPD-Land war Niedersachsen umgekehrt für die Bundes-SPD eine Bastion im Bundesrat, durch die sich viele Projekte der Regierung leichter durchsetzen ließen. In dieser Regierung hatte zwischenzeitlich Helmut Schmidt Willy Brandt als Bundeskanzler abgelöst. Der Grund für den Rücktritt Brandts, die Affäre um den DDR-Spion Guillaume, hatte das Ansehen der SPD nicht eben gestärkt. Daneben entwickelte sich die Hochzeit der RAF, wirtschaftlich ging es nicht eben bergauf. Es war also im Grunde eine gute Zeit, um auf eine Ablösung der Regierungskoalition hinzuarbeiten, und das Ergebnis der Bundestagswahl 1976 hatte ja schon den Trend zu einem möglichen Wechsel aufgezeigt.

Kohl also war sehr interessiert daran, dass der Wahlkampf in Niedersachsen optimal gemanagt würde und sprach mir für diese Aufgabe sein volles Vertrauen aus, indem er mir zusicherte, mich, falls notwendig, von Fraktions- und Ausschussterminen in Bonn freizustellen und mir auch sonst »jede nur denkbare Unterstützung« für die »schwere Aufgabe« zu gewähren.

Es wurde ein zum Teil hitziger Wahlkampf, an dessen Rande sich manch denkwürdige Geschichte ereignete. Franz Josef Strauß etwa stand Ernst Albrecht nicht sehr nahe. Albrecht setzte auf die Koalition mit der FDP, diese wiederum stand Strauß für das von ihm angestrebte Amt des Außenministers im Wege. Vierzehn Tage vor der Niedersächsischen Landtagswahl erschien eine Agenturmeldung, laut der die CSU in Niedersachsen eine Umfrage durchgeführt habe, wer in Niedersachsen populärer sei, Albrecht oder Strauß. Das Ergebnis laute: Strauß vor Albrecht. Helle Empörung in der CDU. Ich saß in der hannoverschen Parteizentrale in der Böttcherstraße und man erwartete von mir, dass ich eine solche Unverschämtheit massiv zurückweisen solle. Ich wollte jedoch diesem Vorstoß der CSU mitten im Wahlkampf nicht noch zusätzliches Gewicht verleihen, sondern die Sache offensiv herunterspielen. Also rief ich meinen Freund Franz Schmedt an, den Chefredakteur der *Neuen Osnabrücker Zeitung*, und fragte ihn, ob er nicht an einem Interview zum Wahlkampf interessiert sei. Er war einverstanden und stellte mir in diesem Interview unter anderem die Frage, was ich von besagtem CSU-Vorstoß hielte. Meine lapidare Antwort: »Ich kenne keine CSU-Umfrage, die nicht zu dem Ergebnis führt, dass Franz Josef der Größte ist.«

In den Medien löste dieser Satz allgemein große Heiterkeit aus, mein Satz avancierte zum Zitat der Woche. In Bonn erlebte ich dann beim ersten Treffen einen ziemlich erbosten Franz Josef Strauß. Sein Zorn hinderte ihn später aber nicht daran, 1980 in meinem Wahlkreis in Leer vor 5 000 Zuhörern die größte politische Veranstaltung durchzuführen, die jemals in Ostfriesland stattgefunden hat.

Am Ende eines engagierten Wahlkampfes erreichten wir zum ersten Mal in der niedersächsischen Geschichte die absolute Mehrheit der Mandate im Niedersächsischen Landtag – zur Freude auch des CDU-Parteivorsitzenden, in dessen Notizbuch ich damit wieder auftauchte.

Nach dem Wahlkampf konzentrierte ich mich erneut auf meine Aufgaben in den Ausschüssen des Bundestages und auf meinen Wahlkreis. Schon wenig später, 1980, standen wir vor der nächsten Bundestagswahl. Helmut Kohl wurde intern angelastet, dass er es 1976 nicht geschafft hatte, als Kanzlerkandidat Helmut Schmidt abzulösen und die Union zum Sieg zu führen.

Dass er dabei ein ausgezeichnetes Ergebnis eingefahren hatte und nur durch das Verhalten der FDP um die Früchte des Erfolgs gebracht worden war, spielte bei den Kohl-Gegnern keine Rolle.

Kohl selbst spürte die Stimmung und verzichtete darauf, erneut als Kanzlerkandidat anzutreten. Sein Favorit war, wenig überraschend, Ministerpräsident Ernst Albrecht, der jedoch bei einer internen und geheimen Abstimmung in der Fraktion einem anderen unterlag: Franz Josef Strauß. Dieser wähnte sich kurz vor seinem größten Triumph, doch die Wahl sollte seine Hoffnungen und Pläne nicht bestätigen. Im Gegenteil: Mit 44,5 Prozent holte der Kanzlerkandidat Strauß vier Prozent weniger als Kohl vier Jahre zuvor. Die Bundesrepublik wurde weiterhin durch eine Koalition aus SPD und FDP regiert.

**Bundeskanzler Helmut Schmidt diskutiert 1979 mit Abgeordneten von CDU und CSU**

Zumindest bis zum Jahr 1982, als die SPD/FDP-Koalition im Bundestag auseinanderbrach. Bundeskanzler Helmut Schmidt hatte in seiner eigenen Partei Ärger in der Frage des NATO-Doppelbeschlusses, den er befürwortete, und der Wirtschafts- und Finanzpolitik. Mit dem sogenannten Lambsdorff-Papier der FDP, das völlig andere wirtschafts- und finanzpolitische Ziele beschrieb als die SPD, wurde praktisch das Ende der Koalition eingeläutet. Um der Entlassung durch Helmut Schmidt zuvorzukommen, traten unter Führung von Hans-Dietrich Genscher und Otto Graf Lambsdorff alle FDP-Minister zurück. So wurde nach einem zweiten, diesmal erfolgreichen, konstruktiven Misstrauensvotum Helmut Kohl zum neuen Bundeskanzler gewählt – in ein Amt, das er sechzehn Jahre lang bekleiden sollte. Sein Nachfolger in der Fraktionsführung wurde Alfred Dregger, der hessische Parteivorsitzende. Wolfgang Schäuble übernahm das Amt des Ersten Parlamentarischen Geschäftsführers als Nachfolger von Philipp Jenninger, der Helmut Kohl als Chef des Kanzleramtes in die Regierungszentrale folgte.

So kam es, dass Wolfgang Schäuble mich beiseite nahm und mich fragte, ob ich bereit sei, wieder in die Riege der Fraktionsgeschäftsführer einzutreten. Es war seinem Einfluss zu verdanken, dass diese Lösung die Zustimmung des Bundeskanzlers und auch die Alfred Dreggers fand, der ursprünglich andere Personalvorstellungen gehabt hatte. Die folgenden Jahre sollten die wichtigsten in meinem politischen Leben werden.

## Makler der Macht

1984 wurde ich zum Ersten Parlamentarischen Geschäftsführer der CDU/CSU-Bundestagsfraktion berufen. Man erzählt sich, dass mein Vorgänger Wolfgang Schäuble die Abgeordneten darauf hingewiesen habe, sie sollten bitte darauf achten, »dass der Rudi Seiters nicht mehr als einhundert Prozent der Stimmen« bekäme. Bei dem wisse man schließlich nie. Mit Wolfgang Schäubles Einsatz für mich zeichnete sich in dieser Zeit der Beginn einer bis heute dauernden politischen, aber auch persönlichen Freundschaft ab.

Es war kein Zufall, dass während der Regierungszeit von Bundeskanzler Kohl immer die jeweiligen Ersten Parlamentarischen Geschäftsführer von CDU/CSU in die Leitung des Bundeskanzleramtes berufen wurden: Auf Philipp Jenninger folgte Wolfgang Schäuble, danach kam ich und dann Friedrich Bohl. Der Erste Parlamentarische Geschäftsführer der Regierungsfraktion hat eine Schlüsselrolle in Regierung, Koalition und Fraktion. Er hat den Überblick über alle Gesetzgebungsvorhaben, über alle anstehenden politischen Entscheidungen, aber auch über die Arbeit der politischen Gegner. Er kennt die Strömungen in der eigenen Fraktion, er kennt die Schwesterpartei CSU, aber auch die unterschiedlichen Flügel beim Koalitionspartner. Es ist seine Aufgabe, für ein möglichst geräuschloses Zusammenwirken der Koalitionspartner zu sorgen und darauf zu achten, wo bei der Umsetzung der Koalitionsvereinbarung Schwierigkeiten auftauchen könnten, wo möglicherweise bei der konkreten Ausformulierung von Gesetzen eigene Mehrheiten gefährdet sein könnten. Oftmals müssen Kompromisse geschlossen werden, jeder Partner muss zu seinem Recht kommen. Die politische Wissenschaft nennt Politiker mit diesen Aufgaben »Machtmakler«.

Als besonders gutes Beispiel für die Bedeutung des Ersten Parlamentarischen Geschäftsführers kann man die Zeit kurz nach meinem Wechsel ins Kanzleramt nehmen. 1989/90, in den Jahren des politischen Umbruchs, war diese Position von besonderer Bedeutung. Die Entwicklungen in der DDR, die Massenflucht von vielen Tausend DDR-Einwohnern nach Ungarn und vor allem in die Deutschen Botschaften in Prag, Warschau und Budapest sowie die Ständige Vertretung der Bundesrepublik in Ostberlin, der erkennbare wirtschaftliche Zusammenbruch der DDR, der Fall der Mauer, die Vorbereitung der freien Wahlen am 18. März 1990, die Einigungsverträge und vieles andere mehr stellten nicht nur die Bundesregierung, sondern auch den Deutschen Bundestag und die Fraktion vor bisher nicht gekannte Herausforderungen.

An zwei Ereignisse in meiner Zeit als Erster Parlamentarischer Geschäftsführer erinnere ich mich besonders gerne, weil sie aus meiner Sicht auch einen enormen Symbolcharakter für die politische Entwicklung jener Zeit haben.

Zum einen ist das der 22. September 1984. Schauplatz ist Verdun, jener düstere Ort, an dem von Februar bis Dezember 1916 eine der blutigsten Schlachten des Ersten Weltkriegs getobt hatte. Wer Verdun einmal besucht und die weiten Gräberfelder gesehen hat, weiß, warum es sich immer und überall lohnt, sich dafür einzusetzen, dass Kriege verhindert werden. Hier, an dieser geschichtsträchtigen Stelle, die so lange auch das Verhältnis von Frankreich und Deutschland schwer belastet hat, trafen sich der französische Staatspräsident François Mitterrand und Bundeskanzler Helmut Kohl. Die Gedenkzeremonie fand vor dem beeindruckenden und einschüchternden Beinhaus von Douaumont statt, in dem 130 000 unbekannte französische und deutsche Kriegstote ihre letzte Ruhe gefunden haben. War dieses Treffen an sich schon ergreifend genug, so ereignete sich während der Gedenkzeremonie einer dieser Momente, von denen man sofort weiß, dass sie Eingang in die Geschichtsbücher finden werden. François Mitterrand fasste minutenlang die Hand Helmut Kohls, beide verharrten in dieser Stellung. Die emotionale Tiefe dieses Gedenkens, die

Echtheit der Reue und Betroffenheit war für alle Anwesenden mit Händen zu greifen. Die *Rheinische Post* schrieb später, dieser Handschlag habe das gleiche Gewicht wie der Kniefall von Willy Brandt in Warschau und ich persönlich denke, dass dieses Urteil der Bedeutung dieses Moments tatsächlich gerecht wird.

Auch das zweite Ereignis, an das ich hier erinnern möchte, bezieht sich auf die kriegerische Vergangenheit unseres Landes, die wir hoffentlich für immer überwunden haben. Am 5. Mai 1985, dem 40. Jahrestag der bedingungslosen Kapitulation der Wehrmacht, legten der amerikanische Präsident Ronald Reagan und Helmut Kohl zunächst an der Gedenkstätte des Konzentrationslagers Bergen-Belsen und dann an der Kriegsgräberstätte Bitburg Kränze nieder.

Da in Bitburg neben deutschen Wehrmachtsangehörigen auch Angehörige der Waffen-SS beerdigt worden waren, gab es im Vorfeld heftige Diskussionen in den USA und in Deutschland. Der amerikanische Präsident hielt jedoch an seiner Vereinbarung mit Bundeskanzler Kohl fest. Aus deutscher Sicht war das Ziel des Besuchs eine Versöhnungsgeste zwischen den damaligen Kriegsgegnern. So kam es auch bei dieser Veranstaltung zu einem symbolischen Akt, der in der ganzen Welt zur Kenntnis genommen wurde: Die ehemaligen Weltkriegsgeneräle Ridgway und Steinhoff reichten sich über den Gräbern von Bitburg die Hände. Ich glaube an die Kraft solcher Momente. Sie machen Geschichte nicht vergessen, aber sie zeigen, dass der Mensch in der Lage ist, aus der Geschichte zu lernen und es in der Zukunft besser zu machen. Der Glaube daran ist für meine politische Karriere immer ein wichtiger Motor gewesen.

# Themen der Zeit

Am 24. November 1987 standen Haushaltsberatungen im Bundestag an sowie eine Generaldebatte über die Politik in Deutschland und Europa. Diese wurde traditionsgemäß durch den Oppositionsführer, damals Hans-Jochen Vogel von der SPD, eröffnet. Dieser Tradition folgend hätte die Antwort der Regierungsfraktion von CDU/CSU ebenfalls durch ihren Fraktionsvorsitzenden erfolgen müssen. Doch an jenem Tag war alles anders, und plötzlich stand ich vor der Aufgabe, als Erster Parlamentarischer Geschäftsführer auf Vogel zu antworten.

**Hans-Jochen Vogel und Rudolf Seiters im Bonner Bundeshaus**

Ich hatte mich gut vorbereitet und bin bis heute, wenn ich das Bundestagsprotokoll noch einmal lese, fast überrascht, wie sehr meine Rede die ganze Bandbreite der Themen widerspiegelt, über die Ende der Achtzigerjahre, zwei Jahre vor dem Fall der

Mauer, parteipolitisch und parlamentarisch gestritten wurde. Und wie viele dieser Themen uns auch heute noch beschäftigen.

Im Übrigen zeigte meine Rede in typischer Weise, welche Rolle ein Parlamentarischer Geschäftsführer – in Großbritannien nennt man ihn den Whip, den Einpeitscher – übernehmen muss, nämlich die Rolle einer Speerspitze in der politischen Auseinandersetzung. Es war – ich räume das ein – eine zwar auch informative, aber doch in Teilen polemische Rede, die eigentlich meinem Naturell nicht, der Erwartungshaltung meiner Fraktion jedoch sehr wohl entsprach. Meine Rede zeigte im Parlament Wirkung und löste vor allem bei meiner Fraktion immer wieder Heiterkeit aus. Mein Fraktionsvorsitzender Alfred Dregger hatte so später Gelegenheit, weniger polemisch und stattdessen staatsmännischer aufzutreten.

Vogel hatte in seiner Rede ordentlich vom Leder gezogen, wie es sich natürlich für den Oppositionsführer auch gehört. Ich wiederum warf ihm vor, keine konkreten Alternativen zu der Politik der CDU aufgezeigt zu haben. Mehr noch, ich nannte seinen Vortrag »parteiisch, einseitig und griesgrämig«. Und ich fuhr an die Opposition gewandt fort: »Sie brauchen nun wirklich nicht alles gut zu finden, was die Regierung macht. Aber Sie brauchen auch nicht unbedingt den Beweis für die Behauptung von Voltaire anzutreten, der einmal gesagt hat: Wer selbst keinen Erfolg hat, verleumdet ihn.« Die Stimmung war hitzig. Herta Däubler-Gmelin rief dazwischen: »Das ist Seiters, und Kohl lacht!«

Schritt für Schritt ging ich alle Themen durch, die die Gesellschaft Ende der Achtzigerjahre beschäftigten: Abrüstung, die steigende Zahl der Begegnungen zwischen Bürgern der DDR und der Bundesrepublik, Steuerreform und Wirtschaftswachstum. Unser Sozialsystem war stark aufgestellt und auch beim Thema Umweltschutz waren wichtige Fortschritte erzielt worden, seit die CDU wieder in Regierungsverantwortung stand. »Wenn Sie jemals in Ihrer Regierungszeit, Herr Vogel, solche Leistungen aufzuweisen gehabt hätten«, rief ich, »Sie hätten sich nicht nur die Lorbeerkränze selber geflochten: Sie würden sie nicht einmal ablegen, wenn Sie abends ins Bett steigen.«

Ich verwies auch auf die unter der sozialliberalen Regierung massiv gestiegene Inflationsrate und sagte: »Norbert Blüm hat einmal gesagt, die Inflation sei der Taschendieb der kleinen Leute. Sie haben mit diesem Taschendieb Brüderschaft getrunken; er war Ihr Bettgenosse, Ihr Weggefährte; und auf der gemeinsamen Wegstrecke, die Sie gegangen sind, hat dieser Taschendieb immer kräftig umverteilt, immer von unten nach oben, und immer zu Lasten der kleinen Leute. Das ist die Wahrheit.«

Im Zentrum meiner Ausführungen stand vor allem auch die Beschäftigungspolitik. »Ich komme aus einem Wahlkreis mit einer traditionell hohen Arbeitslosigkeit, teilweise der höchsten in Deutschland«, erklärte ich. Ich wusste also, wovon ich sprach. Und ich wusste, dass es in dieser Hinsicht noch einiges zu tun gab:

> »Deswegen denke ich auch gar nicht daran – ich hätte auch gar nicht das Recht dazu –, die Probleme, die es zweifellos auch in unserem Lande und in anderen Regionen gibt, zu beschonigen oder zu verharmlosen. Ich behaupte auch nicht, dass wir in den vergangenen fünf Jahren alles richtig gemacht hätten. Das kann auch gar keine Partei und kein Politiker. Ich bin nur fest überzeugt davon, dass wir richtige und notwendige Weichenstellungen vorgenommen haben, dass wir die bisherigen Ergebnisse unserer Politik mit gutem Gewissen vor unseren Bürgern vertreten können und dass wir auf allen entscheidenden Politikfeldern überhaupt keine

Veranlassung haben, den Vergleich mit den Rezepten der Opposition zu scheuen.«

Das Protokoll des Bundestages verzeichnete am Ende meiner Rede: »Langanhaltender Beifall der CDU/CSU und der FDP«. Die Zeitungen sprachen von einer kämpferisch-treffsicheren Rede, die den Gerüchten, ich sei schon bald für höhere Aufgaben ausersehen, noch weitere Nahrung gebe.

## Streitbare Persönlichkeiten beleben den Parlamentarismus

Die Debatten im Bundestag waren damals, aber auch schon in den Sechziger- und Siebzigerjahren, oft emotionale Wortgefechte. Noch heute ist es ein Genuss, sich beispielsweise die Redeschlachten zwischen Franz Josef Strauß und Herbert Wehner anzuhören oder jene zwischen Fritz Erler, dem stellvertretenden Fraktionsvorsitzenden der SPD, und Kurt Georg Kiesinger, genannt »König Silberzunge«. Sie gehörten zu den Höhepunkten parlamentarischer Debatten. Ich erinnere mich gut: Es konnte noch so leer in den Reihen des Bundestages sein, wenn einer der genannten Politiker über die Lautsprecheranlage als Redner angekündigt wurde, füllten sich die Reihen des Parlamentes ganz schnell wieder.

Speziell Herbert Wehner war bekannt für seine direkte und ungeschminkte Sprache. Legendär ist sein Wutausbruch gegenüber einem SPD-Abgeordneten, der sich mehrfach bei Wehner über die Sitzordnung im Bonner Plenarsaal beschwert hatte. Diese sah nämlich so aus, dass der Fraktionsvorstand die vorderen Reihen beanspruchen durfte, während dahinter die normalen Abgeordneten der Fraktion in alphabetischer Sitzordnung

Platz nehmen mussten. Besagter Abgeordneter war mit dem Anfangsbuchstaben Z dazu verdonnert, sich auf die letzte Bank der SPD-Fraktion zurückzuziehen. Das stank ihm gewaltig, sodass er Wehner immer wieder auf diese Ungerechtigkeit aufmerksam machte. Zwar muss ihm klar gewesen sein, dass er damit nichts erreichen würde, aber der Unmut musste offenbar einfach raus. Nachdem er sich zum dritten Mal beklagt hatte, soll Wehner der Kragen geplatzt sein. Er habe den Kollegen angedonnert: »Genosse, wenn du unbedingt weiter vorne sitzen willst, dann nenn dich doch Arschloch!«

Wehner war indes nicht der Einzige, der für Deftiges zu haben war. Hermann Höcherl von der CSU, früherer Innenminister und bis kurz vor meinem Eintritt in den Bundestag Landwirtschaftsminister, hatte in den späten Sechzigerjahren, in Bayern ansässig, ausgerechnet dem Playboy ein Interview gegeben. Und zwar nicht nur ein paar Sätze, sondern volle sechs Seiten. Innerhalb der CSU galt das als kleine Sensation, überliefert ist aber auch die entsetzte Reaktion seiner Frau, die empört ausgerufen haben soll: »Hermann, wie kannst du sowas machen, da stehen doch lauter nackerte Weiber drin!« Höcherl soll nur geantwortet haben: »Du dummes Weib! Hätte ich das Interview nicht gegeben, stünden auf diesen Seiten noch viel mehr nackerte Weiber!«

Es war damals tatsachlich eine ganz andere Zeit. Ich erinnere mich an viele Redeschlachten im Parlament, die bis weit nach Mitternacht andauerten, an heftige Richtungskämpfe über Innen- und Außenpolitik. Vielleicht lag es einfach an den Charakteren, die von der Kriegs- und unmittelbaren Nachkriegszeit geprägt waren und somit einen rauen, aber ehrlichen Umgang miteinander gewöhnt waren. Auf jeden Fall brachten diese Jahre eine Menge Originale hervor und sorgten für eine Hochzeit des Parlamentarismus in Deutschland.

## Im Zentrum des Geschehens: Berufung ins Bundeskanzleramt

Ende April 1989 nutzte ich gerade eine der wenigen Gutwetterphasen in diesem recht verregneten Monat, um daheim in Papenburg den Rasen zu mähen, als das Telefon klingelte. Am anderen Ende der Leitung war Juliane Weber, Helmut Kohls Chefsekretärin. Juliane Weber gehörte zu den guten Geistern im Hintergrund, ohne die wohl kein hochrangiger Politiker oder Wirtschaftsführer Erfolge feiern könnte. Man kann mit Fug und Recht behaupten, dass sie Kohls wichtigste Mitarbeiterin war. An Frau Weber kam niemand vorbei. Ich persönlich habe Juliane Weber immer sehr gemocht: Ihre energische Art, das Büro des Kanzlers zu führen, sorgte dafür, dass Kohl in Ruhe seinen Amtsgeschäften nachgehen konnte, ohne durch zu viele Ablenkungen beeinflusst zu werden. Sie war nicht nur Chefsekretärin, sondern gleichzeitig auch Ratgeberin für den Bundeskanzler und hielt unwesentliche Dinge von ihm fern. Viele Dinge erledigte sie in eigener Verantwortung, ohne dass es jemals Ärger gegeben hätte, und selbst die Gespräche im Kanzlerbungalow wären ohne sie undenkbar gewesen. Zu später Stunde gab es dann Aquavit und auch ich habe mit ihr dort manches Glas geleert. Juliane Weber hatte außerdem die Begabung, eventuelle Missstimmungen zwischen dem Kanzler und seinen Mitarbeitern sehr früh zu spüren und dann sofort vermittelnd einzugreifen.

Legendär ist bis heute der Schreibtisch von Juliane Weber, der eine Sammlung von mindestens hundert künstlerisch gestalteten Elefanten beherbergte. Ich habe leider vergessen, woher diese Leidenschaft kam.

Als sie nun am Telefon war, wusste ich, dass es wichtig sein musste, denn Nebensächlichkeiten hätten Zeit bis zum nächsten

Treffen im Büro gehabt. Ich ließ also flugs den Rasen Rasen sein und begab mich ins Haus. Wie immer fasste sie sich kurz und teilte mir nur knapp mit, Helmut Kohl wolle mich sprechen, sie stelle mich zu ihm durch.

Einen Atemzug später hatte ich den Kanzler in der Leitung, der mich andeutungsvoll fragte, was ich denn gerade so machen würde. Wahrheitsgemäß antwortete ich: »Herr Bundeskanzler, ich mähe den Rasen.«

Daraufhin Kohl: »Das ist eine verdienstvolle Tätigkeit, aber verdienstvolle Tätigkeiten gibt es auch in Bonn. Haben Sie einen schwarzen Anzug?«

Meine Antwort: »Den werde ich mir wohl, Herr Bundeskanzler, besorgen können.«

Mit anderen Worten: Der Kanzler plante eine größere Kabinettsumbildung. Wolfgang Schäuble sollte Innenminister werden und ich sein Nachfolger im Kanzleramt.

Die Bezeichnung des Bundesministers für besondere Aufgaben und Chef des Kanzleramtes gab es erst seit 1984. Philipp Jenninger, Schäubles Vorgänger, hatte noch den Rang eines parlamentarischen Staatssekretärs gehabt. Die Bezeichnung als Minister gab es für ihn nur als sogenannter »Staatsminister«, eine Ersatzkonstruktion, die dem Verhältnis zu anderen Staaten geschuldet war, in denen der Begriff des parlamentarischen Staatssekretärs nicht geläufig war.

1984 setzte Wolfgang Schäuble als eine seiner ersten Amtshandlungen durch, dass der Leiter des Amtes künftig die Bezeichnung Bundesminister führen durfte. Damit war die formale Gleichrangigkeit mit den anderen Bundesministern hergestellt, was die Bedeutung und Einflussmöglichkeiten eines »Chef BK«, so die interne Bezeichnung, erhöhte.

Mein neues Büro hatte ich in der zweiten Etage des Kanzleramtes, auf der gleichen Ebene wie der Bundeskanzler. Zwischen uns lag lediglich der kleine Kabinettssaal, der Dienstweg war also im wahrsten Sinne des Wortes ein sehr kurzer, doch natürlich führte auch für mich der Weg zu Helmut Kohl immer an Juliane Weber und ihrer Elefantenarmee vorbei. Auf Helmut Kohls Schreibtisch bot sich übrigens ein ähnlich beeindruckendes Bild, nur dass hier keine Elefanten residierten, sondern eine enorme Sammlung mit Hunderten von Medaillen und Münzen das Bild dominierte. Als zweiter Blickfang zog den Besucher beim Betreten des Kanzlerbüros sofort das große Aquarium in den Bann, in dem die Fische gemächlich herumschwammen und genau die Ruhe und Gelassenheit ausstrahlten, die oft auch Kohls Politik kennzeichnete.

In meinem eigenen Büro wachte über mir das Bild von Hermann Ehlers und auch die schwarz-rot-goldene Fahne durfte nicht fehlen. Wenn ich aus dem Fenster schaute, fiel mein Blick auf das geschichtsträchtige Palais Schaumburg, in dem einst Konrad Adenauer residiert hatte.

Doch nicht nur das Palais hatte ich immer vor Augen, auch der Kanzlerbungalow im großen Park, gelegen direkt am Rhein, war von meinem Büro aus sehr gut zu sehen. Nur wenige Monate nach meinem Amtsantritt im Kanzleramt sollte Helmut Kohl im Juni 1989 dort mit Michail Gorbatschow auf der Mauer sitzen und mit Blick auf den Rhein prophezeien: »So sicher wie der Rhein zum Meer fließt, so sicher wird die deutsche Einheit kommen.« Die Ergebnisse dieses Staatsbesuches waren sensationell. Am 13. Juni wurde im Bundeskanzleramt in Bonn folgende gemeinsame Erklärung vom Generalsekretär der KPdSU, Michail Gorbatschow, und Bundeskanzler Helmut Kohl unterzeichnet:

> »Die Bundesrepublik Deutschland und die Union der Sozialistischen Sowjetrepubliken stimmen darin überein, dass die Menschheit an der Schwelle zum 3. Jahr-

> tausend vor historischen Herausforderungen steht. Probleme, die von lebenswichtiger Bedeutung sind, können nur gemeinsam und von allen Staaten und Völkern bewältigt werden. Das Recht aller Völker und Staaten, ihr Schicksal frei zu bestimmen und ihre Beziehung zueinander auf der Grundlage des Völkerrechts souverän zu gestalten, muss sichergestellt werden. Der Vorrang des Völkerrechts in der inneren und internationalen Politik muss gewährleistet werden. Die Bundesrepublik Deutschland und die Sowjetunion betrachten es als vorrangige Aufgabe ihrer Politik, an die geschichtlich gewachsenen europäischen Traditionen anzuknüpfen und so zur Überwindung der Trennung Europas beizutragen. Sie sind entschlossen, gemeinsam an Vorstellungen zu arbeiten, wie dieses Ziel durch den Aufbau eines Europas des Friedens und der Zusammenarbeit einer europäischen Friedensordnung oder des gemeinsamen europäischen Hauses erreicht werden kann. Bauelemente eines solchen Europas müssen sein: die uneingeschränkte Achtung der Integrität und der Sicherheit jedes Staates. Jeder hat das Recht, das eigene politische und soziale System frei zu wählen.«

Wären diese Prinzipien und Grundsätze in der Folgezeit beachtet worden, so gäbe es heute nicht die Annexion der Krim und keine aggressiven äußeren Einmischungen in die Ukraine.

Als Chef des Kanzleramtes hatte ich ähnliche Aufgaben wie bei meinem vorherigen Posten als Erster Parlamentarischer Geschäftsführer. Der Arbeitsalltag des Kanzleramtschefs ist ganz wesentlich von Managementaufgaben geprägt. Er bereitet die Kabinettssitzungen vor, setzt die Tagesordnung fest und organisiert die Beschlussfassung und Durchführung der Regierungsarbeit. Darüber hinaus koordiniert er alle Aufgaben, die das Kanzleramt zu erledigen hat, und ist auf diese Weise immer über alle Vorgänge und die entsprechenden Stimmungslagen informiert.

Dieser Informationsvorsprung war notwendig, denn der Kanzleramtsminister erfüllt vor allem auch eine spezielle Funktion: Er ist eine Art Frühwarnsystem für den jeweiligen Bundeskanzler. Er muss stark in der Partei und in der Fraktion verankert sein, um dort ständig den Puls fühlen zu können. Wenn er diese Fähigkeit besitzt, ist er in der Lage, frühzeitig den Regierungschef zu informieren, wenn Themen politisch brisant werden und dringender Entscheidungsbedarf unmittelbar besteht. In dieser Funktion begleitet er die Amtsführung des Kanzlers aus nächster Nähe, was später vor allem angesichts der Ereignisse in der DDR von größter Wichtigkeit war – schon deshalb, weil der Chef des Kanzleramtes ja auch Verhandlungspartner der DDR war. Diese Funktion war im Grundlagenvertrag zwischen der Bundesrepublik und der DDR vereinbart worden. Somit fiel auch die Ständige Vertretung der Bundesrepublik in Ostberlin in seine Zuständigkeit und der Bevollmächtigte der Bundesregierung in Berlin, damals Günter Straßmeir, war ebenfalls im Kanzleramt angesiedelt.

Mein Verhältnis zum Bundeskanzler und meine Stellung im Kanzleramt werden vielleicht durch eine kleine Geschichte deutlich.

Zwei meiner bisherigen Mitarbeiter, Manfred Speck und Dr. Horst-Dieter Westerhoff, hatte ich mit ins Kanzleramt genommen, wo ich es mit insgesamt fünf Abteilungen zu tun hatte. Die Haushalts- und Personalabteilung leitete ein Ministerialdirektor, den der Bundeskanzler gut kannte und einst persönlich aus Mainz ins Bundeskanzleramt geholt hatte. So war es für Helmut Kohl schon eine gewisse Überraschung, als ich nur fünf Wochen nach meinem Amtsantritt zu ihm ins Büro kam und ihm sagte, ich wolle den Abteilungsleiter 1, so die offizielle Bezeichnung, in den einstweiligen Ruhestand versetzen. Auf die recht erstaunte Frage nach der Begründung für mein Vorhaben sagte ich: »Ich erwarte von meinen Mitarbeitern, dass sie mich beraten und auch, dass sie mir widersprechen. Ich brauche sogar diesen Widerspruch. Wenn ich aber eine Entscheidung getroffen habe, erwarte ich, dass sie diese Entscheidung akzeptieren und die damit verbundenen Anweisungen ausführen. Ich kann nicht akzeptieren, dass meine Entscheidungen auch dann noch ständig und immer wieder in Frage gestellt und diskutiert werden. Ich kann so nicht arbeiten.« Das genügte dem Kanzler, ich bekam sein Okay, was das Vertrauen zeigte, das Kohl in seine engsten Mitarbeiter hatte. Gleichzeitig war ihm wohl auch klar, dass sich meine Vorgehensweise in Personaldingen mit seinen eigenen Prinzipien der Mitarbeiterführung deckte. Ich wechselte also den Abteilungsleiter aus und ernannte Dr. Rudolf Kabel aus der CDU/CSU-Bundestagsfraktion zum Nachfolger, ein Mann, der loyal für mich arbeitete und später Direktor beim Deutschen Bundestag werden sollte.

Die Nähe zu Kohl war auch durch die klar strukturierten Abläufe geprägt, die unser Tagesgeschäft dominierten. Mein Arbeitstag begann frühmorgens mit einer turnusmäßigen Besprechung, die »Kleine Lage« genannt wurde. Diese war für Helmut Kohl wichtig, um einen schnellen grundlegenden Überblick über die anstehenden Aufgaben zu bekommen. Anwesend waren auch Juliane Weber und der Pressesprecher Eduard Ackermann sowie der eine oder andere Abteilungsleiter, in der Regel, eigentlich immer, Horst Teltschik, der Helmut Kohl näher stand als die meisten anderen.

Was die Kleine Lage am frühen Morgen war, das waren am Abend die Treffen und Gespräche im Kanzlerbungalow. Für uns alle waren dies Gelegenheiten, in denen die notwendige Ruhe vorhanden war, abseits des immer hektischen Tagesgeschäfts wichtige Entscheidungen zu besprechen und vorzubereiten. Die abendlichen Treffen im Bungalow fanden nicht jeden Tag statt, aber doch sehr regelmäßig ein bis zwei Mal in der Woche. Wir saßen in entspannter Runde zusammen, mussten nicht jede Minute damit rechnen, dass ein Telefon klingelt oder ein Mitarbeiter hereinkommt und konnten in Ruhe sprechen. Das führte natürlich häufig dazu, dass es doch recht spät wurde, aber ich hatte immer das Gefühl, dass uns diese Runden im politischen Geschäft weiterbrachten.

Besonders ab Sommer 1989, als durch die vielen Umbrüche in Mittel- und Osteuropa eine Fülle von wichtigen Entscheidungen anstand, war die Bungalow-Runde unerlässlich, um immer wieder die Arbeit zu koordinieren, eng verzahnt zu arbeiten und stets einen Überblick über die sich täglich verändernde Lage zu behalten.

Zweimal jährlich vollzog sich noch ein weiteres wichtiges Ritual für das Kanzleramt. In der parlamentarischen Sommerpause reisten der Bundeskanzler und seine engsten Mitarbeiter in den Pfälzer Wald, gingen auf Wanderung und speisten zu Mittag, anschließend ging es über die deutsch-französische Grenze noch in ein französisches Restaurant. Ein besonderer Ausflug für alle Beteiligten. Kurz vor der parlamentarischen Winterpause flog uns der Hubschrauber dann jedes Jahr zur Abtei Münsterschwarzach rund 23 Kilometer östlich von Würzburg. Gelegen an der Mündung der Schwarzach in den Main, ist diese Abtei eines der wichtigsten Klöster der Benediktiner in Deutschland. Nach einer Besinnungsstunde gab es auch hier ein rustikales Essen und interessante Gespräche. Kohl ist mehrfach gefragt worden, warum er denn die Benediktiner statt der Dominikaner oder Franziskaner bevorzuge, und seine Antwort war immer augenzwinkernd: »Die Benediktiner haben bessere Weine.«

Das Verhältnis von Helmut Kohl zu seinem ChefBK war immer von einem großen Vertrauen gekennzeichnet. Das war bei meinen Vorgängern Philipp Jenninger und Wolfgang Schäuble so gewesen und so war es auch bei mir. Seinen engsten Mitarbeitern sprach Kohl sehr weitgehende Handlungsspielfreiheit zu, solange er die Gewissheit hatte, dass das Produkt der Entscheidungen in der Deutschlandpolitik seinem politischen Koordinatensystem entsprach.

**Eine Aufnahme aus dem Jahr 1993: Innenminister Rudolf Seiters und Bundeskanzler Helmut Kohl im vertrauten Gespräch**

Gleiches galt für Horst Teltschik, den ich besonders erwähnen möchte, weil er für die Politik der Achtziger- und Neunzigerjahre als Steuermann im Hintergrund eine wichtige Rolle spielte. Helmut Kohl hatte Teltschik aus der Staatskanzlei in Mainz mitgebracht, als er die Bonner politische Bühne betrat. Er fungierte fortan als Büroleiter des Fraktionsvorsitzenden

Kohl und wurde 1982 Leiter der Abteilung »Auswärtige und innerdeutsche Beziehungen, Entwicklungspolitik, äußere Sicherheit« im Bundeskanzleramt. Was zunächst unspektakulär klingt, war in Wirklichkeit ein Politikum. Die Position, die Teltschik nun einnahm, »gehörte« traditionell einem Beamten des Auswärtigen Amtes. So war es immer gewesen und die Tatsache, dass Kohl sich bei der Besetzung dieses Postens über die Gepflogenheiten hinwegsetzte, sorgte beim Auswärtigen Amt und auch bei Außenminister Genscher nicht für große Begeisterung. Für Kohl war diese Entscheidung jedoch wichtig, weil er in Sachen Informationsgewinnung in auswärtigen Angelegenheiten durch Teltschik in großem Maße unabhängig war und nicht auf den Informationsfluss aus dem Auswärtigen Amt angewiesen. Falls der Bundesaußenminister die Sorge hatte, das Kanzleramt könne an seinem Ministerium vorbei Außenpolitik betreiben, wäre diese jedoch unberechtigt gewesen.

Teltschik war sehr loyal, auch Genscher gegenüber. Dass es trotzdem auch Empfindlichkeiten gab, bekam ich schon sehr bald zu spüren. So war eines Tages in der *FAZ* ein großer Artikel erschienen, in dem die Journalisten mit Horst Teltschik über die außenpolitischen Herausforderungen sprachen. Der Inhalt war eigentlich nicht weiter spektakulär, vor allem hatte sich Teltschik voll und ganz an die gemeinsamen Positionen von Kanzleramt und Auswärtigem Amt gehalten. Dennoch hatte der Artikel im Auswärtigen Amt zu Verstimmungen geführt, was bald darauf ich zu spüren bekam und wiederum mit einem Artikel der *Frankfurter Allgemeinen* zu tun hatte. Darin wurde gemeldet, dass Kanzleramtsminister Seiters an diesem Tage einen Antrittsbesuch bei NATO-Generalsekretär Manfred Wörner in Brüssel machen werde. Für mich war der Besuch eine Selbstverständlichkeit und auch Teil des Aufgabenbereichs des Kanzleramtes.

Es konnte noch nicht lange her gewesen sein, dass Genscher die Ankündigung in der *FAZ* gesehen hatte, denn zu meiner Überraschung klingelte bereits um 7.45 Uhr morgens bei mir das Telefon und ich hatte den Außenminister am Apparat. Er verlangte von mir, den Termin bei Wörner abzusagen. Auf meine Frage nach der Begründung dieses Ansinnens lautete die Antwort, ein solcher Besuch sei Angelegenheit des Auswärtigen Amtes und er erwarte daher, dass ich die Reise nach Brüssel absage. Ich erklärte ruhig, dass ich den Termin in Brüssel nicht absagen könne und auch nicht absagen wolle. Ebenso wie Horst Teltschik zuvor würde ich mich aber natürlich voll und ganz an die gemeinsamen Positionen im Auswärtigen Amt und Kanzleramt halten. Daraufhin ein Piepen in der Leitung, der Außenminister hatte aufgelegt.

Nach kurzer Überlegung ging ich zum Bundeskanzler, um mir Rückendeckung zu holen, und erwartungsgemäß sicherte Helmut Kohl mir zu, dass er meine Ansicht teile und ich die Reise antreten solle. Ich fuhr also nach Brüssel, absolvierte den Antrittsbesuch und begab mich noch am selben Abend wieder zurück nach Bonn. Dort, am Schreibtisch angekommen, klingelte erneut mein Telefon, wieder war Hans-Dietrich Genscher am anderen Ende. Doch wenn ich erwartet hatte, mir erneut Vorwürfe anhören zu müssen, so wurde ich angenehm enttäuscht. Genscher war ausgesprochen freundlich, verlor kein einziges Wort über das ruppige Telefonat am Morgen und wollte lediglich zwei Punkte besprechen, die es in der darauffolgenden Woche im Kabinett zu klären gab. Offenbar hatte er eingesehen, dass er zu weit gegangen war und ließ die Sache nun auf sich beruhen.

In meinen zwei Jahren im Kanzleramt habe ich immer freundschaftlich mit Hans-Dietrich Genscher zusammengearbeitet. Ich habe ihn stets als Außenminister gesehen, der das Ansehen Deutschlands in der Welt in erheblichem Maße gemehrt hat. Allerdings war auch mein Verhältnis zu Horst Teltschik immer ausgezeichnet. Er war mein Stellvertreter als ChefBK und wir haben eng und vertrauensvoll zusammengearbeitet. In außenpolitischen Fragen war er der wichtigste Berater Helmut Kohls, verlässlich und kompetent. Aus meiner Sicht fungierte er stets als Bindeglied zwischen Kanzleramt und Auswärtigem Amt, und zwar nie zum Nachteil einer der beiden Institutionen.

## Eine junge Politikerin mit großer Zukunft

Nach der Bundestagswahl am 3. Oktober 1990, die mit einem überzeugenden Sieg der Allianz für Deutschland endete, gab es innerhalb der Bundesregierung einiges neu zu organisieren. Unter anderem wurden aus zwei bestehenden Ministerien drei neue Ministerien mit jeweils anderen Kompetenzen zugeschnitten. Die Ressorts, die neu geschaffen wurden, waren das Bundesministerium für Gesundheit, das Bundesministerium für Familie und Senioren sowie das Bundesministerium für Frauen und Jugend. Letzteres übernahm eine Frau, die danach eine bemerkenswerte Karriere in der deutschen Politik machen sollte: Angela Merkel.

Für mich war es damals der erste engere Kontakt zur heutigen Kanzlerin. 1989 waren meine Gesprächspartner zunächst andere gewesen, neben den Vertretern der alten DDR-Regierung redete ich mit den Mitgliedern des Runden Tisches und der Bürgerrechtsbewegung sowie mit den Mitgliedern der sich neu bildenden Parteien. Als dann die letzte DDR-Regierung unter Lothar de Maizière in Amt und Würden war, wurden Günther Krause, Klaus Reichenbach und Peter-Michael Diestel meine ersten Ansprechpartner. Auch mit dem damaligen Regierungssprecher Matthias Gehler hatte ich häufiger zu tun.

Angela Merkel amtierte als stellvertretende Regierungssprecherin und war sowohl bei der Unterzeichnung des Einigungsvertrages dabei als auch beim Abschluss der Zwei-Plus-Vier-Gespräche in Moskau. Dann, nach der ersten gesamtdeutschen Wahl und der Notwendigkeit, ein ebenso gesamtdeutsches Kabinett zu bilden, übernahm sie das Bundesministerium für Frauen und Jugend. Der Bundeskanzler hielt große Stücke auf sie, die Bezeichnung »Kohls Mädchen« für die damals nach außen eher zurückhaltend wirkende Politikerin ist bis heute bekannt.

Ich führte mit Angela Merkel intensive Gespräche in Bezug auf organisatorische Fragen des neuen Ministeriums. Räumlichkeiten waren zu finden, Abläufe zu organisieren und Mitarbeiterstäbe zu bilden. Vor allem Letzteres, die Personalauswahl, ist mir persönlich auch aus späteren Zeiten als prägend in Erinnerung geblieben.

So gab es bereits kurz nach ihrem Antritt als neue Umweltministerin im Jahr 1994 einen Paukenschlag, als sie völlig überraschend einen von ihrem Vorgänger Klaus Töpfer übernommenen Staatssekretär bereits nach wenigen Wochen in den einstweiligen Ruhestand versetzte. Dieser galt als ausgewiesener Fachmann, das dürfte auch Angela Merkel nicht bezweifelt haben. Jedoch war für jeden, der in dieser Zeit im Umfeld des Umweltministeriums zu tun hatte, zu spüren, dass jener Staatssekretär sich selbst statt der aus seiner Sicht noch unerfahrenen Ministerin als eigentlichen Chef des Hauses sah. Angela Merkel sorgte ohne langes Zaudern für klare Verhältnisse, für ihn sicher überraschend. Auch ich war überrascht, hatte aber, als mir die Zusammenhänge klar wurden, volles Verständnis: Ohne absolutes Vertrauen zwischen der Leitung eines Ministeriums und den Mitarbeitern kann die Arbeit nicht funktionieren.

Ich habe Merkel auch in den Folgejahren immer auf diese Weise erlebt: Entscheidungsfreudig und durchsetzungsstark, auch bei schwierigen und sehr umstrittenen Fragen wie etwa dem Ausstieg aus der Atomenergie. Kritiker werfen ihr gerne vor, sie habe ihre Durchsetzungskraft auch dazu benutzt, um immer wieder interne Konkurrenten gezielt aus dem Feld zu schlagen. Ich persönlich halte von dieser These überhaupt nichts, bei näherem Hinsehen erweist sie sich als nicht tragfähig. So hat beispielsweise niemand Friedrich Merz damals gezwungen, als stellvertretender Fraktionsvorsitzender die Gesamtverantwortung für die Finanz- und Wirtschaftspolitik in der CDU/CSU-Fraktion aufzugeben. Im Gegenteil: Ich weiß sehr genau, dass die Fraktion ihn gerne in dieser wichtigen Funktion behalten hätte. Auch Roland Koch und Christian Wulff haben nicht vor Angela Merkel kapituliert, sondern sind aus eigenen Stücken andere berufliche Wege gegangen.

Ihre Führungsstärke zeigte Frau Merkel auch direkt nach ihrer Ernennung zur Ministerin, als sie deutliche eigene Akzente setzte. Ich erinnere mich in diesem Zusammenhang etwa an den Gesetzentwurf »Helfen statt Strafen« zum Thema Abtreibung und dem Umgang mit dem umstrittenen Paragrafen 218. Darüber hinaus engagierte sie sich stark gegen die steigende Jugendgewalt, indem sie ein dreijähriges Aktionsprogramm initiierte, das viele der Probleme offensiv aufgriff. Heute steht sie seit mittlerweile elf Jahren an der Spitze der Bundesregierung.

## Angenehme Seiten des Politikerlebens

Zwei Höhepunkte ganz anderer Art sind mir aus meiner Zeit als Kanzleramtsminister ebenfalls in bleibender Erinnerung geblieben. Noch bevor ich als Innenminister auch für den deutschen Sport zuständig war, bot sich mir die Gelegenheit, bei zwei herausragenden Sportereignissen dabei zu sein. Anfang Juni 1989 flogen Wolfgang Schäuble als Bundesinnenminister und ich als neuer Kanzleramtsminister zu den Wimbledon Championships nach London. Normalerweise finden das Dameneinzel und das Herreneinzel an zwei verschiedenen Tagen statt. Da es aber am Samstag in Strömen geregnet hatte, hatte die Turnierleitung beide Endspiele auf den Sonntag gelegt. Das war mein Glück, denn so erlebte ich eine Sensation – zumindest aus deutscher Sicht. Steffi Graf besiegte Martina Navrátilová und gleich anschließend holte Boris Becker gegen Stefan Edberg den Titel bei den Männern. Ganz Deutschland befand sich im Freudentaumel. Auf dem Rückflug schaute Schäuble mich an und sagte: »Rudi, nach Wimbledon müssen wir nicht noch einmal. Das kriegen wir nie wieder geboten: Zwei deutsche Siege an einem Tag.«

Ein weiteres großes Ereignis war natürlich im Jahr 1990 die Fußballweltmeisterschaft mit deutscher Beteiligung in Rom. Im Stadio Olimpico sahen wir in der Kanzlerdelegation gemeinsam mit über 76 000 Zuschauern zu, wie die deutsche die argentinische Mannschaft mit 1:0 besiegte, nachdem das Team zuvor im Halbfinale die schwere Hürde England mit 4:3 nach Verlängerung genommen hatte. Torschütze war Andi Brehme in der 85. Minute, Deutschland errang seinen dritten WM-Titel und ich nahm, wie alle anderen Zuschauer auch, ein eindrucksvolles Bild mit, das dann auch um die Welt ging: Trainer Franz Beckenbauer wandelte anscheinend in sich versunken, vor allem aber wohl auch publicitywirksam, einsam mehrere Minuten über den Rasen.

# DER WEG ZUR DEUTSCHEN EINHEIT

Im Frühsommer 1945 endete der Zweite Weltkrieg, die Schreckensherrschaft der Nationalsozialisten brach zusammen, Deutschland wurde geteilt. Im Osten entstand eine kommunistische Diktatur, auch alle osteuropäischen Länder wie Ungarn, Polen, die Tschechoslowakei wurden der Herrschaft der Sowjetunion unterworfen und zu einem kommunistischen Block zusammengefügt. Dagegen haben sich die Menschen immer wieder aufgelehnt. Am 17. Juni 1953 der Aufstand in Ostberlin. 1956 der Aufstand in Ungarn, 1968 der Prager Frühling, der ebenfalls blutig unterdrückt wurde – und als in Deutschland immer mehr Menschen aus der DDR in die Freiheit flüchteten, baute der kommunistische Staat mitten durch Berlin eine Mauer, am 13. August 1961, vor jetzt 55 Jahren.

Als ich im April 1989 zum Chef des Kanzleramtes berufen wurde und damit auch – die Zuständigkeit des Kanzleramtes war so im Grundlagenvertrag geregelt – zum Verhandlungspartner der DDR, hat niemand gewusst oder geahnt, dass die friedliche Revolution in Europa anderthalb Jahre später zur Wiedervereinigung Deutschlands führen würde. Ich erinnere mich an das Übergabegespräch mit Wolfgang Schäuble, der ins Innenministerium wechselte: Auf dem Tisch lagen die wichtigsten unerledigten Akten, keine davon betraf die DDR. Kurz zuvor hatte Wolfgang Schäuble wichtige Verkehrsvereinbarungen mit der DDR getroffen. So sagte er beinahe im Aufstehen: »Ungelöst ist das Problem der Elbe-Grenze. Ministerpräsident Albrecht hat besondere Wünsche zum kleinen Grenzverkehr. In den nächsten Wochen wird Schalck-Golodkowski auf dich zukommen und deinen Antrittsbesuch bei Erich Honecker vorbereiten.« Das war es. Auch mein Gespräch bei Honecker am 4. Juli gab keinen Hinweis auf die tiefen Erschütterungen, die im Laufe der folgenden Wochen in der DDR sichtbar werden sollten.

Dieser Besuch war auf beiden Seiten intensiv vorbereitet worden. Am Vorabend hatte die DDR-Regierung zu einer Seenrundfahrt eingeladen, am nächsten Tag zu einem Besichtigungsprogramm im Nikolaiviertel und im Pergamonmuseum. Zuvor hatte ich ein neunzigminütiges Gespräch mit DDR-Außenminister Fischer, bei dem ich die praktischen Fortschritte im Verhältnis der beiden deutschen Staaten würdigte, besonders aber die politischen Reformbestrebungen in Ostblockstaaten wie Polen und Ungarn. Beim von Fischer ausgerichteten Abendessen im Palais Unter den Linden waren unter anderem auch anwesend Joachim Herrmann, Mitglied des Politbüros und Sekretär des Zentralkomitees, Dr. Günther Maleuda, Stellvertreter des Vorsitzenden des DDR-Staatsrats, und Dr. Herbert Weiz, Stellvertreter des Vorsitzenden des Ministerrats. Ungewöhnlich war, dass das *Neue Deutschland*, das Zentralorgan der SED, den gesamten Text meiner Tischrede abdruckte, in der ich unter anderem sagte: »Dieser Meinungsaustausch auf politischer und fachlicher Ebene ist notwendig für die weitere Entwicklung unserer Beziehungen, auch wenn es dabei bleibt, dass wir in grundsätzlichen Fragen nicht übereinstimmen und teilweise entgegengesetzte Positionen vertreten. Er ist darüber hinaus wichtig für die Gesamtentwicklung zwischen West- und Osteuropa.«

Am 4. Juli traf ich um 16 Uhr mit Generalsekretär Honecker zusammen. Unser etwa zweistündiges Gespräch verlief alles in allem durchaus sachlich. Es ging um das persönliche Kennenlernen, aber auch um die Bereitschaft, Wirtschafts-, Umwelt-, Verkehrs- und Reiseregelungen weiterzuentwickeln. Daneben gab es bei Honecker vor allem viele sozialistische Floskeln, insbesondere bei den von mir angesprochenen kritischen Themen. Dazu gehörte vor allem auch der KSZE-Prozess, also die blockübergreifenden Sicherheitskonferenzen, die seit 1973 regelmäßig stattfanden und für innereuropäische Fragen von überragender Bedeutung waren. Ganz zentral waren aber natürlich die Grenzfrage, der Schießbefehl an der innerdeutschen Grenze sowie auch die Behandlung von Journalisten.

**Erich Honecker und Rudolf Seiters**

So sachlich und insgesamt kühl die Atmosphäre des Gesprächs auch gewesen sein mag, eines war tatsächlich sensationell. Als wir über Fragen der innerdeutschen Grenze sprachen, räumte

Honecker plötzlich ein, dass es dort tatsächlich einen Schießbefehl gegeben habe. Das war mehr als überraschend, weil Verteidigungsminister Heinz Keßler diese Tatsache noch wenige Tage vorher öffentlich geleugnet hatte. Jetzt, so Honecker weiter, gelte aber ein anderes Grenzregime. Das Gespräch konnte trotz dieser Wendung nicht darüber hinwegtäuschen, dass Honecker zu diesem Zeitpunkt bereits mit dem Rücken zur Wand stand. Er wirkte auf mich starrköpfig und realitätsfremd, ein Reformgegner, wie er im Buche stand.

Die gleiche starre Geisteshaltung und Blindheit für die realen Verhältnisse zeigte sich auch in Honeckers Umfeld. Seine Frau Margot rief die Jugend der DDR auf, die Errungenschaften des Sozialismus notfalls mit der Waffe zu verteidigen. Eine Formulierung und Forderung, die ganz klar auf die Ereignisse in den Reformländern Polen und Ungarn abzielte und verhindern sollte, dass die DDR-Bevölkerung auf ähnlich unsozialistische Ideen käme. Auch in der Volkskammer hatte man die Zeichen der Zeit nicht erkannt, man billigte sogar das Massaker auf dem Platz des himmlischen Friedens in Peking.

Sogar noch im August 1989, kurz vor seinem endgültigen Sturz, zitierte Honecker den bekannten Spruch: »Den Sozialismus in seinem Lauf halten weder Ochs noch Esel auf.« Welch ein Beispiel der Realitätsferne.

Allerdings hielt auch niemand Erich Honecker selbst auf, als er am 13. März 1991 mit einem sowjetischen Militärflugzeug nach Moskau floh, nachdem ein deutscher Haftbefehl gegen ihn ausgestellt worden war. Bundeskanzler Helmut Kohl wurde eine Stunde vor Start der sowjetischen Maschine informiert, unternahm aber nichts, um die Aktion zu verhindern. Kohl war in einem Interessenkonflikt, traf aber letztlich eine Entscheidung. Er war nicht an einem großen Prozess in Deutschland interessiert, wohl auch mit Rücksicht auf Moskau.

Kohl hatte sich die Entscheidung des Nichteingreifens nicht leicht gemacht, da er wusste, dass ein Entkommen Honeckers in der Bevölkerung Unverständnis hervorrufen würde. Wie sehr ihn das Thema innerlich beschäftigte, zeigt eine kleine Anekdote aus der zeitgleich im Deutschen Bundestag in Bonn laufenden Debatte über das Haushaltsgesetz 1991 und den Finanzplan von 1990 bis 1994. Diese wurde vom Oppositionsführer Hans-Jochen Vogel (SPD) eröffnet, anschließend sprachen die Fraktionsvorsitzenden von CDU/CSU, PDS, FDP und Bündnis 90/Die Grünen.

So weit war alles normal, bis um 11.54 Uhr der Bundeskanzler das Wort ergriff. Ich saß mit auf der Regierungsbank und hörte konzentriert zu, wie Kohl die Opposition attackierte. Er warf ihr mit harten Worten vor, sie habe auf dem Weg zur deutschen Einheit versagt und sprach dann auf einmal mit erhobener Stimme Hans-Jochen Vogel an. Wie wohl die meisten anderen glaubte ich einen Moment, mich verhört zu haben, doch Kohl hatte tatsächlich zu Vogel gesagt: »Herr Kollege Honecker …«

Lautes Gelächter der Opposition war die Folge, auch bei uns in den Reihen der Regierung sah ich das eine oder andere verschmitzte Lächeln. Was eben zu diesem Zeitpunkt niemand wissen oder auch nur ahnen konnte: Honeckers Flucht mit dem Flug nach Moskau muss in diesem Moment im Kopf von Kohl noch sehr lebendig gewesen sein, sodass es zu diesem klassischen Freud'schen Versprecher kam.

Während dieser Moment im Bundestag eher zum Schmunzeln anregte, erwartete mich in meinem Büro im Kanzleramt eine erheblich unangenehmere Aufgabe. Während Außenminister Genscher vom akzeptierten Verschwinden des ehemaligen Staatsratsvorsitzenden informiert war und die Entscheidung mittrug, war Justizminister Klaus Kinkel ahnungslos. Verständlicherweise rief die Nachricht, die ich ihm zu überbringen hatte, große Empörung hervor. Ich hatte zwar damit gerechnet und mir überlegt, wie ich ihn beruhigen könnte, doch Kinkel gab mir zunächst gar keine Chance dazu. Er ging förmlich aus dem Stand an die Decke, regte sich furchtbar über den ganzen Vorgang auf und verließ, bevor ich irgendetwas sagen konnte, mein Büro, um zum Aufzug zu stürzen.

Ich holte ihn gerade noch ein, bevor er mit dem Aufzug verschwinden konnte, und bat ihn zurückzukommen, damit ich ihm die Situation noch einmal in Ruhe erläutern könne. Nach einem kurzen Moment des Zögerns beruhigte Kinkel sich glücklicherweise und folgte mir mit grimmigem Blick wieder in mein Büro. Dort gelang es mir dann, ihm die Hintergründe zu erklären und die Situation beruhigte sich. Natürlich war Kinkel in erster Linie deshalb so wütend, weil er als Justizminister nicht informiert worden war und sich übergangen fühlte. Vielleicht lässt sich an seiner emotionalen Reaktion aber auch ermessen, wie irritierend es für viele, vor allem auch für die DDR-Bevölkerung, gewesen sein muss, dass der Hauptverantwortliche für den Niedergang dieses Staates und für die Repressionen, denen Teile der Bevölkerung ausgesetzt gewesen waren, plötzlich verschwunden war.

## Die friedliche Revolution zieht herauf

Anfang August 1989 war ich mit meiner Familie auf dem Weg in den Urlaub. Wir hatten uns für den österreichischen Achensee entschieden und freuten uns alle auf ein paar gemeinsame Tage der Entspannung. Ich war fest entschlossen, das politische Tagesgeschäft während dieser Zeit in den Hintergrund zu rücken.

Dieser gute Vorsatz wurde allerdings bereits bei unserer Ankunft am Achensee nichtig. Immerhin hatte ich mich während der Hinfahrt noch der Illusion hingeben können, schon bald in Freizeitkleidung im Liegestuhl zu faulenzen und ein gutes Buch zu lesen. Heute hätte wohl bereits unterwegs das Handy geklingelt und wir wären gar nicht erst bis an den Urlaubsort gekommen.

Während unserer Reise hatte sich die Lage nämlich dramatisch verändert. Sobald wir im Hotel, dessen Adresse in Bonn natürlich bekannt war, angekommen waren, wurde ich informiert, dass ein Anruf aus dem Kanzleramt gekommen sei. Ich kontaktierte sofort mein Büro und erhielt die Nachricht, dass die Ständige Vertretung der Bundesrepublik in der Hannoverschen Straße in Ostberlin, also unsere »Botschaft«, mit 117 Flüchtlingen absolut überfüllt sei. Es bestand also dringender Handlungsbedarf und mir war schnell klar, dass ich nur eine Entscheidung treffen konnte: Ich musste die Ständige Vertretung schließen.

Man mag diese Entscheidung im ersten Moment selbstverständlich finden, tatsächlich hatte ich sie mir aber alles andere als leicht gemacht. Denn mir war sofort klar: In der Öffentlichkeit könnte der Eindruck entstehen, wir würden mit dem Schließen der Türen Forderungen der DDR-Fuhrung nachgeben, der die Tatsache, dass die Bundesrepublik den DDR-Bürgern in der Vertretung Zuflucht gewährte, übel aufstieß. Fakt war allerdings: Die hygienischen Verhältnisse waren zwischenzeitlich vollkommen unhaltbar geworden. Es war den Menschen im Gebäude, auch den Mitarbeitern, einfach nicht zuzumuten, noch weitere Personen aufzunehmen.

Nach dem Anruf und den ersten eilig getroffenen Entscheidungen war der Familienrat gefragt, auch wenn im Grunde klar war, was diese Nachrichten für mich bedeuteten. Wir brachen unseren Urlaub in Achensee ab. Meine Frau zeigte sich natürlich ein wenig traurig darüber, dass dieser Urlaub, auf den wir uns alle sehr gefreut hatten, ein so jähes Ende fand, obwohl er noch gar nicht richtig begonnen hatte. Andererseits spürte sie wohl auch, welch historische Stunden sich da abzeichneten und brachte somit ohne Wenn und Aber Verständnis für meine Entscheidung auf.

Um keine Zeit zu verlieren, machte sich zeitnah ein Hubschrauber auf den Weg, der mich abholen und direkt in die Bundeshauptstadt bringen sollte. Brigitte stand in dieser Situation wie immer in unserem gemeinsamen Leben »ihre Frau«, setzte die Kinder ins Auto und fuhr mit ihnen aus Österreich zurück nach Papenburg. Ein solcher familiärer Rückhalt war für mich immer wichtig, so auch am Achensee in Österreich.

Später habe ich in vielen öffentlichen Erklärungen deutlich gemacht, dass die DDR selbst diese Problematik hervorgerufen habe und auch selbst für eine Lösung verantwortlich sei. Mir war wichtig, nach außen zu signalisieren, dass wir seitens der Bundesregierung weiterhin Flüchtlinge schützen würden. Mit dem zeitweiligen Schließen der Ständigen Vertretung, so stellte ich klar, hatten wir keinerlei Signal gesetzt, grundsätzlich Mauern um unsere Botschaften errichten zu wollen. Im Gegenteil, die DDR-Führung sollte wissen, dass wir alles tun würden, um unsere Landsleute im Osten Deutschlands zu schützen.

## Realitätsverlust in der DDR-Führung

In Bonn angekommen waren viele dringende Dinge zu erledigen. Ich führte etliche Gespräche innerhalb des Kabinetts, vor allem natürlich mit Bundeskanzler Kohl. Binnen kürzester Zeit mussten wir uns darauf einstellen, dass die Ereignisse in der DDR eine ganz neue Dynamik bekommen hatten. Zwei Tage später flog ich nach Ostberlin zu einem Treffen mit Vertretern des Politbüros, deren Auftreten und Diskussionsbeiträge von kompletter Realitätsverweigerung geprägt waren. Gesprächsführer auf Ostseite war der stellvertretende Außenminister Herbert Krolikowski, der dieses Amt bereits seit 1973 bekleidete, auch ein kleines Zeichen dafür, wie verknöchert und reformunfähig die Führungsriege der DDR zu diesem Zeitpunkt war.

Schon bald nach Gesprächsbeginn wurde mir klar, dass diese Herren sich nicht bewegen und keinem der Zufluchtsuchenden die Ausreise gestatten würden. Im Brustton der Überzeugung erklärte Krolikowski, die DDR-Regierung werde von der Bevölkerung nicht nur anerkannt, sondern geliebt. Ich erinnere mich gut, dass er genau dieses Wort benutzte. Die Flüchtlinge, ergänzte Krolikowski, seien eine winzige Minderheit. Er nannte sie »Verräter«, man dürfe die »DDR-Bürger« nicht länger in der Ständigen Vertretung dulden.

Ich widersprach energisch. Es gab den Grundlagenvertrag, in dem ja die Frage der Staatsangehörigkeit angesichts unterschiedlicher Rechtspositionen ausdrücklich offengelassen worden war. Daher erklärte ich: »Der Standpunkt der Bundesrepublik und der Bundesregierung ist durch das Grundgesetz und das Bundesverfassungsgericht bestimmt. Daraus ergibt sich, dass niemand aus den Vertretungen hinausgewiesen wird. Dies kann und wird für die Bundesregierung nicht in Betracht kommen.«

Die Stimmung bei diesem Treffen war von Anfang an stark belastet, das Misstrauen, aber auch die Ignoranz und Arroganz der DDR-Delegation quasi mit Händen zu greifen. Eisiger jedoch als am Ende des Gesprächs hätte es nicht sein können. Jedenfalls hatte ich den Standpunkt der Bundesregierung hinlänglich deutlich gemacht, die DDR habe diese Situation zu verantworten und sie müsse dieses Problem auch lösen.

Anschließend machte ich mich auf den Weg in die Ständige Vertretung. Dort hatte ich Gelegenheit, mit mehreren der

Geflüchteten zu sprechen. Diese Gespräche waren sehr bewegend. Die Menschen erzählten von ihrem unfreien Leben in der DDR, davon, wie sie vom Staat unter Druck gesetzt würden, wie sie befürchten mussten, dass die Familie Nachteile erleiden würde, wenn sich ein Familienmitglied falsch verhielt. Vor allem machten sie in allen Gesprächen sehr klar, dass sie unter keinen Umständen in diesen Staat zurückkehren würden. Ihre ganze Hoffnung waren die Bemühungen der Bundesregierung um ihre Ausreise.

Selten habe ich eine größere Verantwortung für das Schicksal wildfremder Menschen gespürt, mir gingen diese Erzählungen sehr nahe. Ich versprach, den Bundeskanzler unverzüglich zu unterrichten und hielt dieses Versprechen auch ein. Helmut Kohl zeigte sich ebenso betroffen und zögerte nicht, sich sofort persönlich an die DDR-Führung zu wenden. Wie nicht anders zu erwarten, drang zu diesem Zeitpunkt jedoch auch diese Intervention von höchster Stelle noch nicht in die Köpfe derer, die ihre Bürger als ihr Eigentum zu betrachten schienen. Die Situation blieb also weiter angespannt.

Doch die 117 Flüchtlinge in der Ostberliner Vertretung blieben nicht allein. Zeitgleich flohen Tausende DDR-Einwohner in die deutschen Botschaften in Budapest, Warschau und Prag. Die DDR geriet international immer stärker unter Druck.

Den reformorientierten Kräften in der DDR und auch uns, die wir unseren Landsleuten im Osten helfen wollten, spielte die Entwicklung in Osteuropa in die Hände. Allerorten waren entschlossene Reformversuche zu sehen, die noch kurze Zeit vorher undenkbar schienen. In Polen etwa bereitete man sich auf erste freie Wahlen in Teilen des Landes vor und in Ungarn wurde die Einführung des Mehrparteiensystems beschlossen. All dies war mit dem Namen Michail Gorbatschow und seinen Schlagworten von »Glasnost« und »Perestroika« verwoben.

Die deutsch-ungarischen Beziehungen galten zu jener Zeit, gerade im Vergleich zu anderen Ostblockstaaten, als besonders gut. Die Zusammenarbeit war auf allen Gebieten von der Politik über die Wirtschaft bis hin zur Kultur von Vernunft und Vertrauen geprägt. So war es kein Wunder, dass es das ungarische Außenministerium war, das am 3. und 4. August 1989 mitteilte, man prüfe in Budapest die Möglichkeit der Asylgewährung für Deutsche. Dieses Signal war unüberhörbar, die Zahl der Flüchtlinge, die sich in Ungarn einfanden, wuchs von Tag zu Tag. Einen dramatischen Höhepunkt erreichte die Situation, als am 19. August in Sopron insgesamt 661 DDR-Bürger beim sogenannten paneuropäischen Picknick der Paneuropa-Union die Flucht über die Grenze nach Österreich gelang. Die Paneuropa-Union war bekannt dafür, dass sie Oppositionsgruppen in Osteuropa sowie ganz allgemein die Öffnung zum Westen hin unterstützte, insofern war der Moment der Flucht passend gewählt.

Nur eine knappe Woche später, am 25. August, kam es zu einem streng geheimen Treffen auf Schloss Gymnich bei Bonn. Anwesend waren Bundeskanzler Helmut Kohl, Außenminister Genscher, der ungarische Ministerpräsident Miklós Németh, sein Außenminister Gyula Horn sowie der Botschafter István Horváth. Bei diesem Treffen erläuterte Németh zunächst die Problematik: Die Verträge mit der DDR würden eine Ausreise der Menschen in die Bundesrepublik ohne gültige Dokumente verbieten. Außerdem könne man nicht außer Acht lassen, dass immerhin 200 000 sowjetische Soldaten in Ungarn stationiert seien. Im Verlaufe des Gesprächs erwies sich aber, dass die Ungarn diese Fakten nicht als Hinderungsgrund ansahen, die Öffnungsbewegung dennoch zu unterstützen. Immerhin sei man im Frühjahr der Genfer Flüchtlingskonvention beigetreten, so Némeths deutlicher Hinweis, wie man in Budapest die Situation tatsächlich beurteilte. Und schließlich, am Ende eines langen Tages, der entscheidende Satz: Ungarn werde in den nächsten Wochen seine Grenzen nach Österreich für alle Deutschen öffnen.

Das war ein ganz entscheidender Durchbruch. Németh hielt Wort: Am 11. September war die Grenze offen, ein kleines, aber ungeheuer wichtiges Loch klaffte plötzlich in der Mauer zwischen den alten Machtblöcken in Ost und West.

Helmut Kohl hat in seinen Erinnerungen an dieses Gespräch geschrieben, ihm seien die Tränen in die Augen gestiegen, als die Zusage kam, alle Deutschen in Ungarn könnten über die Grenze in die Freiheit ausreisen, und Ministerpräsident Németh auf die Frage »Was wollt Ihr Ungarn dafür haben?« antwortete: »Ungarn verkauft keine Menschen.«

Danach habe es ein Telefongespräch gegeben zwischen dem Bundeskanzler und Michail Gorbatschow, weil niemand wusste, wie Moskau reagieren würde. In dem Telefongespräch habe Kohl gefragt, was Moskau dazu sage, dass Ungarn die Grenzen öffnen wolle. Nach einem Augenblick der Stille in der Telefonleitung habe Gorbatschow dann nur gesagt: »Die Ungarn sind gute Leute.« Das war ein klares Signal, das Moskau politisch nichts unternehmen würde.

## »Wir sind zu Ihnen gekommen, um Ihnen mitzuteilen …«

Es ist vielleicht *die* Szene meiner politischen Laufbahn: Jener Abend auf dem Balkon der Prager Botschaft, an dem wir die Ausreise der sehnsüchtig wartenden Menschen dort bestätigen konnten. Es war der 30. September 1989 und dieser Tag umfasst Stunden, die ich nie in meinem Leben vergessen werde.

Das historisch Bedeutsame der Ereignisse dieses Tages wird deutlich, wenn man sich noch einmal die dramatischen Entwicklungen vergegenwärtigt, die in den Tagen und Wochen zuvor stattgefunden hatten.

In jenen Tagen und Wochen ging durch ganz Ost- und Mitteleuropa eine Welle von Reformbewegungen, insbesondere in Polen und Ungarn, aber auch in der Sowjetunion mit Glasnost und Perestroika. Die DDR-Führung allerdings blieb stur und unbeweglich, verweigerte sich jedem Ansatz zu politischen, wirtschaftlichen und gesellschaftlichen Reformen und Liberalisierungen. Das Ganze vor dem Hintergrund einer sich drastisch verschlechternden wirtschaftlichen Lage und der Vergleichsmöglichkeiten, die immer mehr Menschen zwischen den Lebensverhältnissen in der Bundesrepublik und in der DDR besaßen.

Die Empörung in der Bevölkerung wuchs von Woche zu Woche, die Zahl der Ausreisewilligen stieg sprunghaft an.

Eine Entscheidung jagte die nächste:

Eine Woche nach Schließung der Ständigen Vertretung in Ostberlin schloss auch die Botschaft in Budapest, am 23. August kam Prag hinzu.

Die Gespräche, die ich mit Rechtsanwalt Vogel sowie dem Leiter der Ständigen Vertretung der DDR in Bonn, Horst Neubauer, im Kanzleramt führte, blieben zunächst ebenso ergebnislos wie meine Mission beim Politbüro in Ostberlin. Dennoch wuchs bei uns die Hoffnung.

In den Monaten August und September führte ich eine Fülle von Verhandlungen mit dem Ziel, die Ausreisegenehmigung der DDR für die Flüchtlinge in den deutschen Botschaften in Prag und Warschau sowie der Ständigen Vertretung in Ostberlin zu erreichen. Der Forderung der DDR, die Bundesrepublik dürfe DDR-Bürger nicht in die Botschaften lassen, begegneten wir mit den Worten: »Die Bundesrepublik errichtet keine Mauern um ihre Botschaften, und sie schickt auch keinen Flüchtling auf die Straße.«

Das brachte die DDR in eine Zwangslage – sie musste das Problem selber lösen und geriet unter enormen Druck. Die emotionalen Bilder von den Botschaftsflüchtlingen in der Prager Botschaft gingen um die Welt und schädigten Tag für Tag das internationale Ansehen der DDR. Hinzu kam, dass am 6. und 7. Oktober aus Anlass der Feierlichkeiten zum 40. Jahrestag der Gründung der DDR der Besuch von Michail Gorbatschow in Ostberlin angesagt war. Die DDR konnte nicht wollen, dass diese Feierlichkeiten durch die ständigen Bildnachrichten aus Prag überlagert wurden. Es musste in ihrem elementaren Interesse liegen, das Problem vorher zu lösen.

Hinzu kamen die sich ständig verschlechternde wirtschaftliche und finanzielle Lage der DDR und ihr dringender Wunsch nach Devisen und finanzieller Hilfe. Diese Hilfe konnte ich in Aussicht stellen, aber ohne die Lösung der Flüchtlingsfrage, das war meine Botschaft, werde es keine einzige Deutsche Mark geben.

So war der Resonanzboden für ein Einlenken der DDR vor den Geburtstagsfeierlichkeiten gegeben. Dies bestätigt auch indirekt Hans-Dietrich Genscher in seinen »Erinnerungen« von 1995. Darin schreibt er unter anderem über sein Gespräch mit DDR-Außenminister Oskar Fischer am 27. September in New York. Er habe die Situation in Prag geschildert, Fischer habe ständig genickt, schnell habe man über zwei mögliche Alternativen gesprochen: Ausreisefreiheit nach Plan A (direkt in die Bundesrepublik) oder Plan B (Ausreise über die DDR).

In dieser Situation erreichte mich am Freitag, dem 29. September, unmittelbar nach meinem Flug von Bonn in meine Heimatstadt Papenburg, ein Anruf meines Büros. Horst Neubauer wolle mich dringend sprechen. Wir verabredeten uns für 10 Uhr am nächsten Tag, einem Samstag, in meinem Bonner Büro im Kanzleramt. Ich unterrichtete sofort den Bundeskanzler, der mir sagte, ich solle Außenminister Hans-Dietrich Genscher hinzuziehen und mit ihm, dem Kanzler, ständigen telefonischen Kontakt halten.

Als Neubauer am Samstagmorgen in meinem Büro erschien, eröffnete er das Gespräch zunächst mit massiven Vorwürfen an die Bundesregierung, die, so seine Worte, »entgegen dem internationalen Recht« den Zustrom von DDR-Bürgern in unsere Botschaften dulde.

Diese Vorwürfe kannten wir schon und wir widersprachen ihnen erneut deutlich, auch mit Blick auf die KSZE-Vereinbarungen, die auch von der DDR unterschrieben worden waren.

Dann kam jedoch die lange erhoffte Erklärung, die DDR sei bereit, in einem einmaligen humanitären Akt der Ausreise der Botschaftsflüchtlinge zuzustimmen, allerdings müsse diese Ausreise über das Territorium der DDR erfolgen. Dazu seien Sonderzüge eingeplant. Ganz offensichtlich war dies eine Entscheidung von Erich Honecker höchstpersönlich, um die »Souveränität« der DDR bei der Ausreise von Flüchtlingen zu dokumentieren.

Wir unterbrachen die Sitzung und ich nahm sofort Kontakt zum Bundeskanzler auf. Wir vereinbarten, Genscher und ich sollten direkt nach Prag fliegen, um den Menschen, die den Versprechungen von DDR-Repräsentanten zutiefst misstrauten, persönlich die Sicherheit zu geben, dass für sie jetzt die ungehinderte Ausreise garantiert sei. Mit Horst Neubauer wurde abgestimmt, dass der Außenminister und ich mit den beiden ersten Zügen mitfahren sollten, die Staatssekretäre mit den folgenden. Auf Drängen von Hans-Dietrich Genscher vereinbarten wir absolute Vertraulichkeit. Unser Flug nach Prag sollte nicht vorzeitig bekannt werden, dazu war die Sache einfach zu sensibel.

Kaum waren wir mit der Luftwaffenmaschine in Prag gelandet, erfuhren wir vom deutschen Botschafter Hermann Huber, die DDR habe ihre Zusage zurückgenommen, dass Genscher und ich die Züge begleiten könnten. Lediglich Beamte sollten mitfahren dürfen – offensichtlich befürchtete die DDR-Führung eine gegen sie gerichtete Symbolwirkung, wenn zwei bekannte Politiker der Regierung Kohl den Botschaftsflüchtlingen das Geleit geben würden.

Wir fuhren direkt in die Botschaft, wo wir bereits vor dem Eingang von einem Pulk von Journalisten und Kameras erwartet wurden. Der Flug war durchgesickert. Kaum waren wir in Bonn abgeflogen, war bereits eine Agenturmeldung erschienen: »Genscher auf dem Weg nach Prag.« Offensichtlich hatte sich irgendjemand im Auswärtigen Amt nicht an die Ministervereinbarung gehalten. Das Kanzleramt intervenierte sofort und veranlasste zumindest noch die Korrektur, dass es sich um einen gemeinsamen Flug des Außenministers und des Kanzleramtsministers handele. Im Kanzleramt selbst war man ob dieses Vorgangs einigermaßen verärgert, auch ich persönlich fand das alles etwas merkwürdig. Weitere Konsequenzen hatte diese Verstimmung allerdings nicht.

Was wir nach der Ankunft in der Botschaft erlebten, hat sich mir unauslöschlich eingeprägt: Frauen, Männer, Kinder – dicht gedrängt auf den Treppenstufen, die wir emporstiegen, mit einem großen Vertrauen zu uns in ihren Gesichtern, obwohl sie ja gar nicht wissen konnten, welche Botschaft wir denn mitbrachten.

Aus dem Obergeschoss der Blick auf die Menschen in Zelten, im durch Dauerregen verschlammten Garten. Ein beklemmender Anblick. Wir ließen uns letzte Informationen geben, anschließend telefonierte ich noch einmal mit Horst Neubauer und protestierte energisch gegen den Bruch der Vereinbarungen. Gleichwohl blieb dieser Protest erfolglos. Letztlich war das jedoch auch nicht entscheidend.

**Rudolf Seiters und Hans-Dietrich Genscher vor der deutschen Botschaft in Prag, umringt von Journalisten**

Wenige Momente später folgte die Szene, die heute zum kollektiven Gedächtnis der Deutschen gehört. Hans-Dietrich Genscher und ich traten gemeinsam mit dem Botschafter und mehreren Staatssekretären auf den Balkon des Palais Lobkowitz. Genscher trat ans Mikrofon und sprach die erlösenden Worte in das Dunkel des nächtlichen Gartens hinein: »Wir sind zu Ihnen gekommen, um Ihnen mitzuteilen, dass heute Ihre Ausreise …« In diesem Moment brandete unbeschreiblicher Jubel auf, Genschers weitere Worte gingen im ohrenbetäubenden Lärm unter, und es gingen Bilder einer unfassbaren Freude und Erleichterung rund um die ganze Welt.

Etwa 5000 Flüchtlinge fuhren schließlich am Abend mit Sonderzügen der DDR-Reichsbahn von Prag über Dresden nach Hof, abgesehen von technischen Halten ohne jeden Stopp innerhalb der DDR. Die Forderung der DDR-Führung, dass die Ausreise der Flüchtlinge über DDR-Boden zu erfolgen habe, erwies sich dabei als Bumerang: Überall wurde die Durchfahrt von vielen winkenden Menschen begleitet.

Der 30. September markiert somit wie kaum ein anderer Tag den endgültigen Beginn des Untergangs der DDR. Die Botschaften füllten sich erneut, nach wütenden Protesten Neubauers und der gesamten DDR-Presse musste eine hilflose Ostberliner Führung am 3. Oktober auch die Ausreise der weiteren Flüchtlinge gestatten.

Ich bin oft gefragt worden, warum in Prag Hans-Dietrich Genscher und nicht der für die Verhandlungen mit der DDR zuständige Kanzleramtsminister die frohe Botschaft der Ausreise verkündet habe. Ich kann nur antworten, dass ich damit kein Problem hatte. Ich war jüngstes Mitglied im Kabinett, erst seit dem April im Amt, wohingegen Genscher Vizekanzler, langjähriger Außenminister und somit auch in der Botschaft der Hausherr war. Wäre der Bundeskanzler zugegen gewesen, hätte er gesprochen, so sprach eben Genscher, allerdings sehr wohl auch in meinem Namen. In den vielen Fernsehinterviews an diesem Abend und an den folgenden Tagen sind wir immer gemeinsam aufgetreten.

Im Übrigen war die Begegnung mit den Botschaftsflüchtlingen so emotional und das Ereignis als solches so historisch, dass Prestigegedanken völlig unangemessen gewesen wären. Für mich bleibt jener 30. September 1989 einer der emotionalen Höhepunkte innerhalb der dramatischen Umwälzungen in unserem Land und in ganz Europa. Das Aufbegehren der Bürger gegen Unfreiheit und Diktatur siegte ohne Blutvergießen. Bis heute bin ich unendlich dankbar dafür, dass ich an dieser beispiellosen Entwicklung hin zu Freiheit und Demokratie persönlich mitwirken durfte.

# Atemlos

Die Hektik der folgenden Tage wird an dem zeitlichen Ablauf deutlich, der das Hin und Her zwischen Neubauer und dem Kanzleramt dokumentiert. Am 2. Oktober um 14 Uhr hatte sich Neubauer noch geweigert, der Ausreise der neu hinzugekommenen Flüchtlinge zuzustimmen. Die Aktion am 30. September, so war er überzeugt, sei ein einmaliger humanitärer Akt gewesen. Ich selbst wies nochmals auf den bevorstehenden Besuch von Gorbatschow in Ostberlin hin und appellierte erneut an die DDR-Führung, einer Anschlussregelung zuzustimmen. Unsere Nerven waren sehr angespannt. Auf allen Beteiligten lastete ein immenser Druck, vor allem Neubauer war anzumerken, dass er mit der Situation völlig überfordert war. Am 3. Oktober um 16.10 Uhr bat er wieder um einen dringenden Termin und gab in unserem Gespräch folgende Erklärung ab: Die DDR habe aus humanitären Gründen beschlossen, auch die weiteren Bürger in die Bundesrepublik ausreisen zu lassen. Der Zug werde noch am selben Abend um 20.00 Uhr in Prag bereit stehen. Keine Stunde später, um 17.00 Uhr, telefonierte Helmut Kohl mit dem tschechoslowakischen Ministerpräsidenten Ladislav Adamec. Dieser erklärte, dass sich aktuell 6 000 DDR-Bürger in der bundesdeutschen Botschaft aufhalten würden, weitere 2 000 seien in der näheren Umgebung. Mit der DDR sei nun vereinbart, dass entweder um 17.00 Uhr an diesem Abend oder in der Nacht zum 4. Oktober via DDR die Ausreise in die Bundesrepublik erfolgen solle.

Um 19.45 Uhr rief mich Neubauer an, um mir zu erklären, es gebe bei der Ausreise »Verzögerungen technischer Art«. Wir konnten natürlich nicht wissen, ob das eine Ausrede war oder der tatsächliche Grund für die Nichteinhaltung der Zusagen. Bis Mitternacht glühten daher die Drähte zwischen dem Bundeskanzleramt und der Ständigen Vertretung der DDR, unzählige Anrufe gingen hin und her.

4. Oktober, es war mittlerweile 00.30 Uhr, an Pause oder gar Schlaf war überhaupt nicht zu denken. Ich rief erneut bei Neubauer an, der beteuerte, keine neuen Informationen liefern zu können. Gleichzeitig lief in meinem Büro ein Anruf des Gesandten der Tschechoslowakischen Botschaft Cramer auf. Auch die Tschechen berichteten von technischen Problemen, immerhin machte das Neubauers Aussage glaubwürdig und die Hoffnung auf ein gutes Ende der Sache blieb bestehen.

Um 1.15 Uhr telefonierte ich in dieser Nacht noch einmal in der Sache, die Informationen jedoch blieben gleich. Ermüdender Stillstand und dann doch der Entschluss, ein paar Stunden zu schlafen.

Am nächsten Morgen ging es weiter, um 7.40 Uhr baten wir von Seiten des Kanzleramtes Neubauer wiederum zum Gespräch. Dieser war jedoch unauffindbar, was uns nicht gerade beruhigte. Schließlich mussten wir mit seinem Gesandten Lothar Glienke vorlieb nehmen, der uns aber immer noch keine positiveren Informationen geben konnte.

Dann jedoch kam endlich Bewegung in die Sache, die bleierne Schwere der letzten Stunden schien langsam zu weichen. Sowohl um 9.00 als auch um 12.00 Uhr telefonierte ich mit dem Leiter der Außenabteilung beim Präsidium der ČSSR, Soukop, der mir im zweiten Telefonat schließlich mitteilte, in Kürze werde der erste Zug in die ČSSR einfahren und um 17.00 Uhr zur Abfahrt bereit stehen. Endlich war es soweit!

Tatsächlich erschien um 15.00 Uhr wie aus dem Nichts auch Neubauer wieder auf der Bildfläche. Er kam zu mir ins Kanzleramt und bestätigte Soukops Informationen. Um 17.00 könne zumindest der erste Zug abfahren. Insgesamt seien zehn Züge vorgesehen.

Und wirklich, um 5 Uhr nachmittags setzten sich die Züge in Bewegung. Nach dramatischen Stunden des Stillstands konnten wir aufatmen. Nachdem sich die Situation in der ČSSR geklärt hatte, rollten am 5. Oktober auch die Züge aus Warschau über das Territorium der DDR in die Bundesrepublik, begleitet von vielen Hoffnungen und Erwartungen der DDR-Bürger.

Nicht weniger dramatisch ging es in den nächsten Wochen weiter. Schlag auf Schlag sahen wir die DDR im Sog der Geschichte versinken. Am 18. Oktober wurde Partei- und Staatschef Erich Honecker gestürzt. Sein Nachfolger als neuer Generalsekretär des Zentralkomitees der SED hieß Egon Krenz, Mitglied des Politbüros und früherer Erster Sekretär der Freien Deutschen Jugend (FDJ).

Am 26. Oktober führte Bundeskanzler Kohl ein zwanzigminütiges Telefongespräch mit Krenz. Ich saß daneben, als die beiden telefonierten und konnte jedes Wort mithören. Wie bei solchen Gelegenheiten üblich, gratulierte der Kanzler Krenz zu seiner Wahl und betonte, die Bundesrepublik sei an guten und konstruktiven Gesprächskontakten im Interesse der gegenseitigen Beziehungen interessiert. Schließlich vereinbarte er mit Krenz eine Reise des Kanzleramtsministers Seiters nach Ostberlin für die zweite Novemberhälfte und appellierte an Krenz, Neuregelungen zur Reisefreiheit zu treffen. Einzelheiten der weiteren Zusammenarbeit solle Krenz dann mit mir bei meinem Besuch in der DDR-Hauptstadt erörtern.

## Die Mauer fällt

Der 9. November mit seinen sensationellen und für uns alle überraschenden Folgen hatte eine Vorgeschichte: Wir, zunächst Wolfgang Schäuble, dann ich selbst, standen in Verhandlungen mit der DDR, namentlich mit ihrem Sonderbeauftragten Alexander Schalck-Golodkowski. Die wirtschaftliche Misere der DDR wurde während dieser Verhandlungen in immer krasserer Weise sichtbar und wie sich schnell herausstellte, führte das seitens Schalck-Golodkowskis zu Devisenwünschen in Milliardenhöhe.

In Abstimmung mit dem Bundeskanzler waren unsere Forderungen an den Sonderbeauftragten ganz klar: Wir wollten weitere Reiseerleichterungen für westdeutsche Bürger, der sogenannte Zwangsumtausch in DDR-Mark, den westdeutsche Rentner bei Einreise zu leisten hatten, musste weg, es sollte also keine Mindestgebühr mehr geben.

Würden diese Forderungen erfüllt, so stellte ich Schalck-Golodkowski in Aussicht, würden wir uns zur Einrichtung eines Devisenfonds bereit erklären. Später kam es dann bei meinen Besuchen, zunächst bei Krenz sowie am 5. Dezember bei Modrow, zu entsprechenden Vereinbarungen, die in ihrer Konsequenz zu völliger Reisefreiheit ohne jede Auflage für die Menschen in der Bundesrepublik führte.

Gleichzeitig wuchs der Druck auf die DDR-Führung, weitere Reiseerleichterungen für ihre eigene Bevölkerung zu erlassen. Die Effekte der jüngsten Umwälzungen waren unübersehbar: Der Übersiedlerstrom hielt unverändert an, in Polen und Ungarn war die Reformbewegung in vollem Gange. Die neue DDR-Führung unter Egon Krenz wollte sich reformerisch geben und legte ein neues Reisegesetz vor, das wegen seiner Halbherzigkeit und seiner vielen einschränkenden Klauseln in der Öffentlichkeit allerseits auf helle Empörung stieß. Es war sehr deutlich zu spüren, dass die beabsichtigten Gesetzesänderungen der puren Hilflosigkeit entsprangen und nicht von einem echten Reformwillen und der Bereitschaft zu politischen Veränderungen getragen waren. Als die ČSSR am 4. November die Grenzen öffnete und am gleichen Tag Massendemonstrationen in Berlin stattfanden, stellte die neue Regierung am 6. November einen zweiten Gesetzentwurf vor, der jedoch wiederum völlig unzureichend war.

In der Folgezeit wurde die Lage immer hektischer. Im Zentralkomitee hatte sich mittlerweile eine Arbeitsgruppe gebildet, deren Auftrag es war, eine zeitweise Übergangsregelung für die »Ständige Ausreise aus der DDR« zu finden. Da im ZK und damit auch in dieser Arbeitsgruppe jedoch große Verwirrung herrschte, wusste letztlich keiner der Beteiligten so recht, was man eigentlich beschlossen hatte. Die Auflösungserscheinungen waren sinnbildlich zu sehen, ja fast mit Händen zu greifen.

Es kam zu jener Pressekonferenz, an die sich bis heute wohl jeder erinnern kann und die unzählige Male gezeigt worden ist. Die Unsicherheit des Regierungssprechers Günter Schabowski hinsichtlich dessen, was er der Öffentlichkeit mitzuteilen hatte, war seinem Gesicht abzulesen, die hilfesuchenden Blicke nach links und rechts zu den mit ihm am Tisch der Pressekonferenz sitzenden Leute sprachen Bände. Schabowski verlas also jene legendäre Erklärung, wonach Personen, welche die DDR verlassen wollten, kurzfristig und ohne die üblichen Voraussetzungen Visa für eine ständige Ausreise bekommen würden. Millionen Menschen saßen vor dem Fernseher und sahen, wie Schabowski auf Nachfragen der erstaunten Journalisten noch einmal in die Runde auf dem Podium schaute und dann sagte: »Das tritt nach meiner Kenntnis … ist das sofort, unverzüglich.«

Diese wenigen Minuten Verwirrung auf dem Podium einer Pressekonferenz sorgten für einen der wichtigsten Momente in der deutschen Geschichte. Schabowskis Worte wurden ohne Wenn und Aber als Signal für die Öffnung der Mauer interpretiert. Was dann geschah, lässt sich heute mit wenigen Klicks im Internet wieder und wieder ansehen. Die Grenztruppen waren nicht im Geringsten vorbereitet, sie standen dem plötzlich einsetzenden Ansturm der DDR-Bevölkerung auf die Grenzübergänge zwischen Ost- und Westberlin vollkommen hilflos gegenüber. Im Laufe des Abends wuchs der Massenansturm immer weiter. Augenzeugenberichte beschrieben etwa die Situation an der Bornholmer Straße als chaotisch. Wer nicht schon bei den ersten Menschen gewesen war, die sich auf den Weg gemacht hatten, steckte jetzt inmitten Tausender DDR-Bürger, die nichts sehnlicher wollten, als völlig rechtmäßig ihren Fuß auf das Gebiet des westlichen Teils Deutschlands zu setzen. Es wird berichtet, dass Ostberliner Taxifahrer an jenem Abend Fahrgäste innerhalb Ostberlins gratis zu ihrem Ziel fuhren, weil sie mit den in umgekehrter Richtung strömenden Menschen bereits das Geschäft ihres Lebens gemacht hatten.

In Bonn waren wir genauso überrascht wie die Journalisten in Ostberlin. Ich stand zwar in Verhandlungen über das Reisegesetz, dass aber an diesem 9. November die Mauer fallen sollte, konnte niemand von uns ahnen. Tatsächlich waren wir ziemlich unvorbereitet. Das wurde mir vor einiger Zeit noch einmal vor Augen geführt: Ich war in Mailand, um an der dortigen Universität und am Goethe-Institut unter anderem mit Lech Walesa, dem ehemaligen polnischen Präsidenten, über Zukunftsfragen in Europa zu diskutieren. Begleitet wurde ich dabei vom dortigen Generalkonsul Dr. Axel Hartmann, der 1989 mein stellvertretender Büroleiter im Kanzleramt gewesen war und mich an einen Vorgang erinnerte, den ich längst vergessen hatte: Am Vormittag des 9. November sei er in mein Büro gekommen und habe mich gebeten, das Amt an diesem Tag etwas früher verlassen zu dürfen. Daheim gebe es einen Kindergeburtstag und seine Frau käme allein nicht klar. Seiner Erinnerung nach habe ich damals nur geantwortet: »Gehen Sie ruhig, heute passiert sowieso nichts mehr.« Wenige Stunden später fiel die Mauer.

Mich selbst erreichten die ersten Nachrichten von der Öffnung der Mauer an demselben Abend in einer Sitzung im Kanzleramt mit den Fraktionsvorsitzenden von CDU/CSU, SPD und FDP, Alfred Dregger, Wolfgang Bötsch, Hans-Jochen Vogel und Wolfgang Mischnick. Wolfgang Schäuble war als Bundesinnenminister ebenfalls anwesend. Wir waren ins Gespräch vertieft, als plötzlich die Tür aufgerissen wurde und Regierungssprecher Eduard Ackermann hereinstürzte. Er rief: »Die Mauer fällt, die Mauer ist auf!« Unvergessen die spontane Reaktion Wolfgang Schäubles, der Ackermann zurief: »Ackermann, als ich noch Chef des Kanzleramtes war, war Alkohol im Dienst verboten!«

Genau so, wie Schäubles Ausspruch es andeutet, fühlte es sich einen kurzen Moment lang an. Wie eine Vision, wie ein Rauscherlebnis, das bei klarem Verstand zusammenstürzen müsste wie ein Kartenhaus. Doch einen Wimpernschlag später war uns klar, was Eduard Ackermann da gerade gesagt hatte. Die Nachricht schlug ein wie eine Bombe, es folgten hektische Recherchen auf allen Ebenen über den Wahrheitsgehalt dieser unglaublichen Agenturmeldung. Die Fraktionsvorsitzenden eilten so schnell sie konnten in ihre jeweiligen Fraktionen zurück, um sich dort über die überraschenden Neuigkeiten zu beraten. Unterdessen unterrichteten wir Helmut Kohl, der zu diesem Zeitpunkt zu einem Staatsbesuch in Warschau weilte, von den Geschehnissen.

Kohl berichtete später, es habe ihm fast die Sprache verschlagen. Er ließ sich während des Banketts in Warschau ständig von Eduard Ackermann berichten. Ich selbst kündigte ihm dann die von Walter Momper, dem Regierenden Bürgermeister von Berlin, geplante Kundgebung am 10. November vor dem Schöneberger Rathaus an.

Dem Kanzler war schnell klar, dass er den Staatsbesuch sofort unterbrechen musste. Konrad Adenauer war früher vorgeworfen worden, beim Bau der Mauer nicht unverzüglich nach Berlin gereist zu sein. Jetzt, wo die Mauer fiel, durfte der Bundeskanzler erst recht nicht fehlen.

In Bonn unterbrach derweil das Parlament, das unter Leitung der Vizepräsidentin Annemarie Renger tagte, seine laufende Sitzung. Allen Abgeordneten war die Aufregung und die riesige Überraschung auf den Gesichtern anzusehen. Als die Sitzung um 20.46 Uhr wieder eröffnet wurde, eilte die Bundestagspräsidentin Rita Süßmuth auf mich zu und informierte mich, dass sie zu diesem Vorgang eine Erklärung abgeben werde. Sie war allerdings wenig erbaut, als ich ihr deutlich machte, bei diesem Ereignis gehöre das erste Wort der Bundesregierung dazu.

Ich erhielt also das Wort und sagte:

> »Verehrte Frau Präsidentin! Meine Damen und Herren! Ich möchte eine kurze Erklärung der Bundesregierung abgeben und vorweg sagen, dass dies Tage und Wochen sind, die die Gefühle der Menschen hier und im anderen Teil Deutschlands zutiefst bewegen. Ich habe gerade mit dem Bundeskanzler telefoniert. Lassen sie mich Folgendes sagen: Die vorläufige Freigabe von Besuchsreisen und Ausreisen aus der DDR ist ein Schritt von überragender Bedeutung. Damit wird praktisch erstmals Freizügigkeit für die Deutschen in der DDR hergestellt. Mauer und Grenze in Deutschland werden damit durchlässiger.
>
> Die Bundesregierung hofft, dass diese Entscheidung der DDR-Führung einen Schritt in Richtung auf eine echte Liberalisierung in der DDR darstellt. Das Ziel muss bleiben [...] die Verhältnisse im anderen Teil Deutschlands so zu entwickeln, dass die Menschen, die dort ihre Heimat haben, für sich die Perspektive auf eine lebenswerte Zukunft sehen.

Vor diesem Hintergrund will ich noch einmal an die Regierungserklärung des Bundeskanzlers vom gestrigen Tage erinnern [...]:

›Ich erkläre gegenüber der neuen DDR-Regierung meine Bereitschaft, einen Weg des Wandels zu unterstützen, wenn sie zu Reformen bereit ist. Kosmetische Korrekturen genügen nicht. Wir wollen nicht unhaltbar gewordene Zustände stabilisieren. Aber wir sind zu umfassender Hilfe bereit, wenn eine grundlegende Reform der politischen und wirtschaftlichen Verhältnisse in der DDR verbindlich festgelegt wird. Die SED muss auf ihr Machtmonopol verzichten, muss unabhängige Parteien zulassen und freien Wahlen verbindlich zusagen.

Unter dieser Voraussetzung [...] bin ich auch bereit, über eine völlig neue Dimension unserer wirtschaftlichen Hilfe zu sprechen.‹

[E]s sind historische Prozesse, die wir erleben in Ungarn, in Polen, aber jetzt auch in der DDR. Darüber müssen wir uns auch in der eigenen Bevölkerung im Klaren sein. Die Chancen und Perspektiven, die sich hier auf friedliche Weise eröffnen, erfordern ein ganz hohes Maß an Solidarität [...].«

Am Ende der Sitzung erhoben sich spontan alle Abgeordneten und stimmten die Nationalhymne an.

Am folgenden Tag machte sich Helmut Kohl dann auf den Weg nach Berlin. Das war gar nicht mal so unkompliziert, denn die Luftwaffenmaschine, mit welcher der Kanzler unterwegs war, hatte weder eine Überfluggenehmigung für das Gebiet der DDR noch hätte sie in Berlin landen dürfen. So war ein Umweg zunächst über Schweden notwendig, um schließlich nach Hamburg zu fliegen. In Hamburg stieg Kohl in eine amerikanische Militärmaschine um, die ihn dann nach Berlin brachte. Dort sollte er auf einer Kundgebung am Schöneberger Rathaus sprechen, zu der der Regierende Bürgermeister Walter Momper eingeladen hatte. Zeitgleich war allerdings die Berliner CDU ohne jede Rücksprache auf die Idee gekommen, eine eigene Kundgebung an der Kaiser-Wilhelm-Gedächtniskirche abzuhalten. Dies führte dazu, dass die überwiegende Anzahl der CDU-Anhänger zur eigenen Veranstaltung pilgerte, während Helmut Kohl in Schöneberg ein Publikum vorfand, dass zu einem nicht geringen Teil aus Kohl-Gegnern bestand. Diese empfingen ihn mit Buhrufen und lauten Pfiffen, die auch während seiner Rede noch anhielten. Das war um so ärgerlicher, da wir alle genau wussten, dass die internationalen Fernsehanstalten ausschließlich vom Schöneberger Rathaus berichteten. Die CDU-Kundgebung fand längst nicht die gleiche Aufmerksamkeit.

Noch während diese Kundgebung lief, entstand neue Aufregung durch einen Anruf, der uns erreichte. Am Telefon war der sowjetische Botschafter in Bonn, Juli Alexandrowitsch Kwizinski. Er klang besorgt und ließ uns unmissverständlich wissen, dass Michail Gorbatschow nicht minder besorgt war. Ihm war in Moskau berichtet worden, dass die Dinge in Berlin eskalierten. Man sprach davon, es gebe Angriffe auf Soldaten und Einrichtungen der Sowjetunion. In dieser Situation beauftragte Kohl Horst Teltschik, die Worte des Bundeskanzlers zu übermitteln. Teltschik versicherte Kwizinski, dass keine dieser Befürchtungen zutreffe, es herrsche in Berlin eine freudige und friedliche Stimmung. Es funktionierte: Gorbatschow glaubte Kohl. Aus heutiger Sicht betrachtet, gehört diese Erkenntnis für mich zu den wichtigsten aus jener Zeit: Vieles im deutschen Einigungsprozess wäre nicht erreicht worden ohne die vielen vertrauensbildenden Maßnahmen der Bundesregierung sowohl im Westen wie auch im Osten. Denn eins war klar und durfte von uns in der spontanen Begeisterung nie aus dem Blick gelassen werden: Nicht nur in Moskau, sondern auch in London und Paris schauten viele mit Besorgnis auf die dramatische Entwicklung in Deutschland. Es war eine Situation entstanden, die höchste Sensibilität verlangte, gerade auch im Verhältnis zu unseren Partnern in Europa.

In der Rückschau können wir sagen, dass Deutschland das Koordinatensystem seiner Politik nicht verändert hat. Die Bundesrepublik war schon zu Zeiten der Teilung ein verlässlicher Partner in Europa und das wiedervereinigte Deutschland ist genau das geblieben – bis zum heutigen Tag.

## Das Zehn-Punkte-Programm

Die Möglichkeit einer staatlichen Einheit Deutschlands rückte durch die Ereignisse im Herbst 1989 plötzlich und nach so vielen Jahren erstmals in greifbare Nähe.

Die Stimmung in der DDR war aufgeheizt, die Nerven gespannt. Auch meine Person geriet in den Fokus, wie ein Radiokommentar exemplarisch zeigt, der Ende September 1989 vom Propagandamedium *Stimme der DDR* gesendet wurde. Ich wurde dort wenig schmeichelhaft beschrieben, was aber wohl auch einer Bestätigung meiner Arbeit gleichkam. Der Kommentator ereiferte sich:

> »Im Bonner Machtapparat gibt es einen Kanzleramtsminister, der für die, wie es heißt, Deutschlandpolitik zu-

ständig ist. Dieser Herr Seiters gilt deshalb als Oberkoordinator für manches Üble in der Politik der BRD. Zum Beispiel für die massive Hetze gegen den Sozialismus auf deutschem Boden, jetzt vor dem 40. Jahrestag der DDR. Zum Beispiel für den stabsmäßig organisierten Menschenhandel via Ungarn und Österreich, der unsere Republik ökonomisch schwer schädigen soll.«

Hinter solchen Verlautbarungen steckte Nervosität. Die Bevölkerung sollte getäuscht und bei der Stange gehalten werden, die Rückzugsgefechte des DDR-Machtapparates, um diese Vokabel aufzugreifen, lagen in den letzten Zügen.

Die Öffnung der Grenzübergänge am 9. November war nicht auf Beschlüsse der DDR-Regierung zurückzuführen, sondern Folge von chaotischen Beratungen im Politbüro. Vor allem aber war sie zurückzuführen auf den nicht informierten Pressesprecher Günter Schabowski. Als die Medien diese Sensation verkündeten, strömten Tausende zu den Grenzübergangsstellen, wo von ihrer Führung im Stich gelassene Grenzoffiziere mutig die Schlagbäume öffneten.

Ein weiterer wichtiger Schritt auf dem Weg zur Einheit sollte der 28. November 1989 werden. Für die Öffentlichkeit völlig überraschend stellte Helmut Kohl sein Zehn-Punkte-Programm vor und erregte damit große Aufmerksamkeit. Es war als Antwort auf das Angebot Modrows gedacht, der in seiner Regierungserklärung vom 17. November vorgeschlagen hatte, DDR und BRD sollten im Sinne einer »qualifizierten guten Nachbarschaft« und »kooperativen Koexistenz« eine Vertragsgemeinschaft eingehen. Kohls Programm unterstrich zwar den Willen zur Einheit deutlich, formulierte aber mit großer Vorsicht konföderative Zwischenstufen auf dem Weg dorthin und ließ die Zeitperspektive offen.

Die Bundesregierung sei gewillt, die bisherige Zusammenarbeit mit der DDR in allen Bereichen fortzusetzen, sofern sie auf beiden Seiten den Menschen unmittelbar zugutekomme. Die Hilfe und die Zusammenarbeit sollten umfassend ausgeweitet werden, wenn ein grundlegender Wandel des politischen und wirtschaftlichen Systems in der DDR verbindlich beschlossen und unumkehrbar in Gang gesetzt werde. Dazu gehörten freie und geheime Wahlen unter Beteiligung unabhängiger Parteien. Das Machtmonopol der SED müsse aufgehoben werden.

Die Bundesregierung, so war es in dem Programm formuliert, sei sogar bereit, noch einen Schritt weiterzugehen und konföderative Strukturen zwischen den beiden Staaten in Deutschland zu entwickeln, mit dem Ziel, eine Föderation, also eine bundesstaatliche Ordnung in Deutschland zu schaffen.

Das allerdings setze eine demokratisch legitimierte Regierung in der DDR zwingend voraus. Die Entwicklung der innerdeutschen Beziehung solle in den gesamteuropäischen Prozess eingebettet bleiben. Die künftige Architektur Deutschlands habe sich einzufügen in die künftige Architektur Gesamteuropas. Mit dem Konzept der dauerhaften und gerechten europäischen Friedensordnung, die der Westen entwickelt habe, seien wichtige Schrittmacherdienste geleistet.

Dieses Zehn-Punkte-Programm war unter maßgeblicher Beteiligung von Horst Teltschik im Kanzlerbungalow erörtert und auf den Weg gebracht worden. Der Inhalt der Rede, in der das Programm der Öffentlichkeit bekannt gemacht werden sollte, durfte nicht vorzeitig genannt werden. Der Bundeskanzler sorgte sich um negative internationale Reaktionen und auch, dass seiner Rede im Parlament das Überraschungsmoment genommen werde.

Daher wurde vorab nur der amerikanische Präsident George Bush informiert, die anderen internationalen Partner erst am

Vormittag des 28. November. Nicht informiert wurde der Koalitionspartner FDP, denn man befürchtete, dass die Rede von dort gegenüber Journalisten »durchgestochen« werden könnte. Ich selbst hatte am Abend des 27. November gemeinsam mit Horst Teltschik und Eduard Ackermann einen kleinen Kreis von Journalisten in das Kanzleramt gebeten, um sie – strikt vertraulich – auf das besondere Ereignis vorzubereiten. Trotzdem machte in Bonn schon bald das Gerücht die Runde, der Bundeskanzler beabsichtige, eine besondere und überraschende Rede zu halten. Schon um 7.30 Uhr morgens liefen im Kanzleramt die Telefone heiß. Die FDP, insbesondere Otto Graf Lambsdorff, verlangte informiert zu werden, worum es sich bei dieser Rede konkret handle. Aber auch er musste sich bis zum Beginn der Ansprache um 9 Uhr gedulden. Es war klar, dass der Koalitionspartner irritiert reagieren würde, da nicht einmal der Bundesaußenminister informiert worden war. Während Graf Lambsdorff seine Irritation in der Folgezeit deutlich zeigte, spielte Hans-Dietrich Genscher sein Befremden sowohl in der anschließenden Bundestagsdebatte wie auch in seinen späteren »Erinnerungen« herunter.

Der vom Inhalt der Rede ebenfalls überraschte SPD-Bundestagsabgeordnete Karsten Voigt stellte sich jedoch beinahe uneingeschränkt hinter den Kanzler, was man nicht von der gesamten Sozialdemokratie sagen konnte. Auch die internationalen Reaktionen waren verhalten. In allen westlichen internationalen Papieren hatten sich unsere Partner zum Ziel der Wiedervereinigung bekannt, aber als jetzt das Ziel näher rückte, regten sich Widerstände, nicht nur bei der britischen Premierministerin Margaret Thatcher. Die stärkste Unterstützung hingegen erfuhr Deutschland von den Vereinigten Staaten und speziell von Präsident Bush.

In den Wochen bis zum Frühjahr 1990 traf ich regelmäßig mit den Botschaftern der sogenannten Drei Mächte zusammen, also mit Botschafter Vernon Walters aus den USA, mit Sir Christopher Mallaby aus Großbritannien sowie mit Serge Boidevaix aus Frankreich. Ich unterrichtete sie über die Position der Bundesregierung, über die Verhandlungen mit der DDR und auch über meine Gespräche. Ich weiß noch genau, wie die Begeisterung des US-Botschafters sich von Monat zu Monat steigerte, überhaupt waren in den USA der Gedanke an die Überwindung der deutschen und damit auch der europäischen Teilung und der Freiheitsgedanke sehr lebendig und sehr populär. Walters also brauchte ich nie wirklich von der Richtigkeit der Dinge zu überzeugen, während die beiden anderen Botschafter sich zwar verbindlich und freundlich, aber auch immer ein Stück weit zurückhaltend zeigten. Zumindest waren sie dankbar für die Informationen, über die sie nach Paris und London berichten konnten. Wie wir später aus der Veröffentlichung von Akten des Britischen Außenministeriums erfuhren, muss Sir Mallaby wohl einiges zu ertragen gehabt haben. Premierministerin Margaret Thatcher, die »Eiserne Lady«, habe verschiedentlich sehr ungnädig auf die Berichte ihres Botschafters reagiert, weil dieser ihrer Ansicht nach dem Gedanken der Wiedervereinigung viel zu freundlich gegenüberstand.

## Abgesang der DDR

Eine Woche vor Kohls überraschender und wegweisender Rede, am 20. November, hatte ich in Ostberlin Gespräche mit dem Staatsratsvorsitzenden Egon Krenz und dem neu ernannten Ministerpräsidenten Hans Modrow, dem Ersten Sekretär der SED-Bezirksleitung Dresden, geführt. Der Termin dauerte von 16.30 Uhr bis 19.15 Uhr, zunächst sprach ich mit der ganzen DDR-Delegation, die letzten 45 Minuten waren dann ein Sechsaugengespräch zwischen Krenz, Modrow und mir. Abschließende Entscheidungen trafen wir dort nicht, denn diese sollten erst am 5. Dezember bei einem weiteren Gespräch in Ostberlin fallen. Krenz und Modrow erklärten, dass die eingeläutete Entwicklung unumkehrbar sei und politische Reformen anstünden, die Verfassungsänderung und die Verabschiedung eines neuen Wahlgesetzes seien bis zum Frühjahr 1990 beabsichtigt. Als möglichen Termin für neue Wahlen zur Volkskammer nannten Krenz und Modrow den Zeitraum zwischen Herbst 1990 und Frühjahr 1991. Die DDR stellte weitere Verbesserungen im Reiseverkehr in Aussicht, verlangte aber als Gegenleistung für Reiseerleichterungen die Beteiligung der Bundesrepublik Deutschland an einem Reisefonds: Die BRD sollte die Kosten zur Finanzierung des Umtauschbetrages von 100 D-Mark pro Reisenden übernehmen, zusätzlich zur Weiterzahlung des Begrüßungsgeldes. Ich selbst wiederholte erneut die Bereitschaft der Bundesregierung zu umfassender Hilfe und Zusammenarbeit unter der Voraussetzung eines grundlegenden politischen Wandels und der notwendigen wirtschaftlichen Reformen in der DDR. Wir vereinbarten ein weiteres Gespräch auf gleicher Ebene.

Dieses Gespräch fand dann auch statt, allerdings unter anderer Besetzung. Krenz galt in der DDR-Öffentlichkeit als Wendehals und unglaubwürdig, die Proteste gegen ihn häuften sich. Am 3. Dezember trat daher das Politbüro des ZK der SED einschließlich Egon Krenz geschlossen zurück. So führte ich am 5. Dezember die Gespräche mit Ministerpräsident Modrow und Außenminister Fischer sowie mit weiteren Vertretern der DDR-Regierung.

Im Hintergrund dieses Treffens spielten sich dramatische Ereignisse ab. Nur einen Tag zuvor war Alexander Schalck-Golodkowski, der dieses Treffen mit mir vorbereitet hatte und mit dem ich noch am 2. Dezember telefoniert hatte, plötzlich in die Bundesrepublik geflohen. Schalck-Golodkowski fürchtete um seine Freiheit und sah möglicherweise sogar sein Leben bedroht. Das Gespräch mit Ministerpräsident Modrow verlief trotz dieser Entwicklung in einer guten und sachlichen Atmosphäre. Wir hatten uns zu einem Vieraugengespräch zurückgezogen und vereinbart, dass die Causa Schalck-Golodkowski unsere Verhandlungen nicht überlagern solle. Die Ergebnisse waren vielversprechend: Die Mindestumtauschgebühr für Rentner aus der Bundesrepublik Deutschland, die Besuche in der DDR abstatten wollten, sollte gestrichen, ein gemeinsamer Devisenfonds zur Finanzierung von Reisezahlungsmitteln eingerichtet werden. Aus diesem Fonds konnte jeder Reisende aus der DDR pro Jahr 100 DDR-Mark im Verhältnis 1:1 und weitere 100 DDR-Mark im Verhältnis 1:5 umtauschen. Die Bundesrepublik zahlte insgesamt 2,3 Milliarden D-Mark in diesen Fonds ein. Das Begrüßungsgeld für Bürger der DDR sollte dafür entfallen. Gleichzeitig wurde der Termin für den Besuch des Bundeskanzlers am 19. Dezember in Dresden festgelegt und wir einigten uns darauf, dass bei dieser Gelegenheit auch über die Öffnung des Brandenburger Tores gesprochen werden sollte. Diese Vereinbarungen wurden durch beide Regierungschefs bestätigt.

Die deutsche Presse erging sich in Lobeshymnen. Berlin sei keine Insel mehr, schrieben die Zeitungen. Das Ergebnis meiner Verhandlungen mit der DDR-Führung wurde von allen Parteien in Berlin gelobt. Die *Hannoversche Allgemeine Zeitung* sprach sogar von einer »Vertrauensgemeinschaft zwischen dem Ministerpräsidenten Modrow und Seiters«, die künftig auch die Vertragsgemeinschaft der beiden Staaten ergänzen solle. Jedenfalls war mein Verhältnis zu Modrow ein anderes als zu Krenz. Zu diesem hatte ich keinen Zugang, er war ein Apparatschik, der versuchte, von der SED zu retten, was zu retten war. Für mich war er vollkommen unglaubwürdig. Mit Modrow, auch ein Kommunist, hatte ich zumindest die Erfahrung gemacht, dass man sich auf sein Wort verlassen konnte.

**Besuch in Ostberlin: Rudolf Seiters wird vom Vorsitzenden des Ministerrates der DDR, Hans Modrow, begrüßt**

Die Wochen nach der Maueröffnung bedeuteten für das ganze Land einen nie da gewesenen Ausnahmezustand. Vom 9. November an konnte man quasi zusehen, wie im Osten Deutschlands die Autorität der Regierung Modrow mit jedem einzelnen Tag ein kleines Stückchen mehr verfiel. Die großen wirtschaftlichen und finanziellen Probleme Ostberlins traten immer deutlicher zutage, darüber hinaus hielt die Welle der Übersiedlung mit unverminderter Stärke an.

In dieser Situation flogen wir am Morgen des 19. Dezember mit einer Delegation der Regierung nach Dresden. Neben mir begleiteten den Kanzler zum einen die Minister Dorothee Wilms,

Helmut Haussmann, Norbert Blüm und Hans »Johnny« Klein, ferner aus dem Kanzleramt Horst Teltschik, Walter Neuer, Juliane Weber, Eduard Ackermann und Wolfgang Bergsdorf.

Um zu beschreiben, was uns in Dresden erwartete, möchte ich aus Helmut Kohls Erinnerungen »Ich wollte Deutschlands Einheit« zitieren, denn genau so, wie er es dort beschreibt, habe auch ich dieses Erlebnis in Erinnerung:

> »Wir waren auf der holprigen Betonpiste in Dresden-Klotzsche kaum gelandet, da wurde mir schlagartig bewusst: Dieses Regime ist am Ende. Die Einheit kommt! Der gesamte Flughafen, vor allem das Gebäude, war bevölkert von tausenden von Menschen, ein Meer von schwarz-rot-goldenen Fahnen wehte in der kalten Dezemberluft – dazwischen eine fast vergessene: Es war die weiß-grüne Fahne des Landes Sachsen. Als die Maschine ausgerollt war, ich auf der untersten Stufe der Rolltreppe stand und Modrow mich vielleicht 10 Meter davon entfernt mit versteinerter Miene auf dem Flugfeld erwartete, drehte ich mich zu Rudolf Seiters um und sagte: ›Die Sache ist gelaufen!‹ Tausende von Menschen säumten danach die Straßen, die vom Flughafen zum Hotel Bellevue führten.«[2]

»Die Sache ist gelaufen!« Nie werde ich diese vier Worte vergessen, die Helmut Kohl mir im Brustton der Überzeugung sagte. Intuitiv wusste ich, dass er Recht hatte. Die Begeisterung, die uns empfing und vom ersten Moment auf der Gangway des Flugzeugs an durch diesen Besuch in Dresden trug, musste selbst dem hartgesottensten Politiker nahegehen. In den Gesichtern

2 Helmut Kohl: Ich wollte Deutschlands Einheit. Propyläen 1996, S. 213 ff.

der Menschen sahen wir einfach nur die Freude darüber, dass die beiden deutschen Staaten wieder auf dem Weg zueinander zu sein schienen und die Hoffnung darauf, dass die Politik diesen Weg mitgehen würde.

Ich kann mich sehr gut daran erinnern, dass bei der Planung der Reise eine Rede des Bundeskanzlers in Dresden nicht beabsichtigt, geschweige denn vorbereitet worden war. Nun aber, nach diesem überwältigenden Empfang, stand fest, dass daran kein Weg vorbeiführte, wenn wir nicht die Erwartungen der Menschen enttäuschen wollten. Die Wahl des Ortes fiel auf Vorschlag des Dresdner Oberbürgermeisters Wolfgang Berghofer auf die Ruine der Frauenkirche.

Was für ein ausgezeichneter Vorschlag das war, wurde mir erst am Abend bewusst, als sich uns eine unglaubliche Szene darbot. In der Dunkelheit strahlten eine große Anzahl Scheinwerfer die Ruine der Frauenkirche an, als der Bundeskanzler sich seinen Weg durch eine unüberschaubare Menschenmenge zur Rednertribüne bahnte. Es mögen über einhunderttausend Menschen gewesen sein, eine genaue Schätzung war schlicht unmöglich. Eine ungeheure Erwartungshaltung lag in der Luft und Transparente sowie vielstimmige Rufe verkündeten unmissverständlich, was man wollte: »Deutschland, Deutschland!« Darüber hinaus waren auch bereits Fahnen mit der Aufschrift »Bundesland Sachsen« zu sehen, auch wenn zu diesem Zeitpunkt noch keiner wirklich wissen konnte, dass dieser Wunsch schon bald Wahrheit werden würde.

Helmut Kohl hatte sich für seine Rede nur wenige Stichworte auf einem kleinen Zettel gemacht, wie zufällig dahingeworfen wirkte das, und als er zu sprechen begann, war schnell klar, dass es für diese Ansprache auch kein ausgefeiltes Manuskript brauchte. Es war eine überaus staatsmännische, kluge und vor allem sehr menschliche Rede. Kohl wandte sich an »die lieben

Landsleute« und er sprach ihnen seine Anerkennung und Bewunderung für die friedliche Revolution in der DDR aus. Danach kam er auf den gemeinsamen Weg in die deutsche Zukunft mit Frieden, Freiheit und Selbstbestimmung zu sprechen, er beschwor die Vision vom »Haus Deutschland«, das unter einem europäischen Dach gebaut werden müsse. Schließlich blickte er zurück auf ein Jahrhundert, das in Europa und auch in Deutschland viel Not, viel Elend, viele Tote, viel Leid gesehen habe. Kohl sagte, sichtlich bewegt: »Hier, vor der Ruine der Frauenkirche in Dresden, am Mahnmal für die Toten von Dresden, habe ich gerade ein Blumengebinde niedergelegt – auch in Erinnerung an das Leid und die Toten dieser wunderschönen alten deutschen Stadt.« Seine Ansprache schloss er mit den Worten: »Gott segne unser deutsches Vaterland!«

Am folgenden Tag gab es ein grandioses Presseecho. Es herrschte seltene Einigkeit, überall war zu lesen und zu hören, der Kanzler habe in Dresden den Grundstein zur deutschen Einheit gelegt. Aus Washington erreichte ein Anruf Helmut Kohl. Für Präsident George Bush war es ein Bedürfnis, ihm persönlich zum Erfolg seiner Reise und zu seiner großen Rede zu gratulieren.

Nur drei Tage nach diesem historischen Tag, am 22. Dezember 1989, 28 Jahre nach dem Bau der Mauer, wurde unter dem Jubel von mehr als hunderttausend Menschen das Brandenburger Tor wieder geöffnet. Symbolisch durchschritten zwei Delegationen der beiden deutschen Staaten das Bauwerk: Ministerpräsident Modrow und Außenminister Fischer aus dem Osten, Bundeskanzler Kohl, Außenminister Genscher, der Regierende Bürgermeister Momper und ich aus dem Westen. War die Überwältigung aus Dresden gerade erst abgeklungen, so fühlte ich sie in diesem Moment schon wieder. Nach und nach erfüllte sich der Traum der Deutschen.

Das Brandenburger Tor am Pariser Platz in Berlin-Mitte ist für mich eines der zentralen Symbole sowohl der Teilung als auch der Wiedervereinigung Deutschlands. Es teilte nicht nur Ost- und Westberlin, sondern auch die Staaten des Warschauer Paktes und der NATO. Das Datum der Öffnung am Brandenburger Tor hatte ich gleich zweifach besprochen. Einmal am 15. November 1989 mit Alexander Schalck-Golodkowski in meinem Büro im Kanzleramt und später noch einmal, abgestimmt mit Helmut Kohl, bei meinem Besuch am 5. Dezember mit Ministerpräsident Modrow in Ostberlin. Monate später, im April 1991, gab es dann in den Medien plötzlich Aufregung, weil Schalck-Golodkowski, der am 4. Dezember 1989 in die Bundesrepublik geflüchtet war, private Aufzeichnungen in der *ZEIT* veröffentlichte. Darin behauptete er, ich hätte aus westlichem Regierungsinteresse eine frühere Öffnung des Brandenburger Tores verhindert. Das führte dazu, dass die Opposition im Bundestag Morgenluft witterte und am 25. April 1991 durch die SPD-Bundestagsabgeordneten Otto Schily und Norbert Gansel Dringlichkeitsanfragen zu diesem Vorgang stellte. Deren offensichtliches Ziel war es, mich in Bedrängnis zu bringen. Allerdings konnte ich das ohne großen Aufwand abblocken und machte im Bundestag in aller Offenheit in einer Erklärung klar, warum diese Anschuldigungen jeglicher Grundlage entbehrten:

> »Auf Grund von Gerüchten und Agenturmeldungen über angebliche Pläne zur Öffnung des Brandenburger Tores habe ich gegenüber dem Verhandlungsführer der DDR die Frage gestellt, was er davon wisse, und ihm erklärt, angesichts der Bedeutung und des Symbolgehalts einer Öffnung des Brandenburger Tores gehe die Bundesregierung davon aus und erwarte, dass sie von einem solchen Vorhaben rechtzeitig in Kenntnis gesetzt

werde. Dr. Schalck-Golodkowski konnte Pläne über eine bevorstehende Öffnung des Brandenburger Tores nicht bestätigen, auch nicht nach einem Telefonat mit dem damaligen Staatsratsvorsitzenden der DDR, Egon Krenz, das von meinem Dienstzimmer aus und in meiner Anwesenheit geführt wurde. Mit anderen Worten: Es gab keine aktuellen Termine für eine Öffnung des Brandenburger Tores, sodass von einer Verschiebung eines Termins nicht die Rede sein kann. Ich habe über diesen Sachverhalt den Bundeskanzler informiert.

Ich war dann am 5. Dezember 1989 in Ostberlin und habe mit Ministerpräsident Modrow die Vereinbarung über die Einrichtung eines Devisenfonds, die Aufhebung des Visumszwanges und die Abschaffung des Zwangsumtausches getroffen. Gleichzeitig wurde Einvernehmen erzielt über den Besuch des Bundeskanzlers am 19. Dezember 1989 in Dresden. Auch die Öffnung des Brandenburger Tores sollte bei diesem Treffen des Bundeskanzlers mit Ministerpräsident Modrow Gesprächsgegenstand sein. Sie wurde bei diesem Termin für den 22. Dezember vereinbart. Das ist der Sachverhalt, wie ich ihn aus meiner Erinnerung schildern kann.«

Die SPD-Kollegen mussten sich schlussendlich mit dieser Erklärung zufriedengeben. Norbert Gansel fragte noch, warum denn Schalck-Golodkowski meiner Meinung nach zu solch einer falschen und den Bundeskanzler eigentlich beleidigenden Aufzeichnung gekommen sei. Ich blockte diesen letzten Versuch mit dem Hinweis ab, dass ich nicht die Absicht hätte, irgendwelche Aufzeichnungen zu kommentieren und Motivforschung hinsichtlich der Erinnerungen Schalck-Golodkowskis zu betreiben.

## Diplomatisches Fingerspitzengefühl

So groß die Begeisterung in Deutschland im Allgemeinen auch war, die ersten internationalen Reaktionen waren zwiespältig. Das konnte uns indes nicht verwundern. Mit Blick auf Margaret Thatcher hatte Helmut Kohl bereits vom EG-Gipfel in Straßburg am 8. und 9. Dezember 1989 berichtet, er habe diese Veranstaltung noch nie in einer derart eisigen Atmosphäre erlebt wie an jenen zwei Tagen. Vorausgegangen war dieser frostigen Reaktion das mit den Westmächten nicht abgestimmte Zehn-Punkte-Programm vom 28. November 1989, in dem Kohl auch für das deutsche politische Umfeld überraschend dem Bundestag einen Stufenplan für die deutsche Einheit präsentierte. Die Liste begann bei »Sofortmaßnahmen humanitärer Art« und setzte sich über Punkte wie »Ausbau der Zusammenarbeit beider Staaten« und »Vertragsgemeinschaft« fort bis zum finalen Punkt 10 mit der so schlichten wie eindeutigen Überschrift »Deutsche Einheit«.

Insofern konnte die Missstimmung auf dem Gipfel nicht überraschen. Viele Teilnehmer waren irritiert von der deutschen Marschroute, denn auch in den westlichen Staaten sah man der plötzlichen Perspektive einer deutschen Wiedervereinigung im Großen und Ganzen eher mit Sorge entgegen. Vor allem von London war also zu diesem Zeitpunkt wenig Hilfreiches zu erwarten.

Und Frankreich? Der französische Staatspräsident François Mitterrand zeigte noch am 20. Dezember 1989 die totale Verkennung der Realität, als er einen Staatsbesuch in der DDR absolvierte, als wenn nichts geschehen sei. Empfangen wurde er dort vom amtierenden Staatsratsvorsitzenden Manfred Gerlach, einem völlig unbedeutenden LDPD-Politiker, der sich noch dazu als »Wendehals« herausstellte.

Für Mitterrand war dies ein letztlich recht peinlicher Besuch, der aber immerhin dazu angetan war, den französischen Präsidenten hinsichtlich der Situation in der DDR zu desillusionieren. Er kehrte enttäuscht und nachdenklich nach Paris zurück und wusste nun auch, warum ihn die Bundesrepublik vor diesem Besuch ausdrücklich gewarnt hatte. Immerhin war durch dieses Erlebnis der Boden für die Gespräche zwischen Helmut Kohl und Mitterrand bereitet, die nur kurze Zeit später am 4. Januar 1990 in Latché, dem Urlaubsort des französischen Präsidenten südlich von Bordeaux, stattfinden sollten. Dort war Gelegenheit, in Ruhe mit Mitterrand über die Lage zu sprechen und die Sorgen der Franzosen auszuräumen. Es ist sicher nicht übertrieben, zu sagen, dass diese Gespräche den Grundstein für den gemeinsamen Weg zur Wiedervereinigung legten, auf dem der französische Staatspräsident fortan zu einem der verlässlichsten Partner der Bundesrepublik wurde.

Für Mitterrand war wichtig, dass nicht in einem überstürzten Wiedervereinigungsprozess die Stellung von Gorbatschow beschädigt würde. Darüber hinaus beharrte er für den Fall der Vereinigung auf der Anerkennung der deutsch-polnischen Grenze. Und schließlich wollte er von seinem deutschen Gesprächspartner das Gefühl vermittelt bekommen, dass der Gesamtprozess einer europäischen Einigung konsequent weitergeführt werde. All das stellte für Helmut Kohl kein Problem dar, es waren ja Forderungen, die auch in unserem ureigensten Interesse standen. Er machte Mitterrand klar, dass die Anerkennung der deutsch-polnischen Grenze allerdings erst durch einen gesamtdeutschen Bundestag erfolgen könne, der noch zu wählen sei, und reiste mit der Gewissheit im Gepäck nach Bonn zurück, dass ihm ein entscheidender Durchbruch in den Verhandlungen gelungen war.

Auch in der Sowjetunion war der Abwägungsprozess in vollem Gange. Glasnost und Perestroika waren eins, Jubel über eine bevorstehende Wiedervereinigung der deutschen Staaten etwas anderes. Noch am 18. Dezember 1989 hatte Michail Gorbatschow in scharfem Ton mit einem Brief an Helmut Kohl allen Vereinigungsüberlegungen eine klare Absage erteilt. Just in jenem Moment also, in dem wir vor der Frauenkirche einen historischen Moment erlebten, der nur noch einen Weg zuzulassen schien, versuchte man in Moskau, die Entwicklung zu stoppen und gegenzusteuern.

Allerdings deuteten die Signale, die wir in den Wochen darauf erhielten, dann schon wieder in eine ganz andere Richtung. Offenbar war Gorbatschows Brief eine erste spontane Reaktion gewesen, aus der die verständliche Besorgnis sprach, die Situation könne außer Kontrolle geraten. Langsam setzte sich auch im Kreml die Erkenntnis durch, dass das, was sich bei uns in Deutschland abspielte, keine Gefahr darstellte, sondern eine Chance.

Die Bundesregierung griff diese Signale auf und kam Moskau entgegen, etwa durch eine Vereinbarung über eine großzügige Hilfsaktion der Bundesregierung. Wie von der Sowjetunion erbeten, lieferten wir mehr als 140 000 Tonnen Lebensmittel zur Überbrückung von Versorgungsengpässen.

Parallel zu solchen praktischen Aktionen liefen weitere Gespräche und Verhandlungen. So kam es am 30. Januar 1990 zu einem wichtigen Treffen zwischen Gorbatschow und dem Noch-Ministerpräsidenten der DDR Hans Modrow. Nach diesem Termin verdichteten sich die Anzeichen, dass die Sowjetunion prinzipiell nichts mehr gegen eine Vereinigung der beiden deutschen Staaten einzuwenden hatte.

Helmut Kohl nutzte die Zeichen der Zeit und vereinbarte weitere Gespräche mit Michail Gorbatschow. Das vielleicht wichtigste fand nur anderthalb Wochen nach dem Modrow-Termin am 10. Februar in Moskau statt. Kohl schaffte es, den sowjetischen Regierungschef endgültig davon zu überzeugen, dass niemand Angst vor dem zu haben brauchte, was sich andeutete. So kam es bei diesem Treffen dazu, dass Gorbatschow erstmals zugestand, es sei allein Sache der Deutschen selbst, über Zeitpunkt und Weg der Einigung zu entscheiden. Weitere Gespräche folgten, bis dann im Kaukasus endgültig die Zusage der Sowjetunion erfolgte, sich nicht gegen die Wiedervereinigung zu stellen.

Im Nachhinein betrachtet ist die Dynamik, die sich in diesen wenigen Wochen entwickelte, faszinierend. Innerhalb kürzester Zeit konnte sich im Westen wie im Osten niemand mehr der Erkenntnis entziehen, dass es nicht möglich sein werde, den Deutschen den Weg zur Wiedervereinigung zu versperren. Wichtig war dabei, dass dieser Prozess bei allen Bedenken, die sicherlich bei dem einen oder anderen weiter geherrscht haben mögen, niemandem Angst machte, sondern mehr und mehr mit Sympathie begleitet wurde, was durch die friedliche Revolution möglich geworden war.

Das innerdeutsche Verhältnis hatte sich spätestens seit jenem Tag in Dresden grundlegend geändert. Hans Modrow konnte die Augen nicht mehr länger davor verschließen, dass er nur noch Verwalter eines untergehenden Staatsgebildes war. Allerdings fiel ihm das sichtlich schwer, wie ich erkennen konnte, als ich am 5. Januar 1990 nach Ostberlin fuhr, um seinen Besuch in Bonn am 13. Februar vorzubereiten. Dieser Termin bestätigte mir in dramatischer Weise die Einschätzung aus Dresden, dass mit dieser Regierung im wahrsten Sinne des Wortes »kein Staat mehr zu machen war«. Modrow selbst zeichnete mir gegenüber ein düsteres Bild von der inneren Lage der DDR. Zwar forderte er noch einen »Solidaritätsbeitrag« von 15 Milliarden DM, doch musste er in diesem Moment wissen, dass das eine Forderung jenseits jeglicher Realität war. Ich spürte im Gespräch förmlich seine Nervosität, etwa wenn er darüber sprach, wie rapide die staatliche Autorität im Land verfalle und dass stets die latente Gefahr von Gewaltausbrüchen bei inneren Auseinandersetzungen bestehe. Es war ein Bild der Hilflosigkeit, das sich mir darbot. Modrow warb nachdrücklich um Unterstützung von unserer Seite, einerseits durch die erwähnte finanzielle Hilfe, aber auch durch allgemeine positive Signale.

Ich machte ihm klar, dass wir in Bonn sehr besorgt über den anhaltenden Übersiedlerstrom seien. Im neuen Jahr waren allein bis zum Morgen des 5. Januar bereits 42 500 Menschen gekommen. Davor, so verdeutlichte ich Modrow, dürfe er nicht die Augen verschließen. Das wichtigste Ziel sei es, Vertrauen herzustellen, indem den Menschen im Osten sowohl wirtschaftlich als auch politisch eine Perspektive geboten würde, an die sie glauben könnten. Der Staat DDR konnte solch eine Perspektive schon lange nicht mehr bieten, und ich wies darauf hin, dass wir auch in Bonn sehen konnten, wie gering das Vertrauen der DDR-Bürger in letzter Zeit geworden sei. Ich sprach konkret das Wahlgesetz an und natürlich die nicht abreißende Diskussion über die Rolle der Staatssicherheit. Für uns sei wichtig, das uns Mögliche zur Stabilisierung der Demokratisierungsprozesse beizutragen.

In den ersten Monaten des Jahres 1990 konzentrierten sich die politischen Parteien neben all dem natürlich in besonderer Weise auf die Wahl am 18. März 1990. Die SPD war mit Willy Brandt an der Spitze schon voll im Wahlkampfeinsatz, ähnliches galt für die FDP. Die CDU tat sich zunächst schwer, weil es zwei unterschiedliche Auffassungen gab: Mit wem in der DDR geht die CDU zusammen, mit der belasteten Ost-CDU oder mit den neuen, aus der Bürgerrechtsbewegung entstandenen Gruppierungen? Die Stärke der Ost-CDU lag in ihrem Apparat, die Stärke der sich neu formierenden Gruppen in ihren unbelasteten Strukturen. Ich habe mich damals für ein umfassendes

Bündnis eingesetzt, nachdem die Ost-CDU sich von ihren Spitzenfunktionären getrennt und befreit hatte. Vom Bundeskanzler erhielt ich den Auftrag, Vorgespräche mit der Ost-CDU, dem Demokratischen Aufbruch (DA), der Deutschen Sozialen Union (DSU) und dem Neuen Forum zu führen.

Bei der ersten Besprechung im Bundeshaus in Berlin-Dahlem war auch Manfred Stolpe dabei, der dann aber zur SPD wechselte. Die CDU wurde unter anderem vertreten durch Lothar de Maizière, der Demokratische Aufbruch von Wolfgang Schnur, der später als Stasi-Mitarbeiter entlarvt wurde. Die DSU wurde von Pfarrer Hans-Wilhelm Ebeling repräsentiert, das Neue Forum war abgesprungen. In einem weiteren Gespräch unter Vorsitz des Bundesparteivorsitzenden Kohl teilte der Demokratische Aufbruch mit, sein Vorstand habe ein Bündnis mit der »Blockpartei CDU« abgelehnt. Daraufhin reiste ich am 3. Februar gemeinsam mit Norbert Blüm nach Halle, wo der Hauptausschuss des Demokratischen Aufbruchs tagte. Ich habe eindringlich für ein Bündnis der Mitte geworben, bis der Hauptausschuss das Votum des Landesvorstandes korrigierte und endgültig grünes Licht für die »Allianz für Deutschland« gab – das war der offizielle Name dieses Bündnisses.

Beim Besuch der DDR-Repräsentanten in Bonn am 13. Februar liefen parallel zwei Gespräche. Der Bundeskanzler traf sich mit Hans Modrow, während ich eine Delegation der Minister ohne Geschäftsbereich der DDR empfing. Darunter waren unter anderem Walter Romberg von der SPD, Matthias Platzeck, der spätere Ministerpräsident von Brandenburg, damals noch bei den Grünen, sowie Rainer Eppelmann vom Demokratischen Aufbruch.

Beide Gespräche brachten keine zählbaren Ergebnisse, wenn man davon absieht, dass sich einmal mehr bestätigte, wie wenig Realitätssinn zum Teil bei den Delegationsteilnehmern vorherrschte. So war Minister Sebastian Pflugbeil vom Neuen Forum der Ansicht, es dürfe sich kein West-Politiker im Wahlkampf in der DDR blicken lassen. Dies stelle eine Einmischung in die inneren Angelegenheiten der DDR dar. Auch hier schimmerte noch einmal die Illusion des souveränen Weiterbestehens der DDR durch. Ich ging auf die Argumentation nicht weiter ein, sondern beschränkte mich darauf, deutlich zu machen, dass unabhängig von Wahlkampfauftritten westlicher Politiker selbstverständlich das Selbstbestimmungsrecht der DDR-Bevölkerung geachtet würde.

Vier Stunden tagten wir schließlich, immer wieder um die Sorgen hinsichtlich der weiteren wirtschaftlichen Entwicklung der DDR kreisend. Das Ergebnis dieser Stunden war indes gleich Null, was im Grunde niemanden mehr verwunderte. Ein weiteres Mal war allen vor Augen geführt worden, dass die Zeit zweier parallel existierender deutscher Staaten zu Ende ging. Vor Kohls Besuch in Dresden war intern bei uns noch relativ vorsichtig vom Ziel einer »Vertragsgemeinschaft« die Rede gewesen. Nach den Erlebnissen an der Frauenkirche und den Gesprächen mit Modrow gab es keinen Zweifel mehr: Unser Ziel konnten nur zeitnahe Wiedervereinigungsverhandlungen mit der bald frei gewählten DDR-Regierung sein.

Hans Modrow zeigte sich hingegen einmal mehr sehr enttäuscht. Aus unserer Sicht jedoch war klar, dass wir das Ergebnis der Volkskammerwahlen im März abwarten wollten, zumal es ja auch immer noch das Problem des anhaltenden Flüchtlingsstroms nach Westdeutschland gab. Dieser war weder nach der Öffnung der Mauer noch nach der Öffnung des Brandenburger Tores verebbt. Erst das von Wolfgang Schäuble vorgeschlagene und vom Bundeskanzler aufgegriffene Angebot der Bundesregierung für eine deutsch-deutsche Währungsunion sorgte dafür, dass dann tatsächlich später im Februar 1990 die Flüchtlingszahlen drastisch sanken. Die Währungsunion war somit auch eine deutliche Beschleunigungsstufe des Wiedervereinigungsprozesses.

Aus der letzten Volkskammerwahl im März ging die Allianz für Deutschland schließlich als klarer Sieger hervor. Bei einer enorm hohen Wahlbeteiligung von 93,4 Prozent erreichte sie 48 Prozent der Stimmen, auf die CDU entfielen dabei 40,8 Prozent. Lothar de Maizière wurde Ministerpräsident. Das Wahlergebnis konnte nur als klares Votum aufgefasst werden: Die Bevölkerung der DDR hatte die Freiheit erlangt, jetzt wollte sie auch die Einheit Deutschlands.

# DIE DEUTSCHE EINHEIT – UNVERGLEICHLICH UND ALTERNATIVLOS

Der 17. Juni 1990. Zu dritt saßen wir auf der Tribüne der Volkskammer in Ostberlin: Rita Süßmuth, damals Bundestagspräsidentin, Bundeskanzler Helmut Kohl und ich. Soeben war eine Feierstunde zum Gedenken an den Aufstand des 17. Juni 1953 beendet worden und die Abgeordneten sammelten sich zu einer Sondersitzung des Parlamentes.

Wir hatten bereits im Laufe des Tages das Gemunkel mitbekommen, wonach die Fraktion der Deutschen Sozialen Union (DSU) beabsichtigte, einen Antrag nach Artikel 23 des Grundgesetzes einzubringen, der zum Ziel hatte, den sofortigen Beitritt der DDR zur Bundesrepublik Deutschland herbeizuführen.

Die DSU bildete damals zusammen mit der Ost-CDU und dem Demokratischen Aufbruch (DA) die Allianz für Deutschland, welche die ersten freien Volkskammerwahlen am 18. März mit einer überwältigenden Mehrheit gewonnen hatte. Lothar de Maizière von der Ost-CDU stellte den Ministerpräsidenten und war somit Nachfolger von Hans Modrow.

So dauerte die Volkskammersitzung dann zunächst auch nicht lange, da die DSU tatsächlich gleich zu Beginn die Gerüchte bestätigte und den entsprechenden Antrag stellte. Die Sitzung wurde daraufhin sofort unterbrochen, damit die Fraktionen sich zur Beratung zurückziehen konnten. Wir eilten sogleich zu den Kollegen von der Ost-CDU, um an deren Sitzung teilzunehmen. Es war zu spüren, dass der Antrag die meisten Abgeordneten gleichsam elektrisierte, ein sofortiger Beitritt der DDR schien vielen der einzig richtige Weg. Man wollte doch ohnehin, warum da noch lange warten?

Es tat uns fast leid, dass wir in diesem Moment auf die Bremse treten mussten. Zwar war die Wirtschafts- und Währungsunion durch den Staatsvertrag soweit vorbereitet, dass es an dieser Stelle keine unüberwindlichen Hindernisse gegeben hätte. Zum 1. Juli sollte der Staatsvertrag ohnehin in Kraft treten. Doch zwei andere Baustellen waren noch nicht so weit gediehen, dass sie einen sofortigen Beitritt verkraftet hätten. Da war zum einen der Einigungsvertrag, der die politischen Voraussetzungen für die Vereinigung schaffen musste und der im Juni noch längst nicht in den Einzelheiten verhandelt war. Hier liefen die Debatten noch und es gab so manches wichtige Detail zu klären. Zum anderen – und das war im Grunde noch viel wichtiger – waren die Zwei-plus-Vier-Gespräche gerade erst angelaufen und es wäre ein erheblicher Affront für alle vier Siegermächte gewesen, wenn die Deutschen bereits zu diesem Zeitpunkt einfach den Beitritt beschlossen hätten, um alle vor vollendete Tatsachen zu stellen.

Es galt also, die positive Stimmung der meisten Volkskammerabgeordneten zu konservieren und trotzdem ein wenig vom Gaspedal zu gehen, um niemanden vor den Kopf zu stoßen. Ein Kompromiss musste her und tatsächlich kam bei den intensiven Beratungen ein gangbarer Weg heraus, der einerseits dem Willen des DDR-Parlamentes zum schnellen Beitritt, andererseits aber auch den Hindernissen, die einen sofortigen Beitritt verhinderten, Rechnung trug.

Entscheidend war, was Lothar de Maizière bekräftigte, als die Sitzung der Volkskammer schließlich fortgesetzt wurde. In der

Tat sollte die Einheit über den Artikel 23 durch einen Beitritt der DDR herbeigeführt werden, da dies so oder so die schnellste Variante darstellte. Die Alternative wäre der Artikel 146 gewesen, der einen langen, verfassungsändernden Weg bedeutet hätte und das Land noch für geraume Zeit in einem Schwebezustand gehalten hätte, den keiner wirklich wollen konnte. Um den damit ausgedrückten Willen des Parlamentes deutlich zu machen, wurde der Antrag der DSU dem Rechts- und Verfassungsausschuss überwiesen, damit waren alle einverstanden.

Die Beratungen über den Einigungsvertrag und auch die Zwei-plus-Vier-Gespräche konnten damit weitergehen und ihrerseits die Voraussetzungen für das wichtigste Ereignis Deutschlands in der zweiten Hälfte des 20. Jahrhunderts schaffen. Innerhalb der Volkskammer sollte es bis zur endgültigen Entscheidung noch so manche Irritation und Aufregung geben. Ich erinnere mich etwa an die Sitzung vom 8. August, die am Nachmittag begann und erst lange nach Mitternacht am frühen Morgen des 9. August beendet war. Die Ost-SPD hatte den Antrag gestellt, den Beitritt zum 15. September zu erklären, erhielt bei der Abstimmung dafür jedoch keine Mehrheit – auch wegen der noch nicht abgeschlossenen Zwei-plus-Vier-Gespräche. Ein Antrag der Ost-CDU hingegen bekam eine Mehrheit: Dieser zielte darauf ab, die Verfassungsorgane in der Bundesrepublik zu bitten, für die Möglichkeit Sorge zu tragen, dass am 14. Oktober Wahlen zum gesamtdeutschen Parlament durchgeführt werden könnten. Der Beitritt sollte dann parallel zu diesen Wahlen erfolgen. Doch die Mehrheit für diesen Antrag nutzte nichts, weil auch das anschließende Wahlgesetz hätte durchkommen müssen. Das jedoch scheiterte an der späten Stunde. Die Abstimmung nämlich fand erst lange nach Mitternacht statt und viele Abgeordnete waren zu diesem Zeitpunkt einfach schon nach Hause gegangen, da sie irrtümlicherweise ihre Anwesenheit wohl nicht mehr für notwendig gehalten hatten. Das wäre sie allerdings gewesen, denn am Ende fehlten neun Stimmen für die erforderliche Zwei-Drittel-Mehrheit, um auch das Wahlgesetz zu beschließen.

Es ging also in der Diskussion weiter hin und her, während in Bonn parallel am Einigungsvertrag gearbeitet und die Alliierten davon überzeugt wurden, den Einigungsprozess positiv zu begleiten. Auf allen Ebenen wurde hart gearbeitet, um den großen Traum der Deutschen zeitnah zu verwirklichen. Schließlich kam der Abend des 22. August. Wieder zog sich die Volkskammersitzung hin, wieder war Mitternacht längst verstrichen, als die entscheidende Abstimmung über den Beitritt der DDR über die Bühne ging. Der Antrag lautete schlicht: »Die Volkskammer erklärt den Beitritt der DDR zum Geltungsbereich des Grundgesetzes zur Bundesrepublik Deutschland gemäß Artikel 23 des Grundgesetzes mit der Wirkung vom 3. Oktober 1990.« Es musste namentlich abgestimmt werden, die Nerven waren gespannt, die Spannung fast mit Händen zu greifen. Um 3 Uhr morgens ging Volkskammerpräsidentin Sabine Bergmann-Pohl dann zum Pult, um das Ergebnis zu verlesen: 294 Abgeordnete hatten mit »Ja« gestimmt, 62 mit »Nein« und 7 hatten sich enthalten.

Die letzte Hürde war genommen! Die Erleichterung und die Freude waren vielen Beteiligten deutlich anzumerken. Es waren aber nicht alle glücklich über den gefassten Beschluss. Nur zwei der Abgeordneten von Bündnis 90 hatten mit Ja gestimmt, einer davon war Joachim Gauck. Die PDS-Fraktion hatte geschlossen gegen den Antrag gestimmt. Gregor Gysi, Vorsitzender des SED-Nachfolgers PDS, äußerte sein Bedauern über das Ergebnis und erklärte: »Das Parlament hat soeben nicht mehr und nicht weniger als den Untergang der Deutschen Demokratischen Republik zum 3. Oktober 1990 beschlossen!« Gysi meinte das ernst, er weinte der DDR schon jetzt mehr als nur eine Träne hinterher. Der größte Teil des Parlaments jedoch nahm seine Worte zum Anlass für frenetischen Beifall. Die Antwort auf diese rückwärtsgewandten Worte stand in die Gesichter geschrieben: »Genau! Genau das wollten wir!«

Damit hatte eine monatelange Diskussion ihren freudigen Abschluss gefunden. Noch in derselben Nacht informierte ich den Bundeskanzler in seinem Bungalow, der sich natürlich ebenfalls hocherfreut zeigte. Uns beiden war klar: Der große Moment rückte näher und näher, jetzt konnte eigentlich nichts mehr dazwischenkommen. In dieser Stimmung gingen wir in den darauf folgenden Tagen ans Werk. Ständig war Volldampf angesagt, rund um die Uhr wurde auf allen Ebenen daran gearbeitet, am 3. Oktober die Punktlandung zu schaffen und die Wiedervereinigung beider deutscher Staaten 45 Jahre nach Kriegsende perfekt zu machen.

## Durchbruch im Kaukasus

Der 13. Juli 1990 war im Bonner Kanzleramt ausgefüllt mit der Vorbereitung der Kanzlerreise nach Moskau und in den Kaukasus, die für den 15. und 16. Juli vorgesehen war. Wir – das betraf vor allem die außenpolitische Abteilung unter Leitung von Horst Teltschik – konnten auf die Ergebnisse der vorausgegangenen Gipfel der Europäischen Gemeinschaft in Dublin und der NATO in London zurückgreifen. Ein umfassendes westliches Angebot war vorbereitet worden, die sowjetische Perestroika von Michail Gorbatschow wirtschaftlich zu unterstützen. Gleichzeitig sollten durch eine Neubestimmung der NATO-Rolle sicherheitspolitische Bedenken der Sowjetunion gegenüber einer Wiedervereinigung Deutschlands und seiner NATO-Mitgliedschaft zu zerstreuen. Es war, wie Helmut Kohl anschließend berichtete, speziell auch gelungen, den französischen Staatspräsidenten François Mitterrand als engen Verbündeten für diese Pläne zu gewinnen. Seit 14 Tagen gingen auch die Bilder von der Deutschen Bank am Alexanderplatz in Berlin um die Welt, wo um Mitternacht des 1. Juli auf der Grundlage der vereinbarten Wirtschafts- und Währungsunion mit der DDR die ersten DM-Scheine ausgegeben wurden, mit Freudenfesten auf den Straßen und mit Feuerwerk. An den innerdeutschen Grenzen hoben sich die Schlagbäume.

Als der Bundeskanzler am Nachmittag des 14. Juli nach Moskau flog, waren wir voller Hoffnung. Was sich dann in der sowjetischen Hauptstadt und vor allem bei der Begegnung zwischen Michail Gorbatschow und Helmut Kohl im Kaukasus ereignete, hat jedoch unsere kühnsten Erwartungen übertroffen. »Durchbruch im Kaukasus« war wenige Tage später die Überschrift in der gesamten internationalen Presse, auch war die Rede von einer »Sternstunde« der Diplomatie. Die Bilder, die um die Welt gingen, zeugten von der privaten Atmosphäre, in der die sowjetisch-deutschen Begegnungen stattfanden, etwa beim gemeinsamen Spaziergang von Gorbatschow und Kohl am Selentschuk in der kaukasischen Heimat Gorbatschows. Noch in Moskau hatte kein Ergebnis festgestanden. Insbesondere die Mitgliedschaft eines wiedervereinten Deutschlands in der NATO blieb strittig, über eine volle Souveränität Deutschlands sollte später verhandelt werden, das Problem der deutschen Bundeswehrstärke blieb noch ungelöst. Erst als der Bundeskanzler seinen sowjetischen Gastgeber fragte, ob die Reise in den Kaukasus angesichts dieser ungelösten Fragen überhaupt Sinn mache, und Gorbatschow erwiderte: »Wir sollten fliegen«, verfestigte sich die Erwartung eines historischen Durchbruchs.[3]

3 Helmut Kohl: Ich wollte Deutschlands Einheit, Berlin 1996, S. 426.

In der Tat – das Ergebnis, das im Vier-Augen-Gespräch zwischen dem sowjetischen Staatspräsidenten und dem deutschen Bundeskanzler am 16. Juli erzielt wurde, verblüffte die ganze Welt, insbesondere den riesigen Tross der mitgereisten Journalisten. Die Bundesrepublik Deutschland und die Sowjetunion einigten sich über die deutsche Einheit – im gleichen Monat, in dem vor viereinhalb Jahrzehnten in Potsdam die Grundlagen zur Teilung Deutschlands gelegt worden waren. Die Sowjetunion gab grünes Licht für die Einigung Deutschlands, für die Mitgliedschaft Gesamtdeutschlands in der NATO, für die uneingeschränkte deutsche Souveränität, für eine Truppenstärke von 370.00 Mann, für den Abzug der sowjetischen Truppen aus der DDR innerhalb von drei bis vier Jahren. Professor Klaus Stern schreibt in seinem Buch »Das Staatsrecht der Bundesrepublik Deutschland«: »Für die deutsche, die europäische, ja die Weltgeschichte ist nach 45 Jahren deutscher und europäischer Teilung ein neues Kapitel aufgeschlagen worden.« Für den Bundeskanzler war damit endgültig ein Status erreicht, der dem Adenauers in nichts nachstand. Adenauer holte die deutschen Kriegsgefangenen heim, Kohl erreichte die Wiedervereinigung Deutschlands.

## Die Zwei-plus-Vier-Gespräche

Die bereits erwähnten Zwei-plus-Vier-Gespräche begannen am 5. Mai 1990 im Weltsaal des Bonner Auswärtigen Amtes. Bei diesen Gesprächen sollte es vor allem um die äußeren Aspekte und die Organisation der deutschen Einheit gehen.

Über vier Monate hinweg wurde im Sommer 1990 verhandelt, bis schließlich am 12. September der unterschriftsreife Vertrag vorlag. Es erfolgten sechs für die Zukunft Deutschlands entscheidende Unterschriften. Hans-Dietrich Genscher und Lothar de Maizière unterzeichneten für die beiden deutschen Staaten, Roland Dumas für Frankreich, Douglas Hurd für Großbritannien, Eduard Schewardnadse für die Sowjetunion und James Baker für die USA.

Mit diesen Unterschriften war nicht nur der Weg zur Einheit endgültig frei, sondern es gab auch einen durchschlagenden außenpolitischen Erfolg für Deutschland zu verzeichnen. Am 3. Oktober 1990 würde nicht nur die Einheit des Landes wiederhergestellt sein, sondern Deutschland erlangte mit diesem Tag auch seine volle staatliche Souveränität zurück. Darüber hinaus wurde festgelegt, dass auch das wiedervereinigte Land mit seinem erweiterten Territorium Mitglied der NATO bleiben würde. Damit war diese überaus wichtige Frage im deutschen Sinne gelöst. Für die Westmächte war die Antwort auf diese Frage so zentral, dass davon die Zustimmung zum Einigungsprozess abhing. Ein Scheitern in der Frage der NATO-Mitgliedschaft hätte auch ein Scheitern der Zwei-plus-Vier-Gespräche insgesamt bedeutet.

Die Alternative wäre eine Neutralität Deutschlands gewesen, eine nur theoretisch vorhandene Alternative, denn diese Neutralität hätte die NATO ihres europäischen Zentrums beraubt und damit wohl früher oder später ihr Ende heraufbeschworen. Das deutsche NATO-Engagement musste unbedingt stabilisiert werden, während zeitgleich auch der europäische Integrationsprozess weitergehen sollte. Mit diesen wichtigen Vereinbarungen hielt die Bundesregierung den Schlüssel in der Hand, um die britischen und französischen Vorbehalte, die noch im Dezember auf dem EG-Gipfel unverhohlen geäußert worden waren, zu überwinden.

Was hier geschafft wurde und wie außergewöhnlich das alles war, kann am besten der Historiker mit einigem zeitlichen Abstand beurteilen. Deshalb möchte ich hier den renommierten

Staatsrechtler Professor Klaus Stern zitieren, der mit Blick auf diese Verhandlungen schrieb:

> »Dass der Hauptbesiegte von 1945 von den Hauptsiegern von 1945 wieder Einheit und Souveränität zurückerhalten hat, ist ein großer Erfolg standfester und beharrlicher westdeutscher Politik, der erhofft, erträumt, aber gewiss nicht in der Schnelle jenes dramatischen Jahres seit Herbst 1989 erwartet werden konnte. Format der führenden Staatsmänner und Gunst des Schicksals trafen in einem glücklichen Augenblick deutscher Geschichte zusammen. So sind der 12. September 1990 für die deutsche Außenpolitik und der 3. Oktober 1990 für die Deutschlandpolitik Daten vom historischen Rang. Sie stehen den Daten der deutschen Vereinigung 1867 und 1870/71 nicht nach. Doch im Gegensatz zu damals waren es diesmal nicht Machtpolitik oder das Schwert, die die Einigung herbeiführten, sondern die Eintracht mit den nordatlantischen und anderen westlichen Verbündeten, die europäische Integration, die Standhaftigkeit gegenüber sowjetischer Machtpolitik und nicht zuletzt der geistige und ökonomische Zusammenbruch der kommunistischen und sozialistischen Ideologie und ihres totalitären, unmenschlichen und zentralverwaltungswirtschaftlichen Systems, den die Menschen in ihren Demonstrationen schonungslos offenlegten.«[4]

Auch auf das deutsche Verhältnis zu Polen hatte die für Deutschland so glückliche Entwicklung Einfluss. Am 6. Oktober 2001

4 Klaus Stern: Das Staatsrecht der Bundesrepublik Deutschland Band V. Die geschichtlichen Grundlagen des deutschen Staatsrechts, München 2000.

war ich als Vizepräsident des Deutschen Bundestages zu einer Gedenkansprache eingeladen, Anlass war die zentrale Gedenkfeier »10 Jahre Deutsche Soldatenfriedhöfe in Joachimow-Mogily und Warschau-Nord«. Bei dieser Gelegenheit habe ich noch einmal explizit darauf hingewiesen, dass mit dem Fall der Mauer für Europa eine ganz neue Ära begonnen hatte. Die friedliche Herstellung der deutschen Einheit und die Befreiung der osteuropäischen Staaten von der kommunistischen Diktatur waren untrennbar miteinander verbunden, darauf hatte auch der polnische Außenminister Wladyslaw Bartoszewski hingewiesen, als er im März 2000 zum 1000. Jahrestag der Gnesener Begegnung zwischen Kaiser Otto III. und dem polnischen Herrscher Boleslaw dem Tapferen am Grab des Heiligen Adalbert zu Recht von einer »Wiedervereinigung mit Europa« gesprochen hatte.

Diese Bemerkung finde ich bis heute vollkommen richtig und glaube, dass wir Deutsche uns dieser Tatsache immer bewusst bleiben sollten. Wir haben eine besondere Verpflichtung gegenüber Polen, weil es die Solidarność war, die den ersten Stein aus der Mauer der Unfreiheit herausgebrochen hat und all die Reformprozesse und historischen Umwälzungen ins Rollen brachte.

Es war auch richtig, damals die Frage der Deutschen Einheit mit der Integration Polens in die NATO und die EU zu verknüpfen. Die Sicherheitspartnerschaft mit unseren osteuropäischen Nachbarn galt uns als Garant für den Frieden in Mitteleuropa.

## Zwei Verträge besiegeln die Einheit

Grundlage für die Einheit waren schließlich zwei Staatsverträge: Der Einigungsvertrag und der Staatsvertrag über die Währungs-, Wirtschafts- und Sozialunion. Beim Staatsvertrag, der die Währungs-, Wirtschafts- und Sozialunion von BRD und DDR regelte, ging es längst nicht nur um den Umtausch von Ostmark in D-Mark, wie man manchmal lesen kann. Genauso wichtig waren andere Fragen: Sind enteignete Immobilien zurückzugeben? Müssen Entschädigungen gezahlt werden? Der gesamte Bereich der Finanzierung der Einheit, und das war nicht der unwichtigste, musste im Staatsvertrag wasserdicht geregelt werden. Dazu kamen die Erwartungen und Forderungen aus Moskau. Man verlangte Ersatz für Stationierungskosten, Erstattung der Transportkosten für die Rückführung der russischen Soldaten, Millionen für den Bau von Wohnungen und Infrastruktur sowie Geld für die sowjetischen Liegenschaften in der DDR. Es war eine wirklich große Leistung der beiden Delegationen unter Leitung der Finanzminister Theo Waigel und Walter Romberg, dass sie all diese Dinge zur beiderseitigen Zufriedenheit lösen konnten. Am 31. August 1990 um 13.15 Uhr schließlich wurde der Einigungsvertrag in Berlin im Kronprinzenpalais Unter den Linden von Bundesinnenminister Wolfgang Schäuble und Staatssekretär Günther Krause, den Chefs der beiden deutschen Delegationen, unterzeichnet. Selten hat es ein Vertragswerk von solcher Bedeutung gegeben. Es schuf die innerstaatliche Voraussetzung für die Wiedervereinigung Deutschlands, es bedeutete gravierende Neuerungen für die Bevölkerung der DDR, es setzte aber auch in der Bundesrepublik Deutschland zwischen den politischen Parteien, zwischen Regierung und Opposition, zwischen Bund und Ländern eine Einigung über schwierigste und höchst umstrittene Fragen voraus.

Vorausgegangen war, dass bereits Ende Juni im Kabinettsausschuss »Deutsche Einheit« Einvernehmen darüber erzielt wurde, dass die Rechtsüberleitung im Zusammenhang mit dem Beitritt der DDR im erwähnten Staatsvertrag vereinbart werden sollte. Vorausgegangen war auch die Entscheidung, dass der

Arbeitsstab »Deutschlandpolitik« im Kanzleramt der Verhandlungsdelegation des zuständigen Bundesinnenministers angehören sollte. Vorausgegangen war schließlich – nach zahllosen Besprechungen im Kabinettsausschuss »Deutsche Einheit« und den Fraktionen des Deutschen Bundestages – am 26. August ein Spitzengespräch im Kanzleramt. Daran nahmen neben Bundeskanzler Kohl, Wolfgang Schäuble und mir Finanzminister Waigel und die Fraktionsvorsitzenden der Koalition teil, sowie von der SPD ihr Vorsitzender Hans-Jochen Vogel und seine drei Stellvertreter Herta Däubler-Gmelin, Johannes Rau und Oskar Lafontaine.

Streitig innerhalb der westdeutschen Seite waren vor allem die Finanzverfassung, die Hauptstadtfrage, die Aufnahme von Staatszielbestimmungen und die Stimmengewichtung der Länder im Bundesrat. Es ging um die Frage, wie der nach westdeutschem Recht strafbare, in der DDR legal praktizierte Schwangerschaftsabbruch und der Umgang mit den Stasiakten im vereinten Deutschland gehandhabt werden sollte. Bei der Eigentumspolitik musste von westdeutscher Seite die unnachgiebige Haltung der DDR hingenommen werden, die unter sowjetischer Besatzungsmacht erfolgten Enteignungen zwischen 1945 und 1949 nicht mehr in Frage zu stellen.

In der Diskussion auf westdeutscher Seite haben wir damals klargemacht, welch verhängnisvoller Weg es gewesen wäre, wenn wir anstelle des Beitritts der DDR nach Artikel 23 GG die Alternative des Artikels 146 GG gewählt hätten. Das hätte bedeutet, eine völlig neue Verfassung für das wiedervereinigte Deutschland erarbeiten zu müssen. Wir hätten auf dem Weg zur deutschen Einheit nicht Wochen oder Monate verschenkt, sondern vielleicht Jahre – angesichts der vielen unterschiedlichen Streitpunkte zwischen CDU/CSU, FDP und SPD über Staatszielbestimmungen, Volksbegehren, das Verhältnis von Bund und

Ländern und vieles andere mehr. Den Weg über den Einigungsvertrag und den Beitrittsbeschluss der Volkskammer zu gehen, war die einzig richtige Entscheidung.

Denn die Frage ist doch berechtigt: Wie lange stand die Tür zur deutschen Einheit wirklich offen? Man vergesse nicht den späteren Putsch gegen Gorbatschow, das Auseinanderbrechen der Sowjetunion und den Golfkrieg, der zu erneuten erheblichen Spannungen zwischen Moskau und Washington führte. Wir hätten später den Resonanzboden für eine den deutschen Wünschen entsprechende Lösung nicht mehr vorgefunden.

In der politischen Literatur ist zu lesen, nicht alles habe der Einigungsvertrag regeln können. Manche Einzelbestimmungen, etwa das Verhältnis von Rückgabe und Entschädigung in Eigentumsfragen oder die Aufgabenstellung der Treuhand zur Verwaltung des DDR-Vermögens, hätten nachgebessert werden müssen. Anderes – der Umgang mit der Stasi-Vergangenheit und das Verhältnis von Opfern und Tätern – sei als ungelöste Aufgabe dem wiedervereinigten Deutschland übertragen worden. Aber die Grundentscheidungen des Einigungsvertrages seien allesamt richtig, und deswegen werde dieses gewaltige Vertragswerk einen herausragenden Platz in den deutschen und internationalen Geschichtsbüchern einnehmen.

Ich halte es im Nachhinein immer noch fast für ein Wunder, dass diese Entwicklung, dieser enorme Umbruch, ja, diese Revolution so friedlich verlaufen ist. Wer in diesem Zusammenhang die Leistung der deutschen Politik richtig würdigen will, der sollte nicht nur betrachten, was geschehen ist, sondern auch, was an Fehlern, die am Wegesrand warteten, vermieden wurde. Es ging um die maßvolle Steuerung einer von niemandem zur damaligen Zeit vorhergesehenen, geradezu eruptiven Entwicklung. Es reizt mich immer wieder, eine journalistische Stimme in diesem Zusammenhang zu zitieren, nämlich den Mitherausgeber der *ZEIT*, Theo Sommer. Er schrieb am 22. September 1989, also zwei Wochen nach der Öffnung der ungarischen Grenze und eine Woche vor der Ausreisefreiheit für die Botschaftsflüchtlinge in Prag:

> »Aufschäumende Emotion ist ein schlechter Ratgeber. Sie trügt den Sinn für die Realitäten. Sie gaukelt Möglichkeiten vor, die sich bei unaufgeregter Betrachtung in Nichts auflösen. [...] Der Wiedervereinigung sind wir keinen Zoll näher als vor einem Jahr oder vor fünf oder vor zehn Jahren. Die Frage der deutschen Einheit ist nicht ›heißer‹ denn je. Im Gegenteil: Sie steht auf einer der hintersten Herdplatten der Weltpolitik, und es ist kein Feuer unter dem Topf.«

Man sieht: Es gab damals viele falsche Ratschläge und viele Besserwisser.

Manche Fragen stellen sich indes auch heute immer wieder: Hätten wir – was nicht geheim geblieben wäre – nicht schon viel früher Schubladenpläne für den Fall des Falles haben müssen? Ich neige dazu, Richard Schröder zuzustimmen, dem SPD-Volkskammerabgeordneten und Professor für Systematische Theologie an der Humboldt-Universität Berlin:

> »Warum hat sich die Bundesregierung auf die Vereinigung nicht vorbereitet? Die Antwort darauf ist sehr einfach. Die Planung der deutschen Vereinigung hätte sie mit Sicherheit verhindert, denn das hätte die Entspannungspolitik ruiniert. Lautstarke Proteste aus dem Osten und verhaltene, aber entschiedene Kritik aus dem Westen Europas hätte das ausgelöst.«

Schröder erinnert auch an den italienischen Politiker Giulio Andreotti, der nicht nur für sich gesprochen habe, als er sagte: »Wir lieben Deutschland so sehr, dass wir am liebsten zwei davon haben.« Die heftigste Gegnerin der Wiedervereinigung auf westlicher Seite war Margaret Thatcher, aber auch der französische Staatsprädient Mitterrand entwickelte sich erst 1990 zu einem Befürworter.

In der Rückschau auf die Jahre 1989/90 hat mich eine Frage immer wieder begleitet. Es war die Frage, die mir 1990 bei einer Privataudienz im Vatikan Papst Johannes Paul II. mit tiefer Nachdenklichkeit stellte: »Wie werden die Menschen nach Jahrzehnten der Diktatur fertig mit der so plötzlich errungenen Freiheit?«

Audienz in Rom: Papst Johannes Paul II. empfängt Rudolf Seiters

Problemlos war der Weg, den wir Deutsche damals gegangen sind, nicht. Aber wir sind ihn gemeinsam und mit Respekt vor unterschiedlichen Lebensläufen gegangen. Aus der Kommandowirtschaft wurde eine Marktwirtschaft. Die Menschen konnten oder mussten eigene Verantwortung übernehmen. Betriebe waren nicht mehr lebensfähig, Arbeitsplätze fielen weg. Aber dieser Prozess wurde abgefedert durch eine sozial verträgliche Umstellung der Ostmark auf D-Mark und man sah ja auch den Wandel in den Geschäften, die Reisefreiheit, die massiven Investitionen zur Verbesserung der Infrastruktur. Ost und West sind immer stärker zusammengewachsen. Im Jahr 2015 zogen 97 000 Personen aus den neuen in die alten Bundesländer, fast genauso viele – nämlich 93 700 – wanderten in die umgekehrte Richtung. Ostler gewannen eine neue Heimat im Westen, viele Westler im Osten. Mich persönlich stimmt auch optimistisch, was eine Umfrage unter 18- bis 25-Jährigen ergab, als sie befragt wurden, ob sie sich als Westdeutsche oder als Ostdeutsche fühlten, und 91 Prozent einfach sagten, sie fühlten sich als Deutsche.

Bei der Wiederherstellung der deutschen Einheit haben wir Deutsche Glück gehabt, dass die damalige Revolution so friedlich verlaufen ist. Man hätte sich auch eine andere Entwicklung vorstellen können – blutig, militärisch, gewalttätig. So ist es richtig, dass wir uns dem Thema Wiedervereinigung auch immer wieder mit einem Stück Bescheidenheit und Demut nähern, so wie es Altbundeskanzler Kohl in seinen Memoiren beschreibt:

> »Als wir uns im Herbst 1989 auf den Weg zur Einheit machten, war es wie vor der Durchquerung eines Hochmoores. Wir standen knietief im Wasser, Nebel behinderte die Sicht, und wir wussten nur, dass es irgendwo einen festen Pfad geben müsse. Wo er genau verlief, wussten wir nicht. Schritt für Schritt tasteten wir uns vor und ka-

> men schließlich wohlbehalten auf der anderen Seite an. Ohne Gottes Hilfe hätten wir es wohl nicht geschafft.«[5]

In atemberaubender Geschwindigkeit hatten sich 1989 und 1990 Veränderungen in Europa und vor allem in unserem Land zugetragen, für deren Prophezeiung man zuvor noch ausgelacht worden wäre. Und nun, drei Wochen vor Heiligabend, am 2. Dezember 1990: die ersten freien Wahlen in ganz Deutschland seit 58 Jahren. 60 Millionen Wahlberechtigte, 23 Parteien, 328 Wahlkreise, 656 Abgeordnetenplätze im Deutschen Bundestag. Das sind die nackten Zahlen, die das denkwürdige Ereignis umschreiben.

Zuvor hatte es Diskussionen um die Frage der 5-Prozent-Klausel gegeben. Bei einer deutschlandweiten Anwendung hätte es für die im Osten neu entstandenen Gruppierungen Nachteile gegeben, sodass schließlich das Bundesverfassungsgericht die Auseinandersetzung mit dem Urteil beendete, zwei getrennte Wahlgebiete einzurichten. So kam es nur für die Wahlauszählung noch einmal zu einer Trennung in Ost und West. Das eine Wahlgebiet umfasste die alten Bundesländer und Westberlin, während die fünf neuen Länder und Ostberlin zum anderen Gebiet gehörten. Sinn der Sache war, dass das Überspringen der 5-Prozent-Hürde beziehungsweise das Erreichen von drei Direktmandaten in nur einem der beiden Gebiete für die Parteien ausreichen sollte, um bei der Sitzverteilung im Bundestag berücksichtigt zu werden. Auch ich fand das als Übergangslösung gerecht und vertraute darauf, dass sich bis zur nächsten Wahl alles so weit eingependelt hätte, dass solche Sonderregelungen nicht mehr vonnöten wären.

---

5 Helmut Kohl: Vom Mauerfall zur Wiedervereinigung. Meine Erinnerungen, München 2009, S. 408.

Es war, und so wurde es auch verschiedentlich in der Presse genannt, eine Schicksalswahl für uns Deutsche. Vergleichbar mit 1949, als die Wahl von Adenauer für die Westbindung und soziale Marktwirtschaft stand, vergleichbar auch mit 1969, als die Wahlentscheidung eine neue Deutschland- und Ostpolitik begünstigte, und auch vergleichbar mit 1983, als der NATO-Doppelbeschluss auf dem Spiel stand, den Kohl durchsetzte und ohne den es zu einer schweren Krise im westlichen Bündnis gekommen wäre.

1990 stammte eine meiner Lieblingsschlagzeilen aus dem *Rheinischen Merkur:* »Kanzler der Hoffnung, Kandidat der Skepsis«. Mit dem Skeptiker war natürlich Oskar Lafontaine gemeint. Dieser hatte sich für den Wahlkampf, insbesondere in den neuen Ländern, ins eigene Fleisch geschnitten, als er im Bundesrat entgegen der Erwartung der Bevölkerung gegen den Staatsvertrag zur Währungs-, Wirtschafts- und Sozialunion stimmte. Im Wahlkampf machte diese Tatsache seinen Vorwurf, die Bonner Bundesregierung vernachlässige die Sorgen der fünf neuen Länder und ihrer Einwohner, unglaubwürdig. Damit schoss Lafontaine die SPD aus dem Rennen und ebnete zusätzlich zu den eigenen guten Argumenten der CDU den Weg für unseren Wahlsieg. Die FDP setzte wie eh und je auf eine Zweitstimmenkampagne und warnte vor einer angeblich drohenden absoluten Mehrheit von CDU/CSU.

Interessant war die Strategie der PDS, die als »neue« Partei personell aus dem Vollen schöpfen konnte und auf die alten Kader setzte, immerhin gab es mehr als eine Million SED-Mitglieder. Sie bemühte sich um die ehemals in der DDR Privilegierten, die nun um diese Privilegien fürchteten und malte gleichzeitig den Teufel des sozialen Abstiegs als Folge der Wiedervereinigung an die Wand. Das führte zwar letztlich nur zu einem Ergebnis von 2,4 Prozent der Stimmen, doch machten die erworbenen drei Direktmandate es möglich, dass die ehemalige Regierungspartei der DDR in den gesamtdeutschen Bundestag einziehen konnte.

Für die Bundesregierung war es ein glücklicher Tag, CDU/CSU erreichten mit 43,8 Prozent einen ordentlichen Vorsprung vor der SPD und der FDP, die immerhin auf 11 Prozent kam. Einige verdiente Politiker verließen die große Bühne, so etwa die früheren Bundestagspräsidenten Annemarie Renger und Richard Stücklen, aber auch Egon Bahr, der »Architekt der Ostpolitik«. Helmut Kohl wurde Kanzler des wiedervereinigten Deutschlands.

## Vorzeichen der historischen Chance

Die Wiedervereinigung steht für viele Politiker meiner Generation im Zentrum ihrer Laufbahn, so auch bei mir. Heute haben wir ihr fünfundzwanzigjähriges Jubiläum bereits hinter uns und haben uns so an die Einheit gewöhnt, dass wir uns manchmal kaum noch vorstellen können, dass nicht immer und zu allen Zeiten genau dieser Zustand auch das Hauptziel der deutschen Politik gewesen sein könnte. Doch genau so war es.

Lange Jahre hatte die Frage einer deutschen Wiedervereinigung in der politischen und gesellschaftlichen Diskussion in der Bundesrepublik einen schweren Stand. Für viele war der Zustand der Teilung mit den Jahren einfach zu gewohnt geworden, um überhaupt noch über das Thema Einheit nachzudenken. Nicht so jedoch bei Konrad Adenauer. Der erste deutsche Bundeskanzler hatte stets zwei Ziele: Die Westbindung der Bundesrepublik, sowohl die atlantische als auch die europäische, und die Wiedervereinigung. Nach Adenauers fester Überzeugung, die auch mich dann in jungen Jahren nachhaltig prägte, bedingten diese beiden Ziele einander.

Zu allen Zeiten einer unionsgeführten Regierung war die Außenpolitik Deutschlands auf dieser Prognose aufgebaut. Das galt in der Ära Adenauer, und das galt auch für die Regierung Kohl.

Bis eine solche Revision der sowjetischen Politik in Sichtweite war, musste die Bundesrepublik sich darauf konzentrieren, in kleinen Schritten die Voraussetzungen zu verbessern und zu halten, damit eine künftige Lösung der deutschen Frage herbeigeführt werden könnte, wenn sich die Möglichkeit dazu böte. Hier kommt wiederum die Westbindung ins Spiel, denn ein zentraler Bestandteil dieser Politik war, niemals Zweifel an der Bündnisloyalität der Bundesrepublik aufkommen zu lassen.

Als mich im Herbst 1989 der stellvertretende amerikanische Außenminister Lawrence Eagleburger besuchte, fragte er mich: »Was ist die DDR ohne Kommunismus?« Meine Antwort lautete: »Deutschland.« Er war sehr überrascht, hat diese meine Antwort aber später oftmals zitiert. Ohne das sozialistische, kommunistische System entfiel jede eigenstaatliche Daseinsbegründung für die DDR. So weist auch Professor Hermann Wentker in seinem Buch »Außenpolitik in engen Grenzen. Die DDR im internationalen System 1949–1989«, das ich am 29. Januar 2009 im Auswärtigen Amt vorstellte, darauf hin, dass »Bundesrepublik und DDR von Anfang an Staaten völlig unterschiedlicher Gewichtung waren – die Bundesrepublik spätestens in den 60er Jahren eine mittlere Macht mit gebrochener Geschichte, aber kräftiger, staatlicher Existenz und breitem Aktionsspielraum«, mit der sie sich schrittweise von ihrer Rolle als Objekt internationaler Politik befreien konnte. Für die DDR hingegen sei der Kalte Krieg geradezu Existenzbedingung gewesen. Ihr Überleben sei sehr viel stärker als das der Bundesrepublik mit der Systemauseinandersetzung verbunden gewesen, die den europäischen Kontinent nach 1945 spaltete. In ihrer ganzen vierzigjährigen Geschichte sei sie von der Aufrechterhaltung des

Ost-West-Konfliktes existenziell abhängig gewesen. Deswegen meine Antwort auf die Frage »Was ist die DDR ohne Kommunismus?«: Deutschland.

Man muss sich diesen Hintergrund in Erinnerung rufen und an die aufgeheizte Stimmung damals denken: Zu Beginn der Achtzigerjahre wurde in Deutschland intensiv über den NATO-Doppelbeschluss diskutiert. Dieser Beschluss vom 12. Dezember 1979 bestand aus zwei Elementen: Zunächst sollte mit Russland über einen Abbau der auf Westeuropa gerichteten SS20-Raketen verhandelt werden. Sollten diese Gespräche jedoch zu keinen Ergebnissen führen, so sollte 1983, also vier Jahre später, nachgerüstet werden: Die USA würden ihrerseits Mittelstreckenraketen vom Typ Pershing II in Europa stationieren. Im November 1981 begannen in Genf die Verhandlungen zwischen den USA und der UdSSR, die bis 1983 jedoch ohne Ergebnis blieben. Am 22. November 1983 stimmte der Bundestag, inzwischen von Union und FDP geführt, der Stationierung neuer Raketen auf deutschem Boden zu. Am Tag darauf brach die UdSSR die Verhandlungen in Genf ab. Es gab natürlich Proteste, es gab große Demonstrationen und heftige Diskussionen im Inneren. Doch im Nachhinein hat sich dieser Ansatz voll und ganz bestätigt. Wir wissen von Michail Gorbatschow selbst und von anderen sowjetischen Spitzenpolitikern: Die Demonstration der Stärke im Westen war für die Sowjets ein Zeichen, dass sie zu einer außenpolitischen Neubewertung der sowjetischen Westpolitik kommen mussten.

Was war dem Beschluss im Bundestag nicht alles vorausgegangen! Helmut Schmidt war als Kanzler einer der Wegbereiter und Befürworter des Beschlusses gewesen, konnte ihn aber gegenüber seiner eigenen Partei nicht durchsetzen.

Dies war erst Helmut Kohl nach dem Regierungswechsel möglich. Es war die erste große und wichtige Entscheidung, die Kohl am Beginn seiner langen Amtszeit zu treffen hatte und er traf sie so, dass die Vertrauensbasis im Westen endlich wieder gefestigt war, nachdem sie lange Zeit mehr und mehr gebröckelt hatte.

Ohne den NATO-Doppelbeschluss und ohne die klare deutsche Haltung wäre es nicht zum Umdenken in der sowjetischen Führung gekommen. Ohne dieses Umdenken hätten wir niemals gemeinsam den zum damaligen Zeitpunkt vollkommen verhärteten Ost-West-Gegensatz überwinden können. Was auch bedeutet: Ohne den NATO-Doppelbeschluss keine Wiedervereinigung.

Die Einheit war eben ganz wesentlich abhängig von der Zustimmung unserer Partner und unserer Nachbarn in Ost und West. Für diese Zustimmung mussten wir eine verlässliche Außenpolitik gestalten, nicht nur 1982/83, sondern auch in den Folgejahren. Diese Außenpolitik stärkte und festigte das Vertrauen, dass auch ein wiedervereinigtes, größeres und stärkeres Deutschland mit dieser Stärke verantwortungsbewusst, partnerschaftlich und europäisch denkend umgehen würde.

Von zentraler Bedeutung waren aber auch Entwicklungen in der Sowjetunion. Ohne den dortigen Machtwechsel 1985, bei dem Gorbatschow die Führung übernahm und das Riesenreich langsam zum Westen hin öffnete, wären alle weiteren Prozesse nicht möglich gewesen. Und noch andere Entwicklungen haben entscheidend dazu beigetragen, dass der Traum von der Einheit verwirklicht werden konnte. So hätte es keine Wiedervereinigung gegeben, wenn nicht Lech Walesa 1980 in Polen die Solidarność-Bewegung in Gang gesetzt und über all die Jahre mit Kraft und Mut geführt hätte. 1989 mündete diese Bewegung in die erste demokratisch gewählte Regierung im Nachkriegspolen, ein Signal, gerade für den osteuropäischen Raum, die Zeichen der Zeit zu erkennen. Auch die Entwicklung in Ungarn hat einen großen Anteil daran, dass in Deutschland geschehen konnte, was schließlich geschah. Nur durch die weitgehende Liberalisierung in Ungarn war es möglich, dass die österreichisch-ungarische Grenze geöffnet wurde. Den Ungarn kommt das große Verdienst zu, mit dieser Politik der Entspannung und der Öffnung den ersten Stein in der Mauer gelöst zu haben. Von da an bröckelte das Bollwerk, das zwischen Ost und West bestand, mit jedem Tag ein wenig mehr.

Und dann war da die DDR-Bevölkerung, die mit ihren Massendemonstrationen und schließlich der Massenflucht aus dem Arbeiter-und-Bauernstaat den Zusammenbruch des SED-Regimes erheblich beschleunigte.

All dies sind Bausteine, aus denen das gesamtdeutsche Haus errichtet wurde, doch brauchte es schlussendlich auch eine Bundesregierung, die zum richtigen Zeitpunkt die sich bietende historische Chance erkennt und konsequent beim Schopfe packt. Ich war und bin stolz, genau dieser Bundesregierung in verantwortlicher Position angehört zu haben, und ich bin froh, dass wir uns mit unserer Vorgehensweise durchgesetzt haben.

Man darf nicht vergessen, dass es 1989 in Deutschland zwei völlig unterschiedliche Konzepte gab, wie das Verhältnis zur DDR zu gestalten war und wie man den Veränderungen in Mittel- und Osteuropa begegnen sollte. Zwar bestand seit Mitte der Sechzigerjahre ein Konsens zwischen den großen Parteien der Bundesrepublik, dass eine Wiedervereinigung nicht in kurzer Frist zu erreichen sei. Man war sich einig, dass das vorrangige Ziel zunächst einmal sein müsse, einen Modus Vivendi zu finden, der eine spätere Lösung der deutschen Frage nicht ausschließen würde. Dabei ging es vor allem darum, die Folgen der Teilung für die Menschen zu erleichtern, es ging darum, immer wieder Kontakte herzustellen und durch diese Kontakte und Begegnungen auch das Bewusstsein von der Zusammengehörigkeit der Nation aufrechtzuerhalten.

All dies gehörte zu einem Konsens über die Notwendigkeit einer pragmatischen »Politik der kleinen Schritte« gegenüber, aber auch mit der DDR-Führung. Durch diesen Konsens konnte die 1982 neu angetretene Unionsregierung die Vertragspolitik mit der DDR fortführen.

Das Konzept, das die neue Bundesregierung verfolgte, war jedoch ein anderes als das, was von den ostpolitischen Vordenkern der sozialliberalen Koalition, allen voran Egon Bahr, verfolgt worden war. Nach Bahrs Überzeugung sollte die DDR »transformiert« werden. Hierzu würden – so die Annahme – die regierenden Kommunisten bereit sein, wenn ihre Herrschaft nicht mehr durch den Westen in Frage gestellt und ihr Regime durch Unterstützung aus dem Westen auch wirtschaftlich stabilisiert sein würde. Der europäische Rahmen einer solchen Politik sollte eine Friedensordnung sein, in der ein militärisch verdünntes Mitteleuropa in seiner Stabilität von den Großmächten garantiert würde, unter langfristigem Wegfall von NATO und Warschauer Pakt. NATO und deutsche Teilung seien Zwillingsgeschwister, betonte Egon Bahr noch bis kurz vor der Wiedervereinigung.

In der Bundesregierung waren wir dagegen der festen Überzeugung: Eine europäische Friedensordnung, die diesen Namen verdient, muss eine Friedens- und Freiheitsordnung sein.

Immer wieder beharrte die Bundesregierung daher auch darauf, die Forderung nach Sicherung der Menschenrechte und der Selbstbestimmung in den Ost-West-Beziehungen stets zu thematisieren. Mit den westlichen Verbündeten hatten wir in dieser Frage immer einen Konsens. Auf den KSZE-Folgekonferenzen wurde oft über diese Themen gesprochen, es gab Beschlüsse und die Bundesregierung forderte auch von der DDR die Verwirklichung dieser Beschlüsse ein.

Im deutsch-deutschen Verhältnis setzte sie derweil weiter auf die »Politik der kleinen Schritte«, um in zunehmendem Maße

Begegnungsmöglichkeiten für die Menschen in den beiden deutschen Staaten zu schaffen. Von außen betrachtet hätte man denken können, diese Politik führe zu einer Stabilisierung des DDR-Regimes, doch war genau das Gegenteil der Fall. Die Reisemöglichkeiten führten zu Begegnungen, sie führten auch dazu, dass die Menschen der DDR die westlichen Möglichkeiten direkt persönlich in Augenschein nehmen konnten. Es ist nicht schwer, sich vorzustellen, dass diese Möglichkeiten, die wir nach und nach einer wachsenden Zahl von DDR-Bürgern verschaffen konnten, letztlich zur Destabilisierung des Regimes in Ostberlin beigetragen haben.

Es kommt immer mal wieder die Diskussion auf, warum eigentlich der 3. Oktober zum Nationalfeiertag gewählt wurde und nicht beispielsweise der 9. November, um den Fall der Berliner Mauer entsprechend zu würdigen. Nun, ich sehe es ebenso, wie Helmut Kohl es später einmal formuliert hat. Der 9. November ist in mehrfacher Hinsicht ein deutscher Schicksalstag, er erinnert nicht nur an das freudige Ereignis des Mauerfalls, sondern eben auch in unseliger Weise an den Hitlerputsch in München 1923 und vor allem an die von Reichspropagandaminister Joseph Goebbels initiierte Schande der Reichspogromnacht von 1938.

Wir wünschten uns jedoch einen reinen Tag der Freude, außerdem, so hat Kohl es in seinen Erinnerungen geschrieben, sei Anfang Oktober das Wetter meistens noch gut, sodass im Freien gefeiert werden könne. Er verglich den neuen deutschen Feiertag mit dem 14. Juli in Frankreich, an dem nicht nur »pathetische Reden« geschwungen würden, sondern im ganzen Land fröhlich gefeiert werde. Diese Vorstellung fand Kohl, und das galt wohl auch für die meisten anderen, mich eingeschlossen, sehr schön, da die »Deutsche Einheit in Frieden und Freiheit« doch nun wirklich ein Grund zum Feiern sei.

Was den innerdeutschen Transformationsprozess anbetrifft, so sind die Ergebnisse dieses Prozesses, der 1989 begann, eindrucksvoll. Wir standen immerhin vor einer gigantischen Aufgabe: Zwei über Jahrzehnte gewachsene, grundsätzlich unterschiedliche Gesellschafts- und Wirtschaftsordnungen mussten ohne größere Erschütterungen innerhalb kürzester Zeit miteinander vereint werden. Man darf nicht vergessen: Es gab dafür überhaupt kein Vorbild in der modernen Geschichte, wir konnten also auf keinerlei Erfahrungen zurückgreifen, die vielleicht den einen oder anderen handwerklichen Fehler von vornherein verhindert hätten. Ich bin überzeugt davon, dass die Wiederaufbauleistung im Osten Deutschlands auf Dauer in den Geschichtsbüchern gleichwertig neben dem Wirtschaftswunder nach 1949 stehen wird. Sie ist eine der großen Leistungen der Deutschen im letzten und in diesem Jahrhundert, und zwar eine gemeinsame Leistung der Menschen in Ost und West. Wir können stolz darauf sein, dass wir auf der Grundlage einer bewährten Verfassung und einer in fünf Jahrzehnten gewachsenen politischen Kultur eine gute Basis geschaffen haben, um die Zukunft zu meistern.

Die Vollendung der inneren Einheit Deutschlands ist ein fortwährender Prozess, der in den letzten 26 Jahren jedoch immer weiter vorangekommen ist, sodass vielerorts nicht mehr über »Ossis« und »Wessis« diskutiert, sondern die Gemeinsamkeit empfunden wird.

## Das Grundgesetz: Ein Glücksfall für Deutschland

Die parlamentarische Demokratie ist in Deutschland wesentlich später als in unseren westlichen Nachbarstaaten verwirklicht worden. Erst mit dem Ende des Kaiserreichs und als Folge des Ersten Weltkriegs kam sie in der Form der parlamentarischen Verantwortlichkeit der Regierung gegenüber dem Parlament zur Entfaltung, blieb aber mit dem Odium der Niederlage Deutschlands behaftet. Die kurze Phase der Weimarer Republik war zu sehr durch Wirtschaftskrise, Massenarbeitslosigkeit, gewalttätige politische Auseinandersetzungen und endlosen Parteienstreit überlagert, als dass die parlamentarische Demokratie eine wirkliche Basis bei den Bürgern gefunden hätte.

Es folgten die dunkle Zeit der Diktatur durch den Nationalsozialismus und der Zweite Weltkrieg. In der dramatischen Nachkriegszeit lag vieles in Deutschland in Trümmern, und zwar nicht nur die materiellen Werte. Über 5 Millionen Deutsche waren tot, weitere 12 Millionen geflüchtet oder vertrieben, 7 Millionen obdachlos und 11 Millionen in Gefangenschaft. Zahlen, die einen heute immer noch sprachlos machen.

Das Grundgesetz, wie wir es heute kennen, ist auch aus den Erfahrungen der nationalsozialistischen Gewaltherrschaft und des Scheiterns der ersten deutschen Demokratie erwachsen.

Nachdem sich auf der Londoner Außenministerkonferenz vom Dezember 1947 gezeigt hatte, dass die vier alliierten Besatzungsmächte sich nicht mehr über eine Neuordnung der staatlichen Verhältnisse Gesamtdeutschlands verständigen konnten, forderten die Militärgouverneure der drei westlichen Besatzungszonen in den Frankfurter Dokumenten vom 1. Juli 1948 die Ministerpräsidenten der westlichen Länder auf, eine verfassungsgebende Versammlung zur Ausarbeitung einer Verfassung einzuberufen. Diese sollte von den Ländern zu genehmigen sein, jedoch fügten sie zugleich inhaltliche Vorgaben an, vor allem den demokratischen Charakter der Verfassung, eine Regierungsform des föderalistischen Typs und Garantien der individuellen Rechte und Freiheiten.

In der Sorge, mit einer Verfassungsgebung die deutsche Teilung zu zementieren, erklärten daraufhin die Ministerpräsidenten der westdeutschen Länder in einer Stellungnahme zu den Frankfurter Dokumenten:

> »Die Ministerpräsidenten werden den Landtagen der drei Zonen empfehlen, eine Vertretung (Parlamentarischer Rat) zu wählen, die die Aufgabe hat, ein Grundgesetz für die einheitliche Verwaltung des Besatzungsgebietes der Westmächte auszuarbeiten ...«

In einem Aide-Mémoire vom 21. Juli 1948 ergänzten die Ministerpräsidenten:

> »Das Wort ›Verfassung‹ ist absichtlich nicht gebraucht worden, weil weder ganz Deutschland noch eine endgültige Lösung infrage kommt. Das gewählte Wort ›Grundgesetz‹ wäre wohl zutreffender mit ›basic constitutional law‹ übersetzt worden.«

Mit anderen Worten: Das Grundgesetz war als Provisorium und »Transitorium« – so Theodor Heuss – gedacht. Ausdrücklich vermied man das Wort Verfassung. Dem staatlichen Leben sollte »für eine Übergangszeit eine neue Ordnung« gegeben werden. Aber bekanntlich ist ja nichts so dauerhaft wie das Provisorische.

Die Vorarbeiten zum Grundgesetz erfolgten durch einen besonderen Sachverständigenausschuss, den »Herrenchiemseer Konvent«, die endgültigen Verfassungsberatungen fanden im Parlamentarischen Rat statt, der sich aus 65 Ländervertretern zusammensetzte, die von den Landtagen der westlichen Länder gewählt wurden und der am 1. September 1948 zur Konstituierung im Museum Alexander Koenig in Bonn zusammentrat.

Viele der 65 Abgeordneten waren noch in der Weimarer Republik politisch tätig gewesen, das Durchschnittsalter war dementsprechend mit 55 Jahren sehr hoch. Unter ihnen befanden sich vier Frauen. Dazu kamen fünf Berliner Vertreter, die angesichts des Viermächtestatus der Stadt nur als Gäste teilnehmen durften. CDU/CSU und SPD konnten jeweils 27 Abgeordnete entsenden, während die FDP mit fünf, das Zentrum, die Deutsche Partei und die KPD jeweils mit zwei Abgeordneten vertreten waren.

Bereits vor der Einberufung des Parlamentarischen Rates war in interfraktionellen Gesprächen entschieden worden, den langjährigen Kölner Oberbürgermeister und Vorsitzenden des Preußischen Staatsrates, Konrad Adenauer, zum Präsidenten des Parlamentarischen Rates zu wählen, während die SPD den vermeintlich viel einflussreicheren Vorsitz im Hauptausschuss für ihren Fraktionsvorsitzenden Carlo Schmid erhalten sollte. Erst viel später wurde deutlich, dass Adenauer seine Tätigkeit geschickt nutzte und sich nicht auf die Leitung der Beratungen beschränkte, sondern repräsentative Aufgaben übernahm und nicht zuletzt durch seine Verhandlungen mit den Alliierten auch in der Öffentlichkeit große Resonanz auf seine Arbeit erhielt.

Zu den prominentesten Mitgliedern des Parlamentarischen Rates zählten ferner: Helene Weber, Heinrich von Brentano und Jakob Kaiser von der CDU, Georg-August Zinn und Paul Löbe von der SPD, Theodor Heuss und Thomas Dehler von der FDP, Hans-Christoph Seebohm von der DP sowie Walter Reimann von der KPD.

Die drei westlichen Militärgouverneure griffen mehrfach in die Beratungen ein. Am 8. Mai 1949 wurde das Grundgesetz im Parlamentarischen Rat abschließend behandelt und mit 53 zu 12 Stimmen gebilligt – mit Gegenstimmen von Abgeordneten der DP, der KPD und des Zentrums sowie sechs der 13 CSU-Stimmen. Am 12. Mai stimmten auch die drei Militärgouverneure dem Entwurf zu, der daraufhin von zehn der elf Landtage bestätigt wurde. Der Bayerische Landtag versagte dem Grundgesetz seine Zustimmung, erkannte jedoch zugleich für den Fall, dass es in Kraft treten sollte, die Zugehörigkeit Bayerns zum Bund an, womit frühere Spekulationen über ein mögliches Ausscheiden Bayerns und die Gründung einer »Alpenrepublik«, bestehend aus Bayern, Österreich und der Schweiz, hinfällig wurden.

Die Männer und Frauen des Parlamentarischen Rates, die auch durch die Erfahrung mit der nationalsozialistischen Gewaltherrschaft geeint waren, hatten Konsequenzen aus dem Scheitern der ersten deutschen Republik gezogen. Die starke Stellung des Bundeskanzlers sollte für Stabilität und Kontinuität sorgen, die 5-Prozent-Klausel einer erneuten Parteienzersplitterung vorbeugen, die wehrhafte Demokratie schließlich das Verbot extremistischer Parteien möglich machen.

Bei allen Gegensätzen unter den demokratischen Kräften innerhalb des sogenannten »Verfassungsbogens« gab es doch ein hohes Maß an demokratischer Solidarität. Dies ist vielleicht das hervorstechendste Merkmal, das Bonn von Weimar unterschied.

Der erste Deutsche Bundestag trat am 7. September 1949 zusammen. Bundespräsident Theodor Heuss wurde am 12. September 1949 gewählt und die Wahl und Ernennung des ersten Bundeskanzlers Konrad Adenauer fand am 15. beziehungsweise 20. September 1949 statt. Damit waren die hauptsächlichen Verfassungsorgane bestellt und die Verfassung funktionsfähig geworden.

Das Verhältnis der westlichen Besatzungsmächte zur Bundesrepublik Deutschland war bereits vorher durch das Besatzungsstatut vom 8. April 1949 geregelt worden. Durch den Deutschlandvertrag vom 26. Mai 1952 endete am 5. Mai 1955 das Besatzungsregime, die Bundesrepublik Deutschland erhielt den Status eines souveränen Staates. Die Besatzungsmächte behielten sich jedoch ihre Rechte und Verantwortlichkeiten für Berlin und Deutschland als Ganzes und befristet auch militärische Rechte vor. Die volle Souveränität erhielt die Bundesrepublik Deutschland erst auf Grund der Wiedervereinigung im Zwei-plus-Vier-Vertrag vom 12. September 1990.

Im gleichen Jahr erfolgte die Ausdehnung des Grundgesetzes auf die Beitrittsländer Brandenburg, Mecklenburg-Vorpommern, Sachsen, Sachsen-Anhalt und Thüringen durch Artikel 3 des Einigungsvertrages vom 31. August 1990, dem Auftrag von Artikel 23 des Grundgesetzes folgend.

Die Entstehung der Verfassung der DDR, die am 7. Oktober 1949 in Kraft getreten ist, verlief demgegenüber anders: Die Initiative dazu ging von der SED aus. Der Parteivorstand lud Ende des Jahres 1947 alle deutschen politischen Parteien zu einem Deutschen Volkskongress ein, zu dem aber von den westdeutschen Parteien lediglich die KPD Vertreter entsandte. Ein zunächst zweiter und dann dritter Volkskongress wählte jeweils aus seiner Mitte einen Deutschen Volksrat, der damit beauftragt wurde, einen Verfassungsentwurf zu erstellen, sich später als Volkskammer konstituierte und die Verfassung am 7. Oktober 1949, genehmigt von der sowjetischen Militäradministration, in Kraft setzte.

Am 25. März 1954 erklärte die Regierung der Sowjetunion das Besatzungsregime ihrer Besatzungszone für beendet und sprach der DDR formell Souveränität zu.

Die Formulierung »Das Grundgesetz ist die beste Verfassung, die es jemals auf deutschem Boden gab« ist schon etwas abgegriffen, aber sie ist dennoch richtig. Bester Beleg dafür ist die Entwicklung der Bundesrepublik Deutschland zu einer stabilen, freiheitlichen, rechtsstaatlichen, sozialen Demokratie. Des Weiteren der Umstand, dass es in all den Jahren der Geltungsdauer unseres Grundgesetzes nur wenige Änderungsgesetze gegeben hat. Diese mussten zum Teil Lücken ausfüllen, die bei der Grundfassung von 1949 offengeblieben waren und offenbleiben mussten, wie beispielsweise der Einbau der Bundeswehr in das parlamentarische System im Jahr 1954/56 oder die Schaffung der Notstandsverfassung im Jahr 1968. Auch wurden durch Einzeländerungen immer wieder die Kompetenzen des Bundes erweitert, vor allem für die Gesetzgebung.

Die Herstellung der staatlichen Einheit Deutschlands erfolgte nicht über den Artikel 146 des Grundgesetzes, also über die Vereinbarung einer neuen gesamtdeutschen Verfassung, sondern über den Artikel 23, indem die DDR der Bundesrepublik Deutschland und damit dem Geltungsbereich des Grundgesetzes beitrat. Diejenigen, denen 1949 mitzuwirken versagt war, übernahmen 40 Jahre später in Gestalt der »neuen Länder« die Ordnung des Grundgesetzes. Ein großer Teil der Provisorien und »Transitorien« der Nachkriegszeit ging zu Ende, das Grundgesetz jedoch blieb.

Die Verfassung der DDR begann mit der Definition des sozialistischen Staates und dem Führungsanspruch der SED, die Verfassung der Bundesrepublik mit der Würde des Menschen – das war der entscheidende Unterschied. Die Bezugnahme auf die Würde des Menschen, sie zu achten und zu schützen, ist Verpflichtung aller staatlichen Gewalt. Die Verfassungsmütter und -väter orientierten sich an einer der besten Traditionen der politischen Philosophie Europas.

Von Aristoteles über Augustinus bis hin zu Montesquieu ist immer wieder in großen Entwürfen der Versuch unternommen worden, aus dem Menschenbild heraus eine humane Form für Staat und Gesellschaft zu entwerfen. Das Grundgesetz war und ist eine dem Menschen dienende Verfassung. Das Bekenntnis zur Verantwortung des Menschen vor Gott sowie die rechtlich zwingende Verankerung der Menschenwürde und der Grundrechte an der Spitze der Verfassungsartikel geben dem Grundgesetz einen einmaligen Rang. Dazu gehören auch seine Prinzipien von Freiheit und Verantwortung, Solidarität und Subsidiarität und der Freiheit in Vielfalt als Ideal staatlicher Ordnung.

Das Grundgesetz hat sich, wie Verfassungsrichter Paul Kirchhof einmal formulierte, als Charta unserer neu gewonnenen Freiheit, als »Gedächtnis der Demokratie« bewährt. Indem es die Macht des Staates begrenzte und die Rechte der Bürger sichern half, indem es das Nicht-Strittige, den Wertkonsens, hervorhob und damit dem politisch-parlamentarischen Kampf einen festen Rahmen gab, hat es der Demokratie in Deutschland eine neue Chance eröffnet. Das Grundgesetz war und ist das Gerüst, die Säule, das Fundament für die soziale rechtsstaatliche freiheitliche Demokratie Bundesrepublik Deutschland. Es hat auch international große Wertschätzung erfahren. Sein Einfluss reicht von Osteuropa über Süd- und Südwesteuropa, über Griechenland, Spanien, Portugal nach Südamerika, zum Beispiel nach Brasilien, außerdem bis hin nach Japan und Korea.

# IM BUNDESINNEN-MINISTERIUM

Die Jahre im Kanzleramt waren eine ungeheuer intensive, spannende und auch erfolgreiche Zeit. Für jeden Politiker ist es wie ein Geschenk des Himmels, aktiv solche revolutionären Veränderungen begleiten und diese Veränderungen dann auch noch mitgestalten zu dürfen.

Insofern bestand für mich im Jahr 1991, als die Wiedervereinigung so weit in der Spur war, dass man vorsichtig von einer Normalisierung sprechen durfte, auch gar kein Veränderungsdruck.

Doch gerade, wenn alles in ruhigen Bahnen zu verlaufen scheint, kommt manches Neue scheinbar wie von selbst auf einen zu. Für mich kündigte sich diese Veränderung an, als Wolfgang Schäuble Nachfolger von Alfred Dregger als Vorsitzender der CDU/CSU-Bundestagsfraktion wurde.

So kam es, wie es eigentlich nur kommen konnte, wenn man unsere gemeinsame Geschichte bedenkt: Wieder einmal sollte ich sein Nachfolger werden. Im November 1991 endete also meine Zeit im Kanzleramt, ich wurde als neuer Bundesinnenminister vereidigt. Der Bundeskanzler war zunächst nicht gerade begeistert von diesen Plänen. Nicht, weil er mir den Posten des Innenministers nicht zutraute, sondern weil er mich durchaus gerne als Kanzleramtsminister behalten hätte.

Ich selbst fühlte mich im Kanzleramt ja auch sehr wohl; dennoch hatte die Vorstellung, nunmehr auch einmal ein solch großes und klassisches Ressort wie das Innenministerium zu führen, ihren Reiz. Meine Zeit im Kanzleramt konnte mir bei der neuen Aufgabe auch sehr nützlich sein, weil ich viele Erfahrungen gemacht hatte, auf die ich auch als Innenminister würde zurückgreifen können. Wichtig war für mich, dass ich Manfred Speck mitnehmen konnte. Er war mein langjähriger Büroleiter in der Fraktion sowie im Kanzleramt gewesen und als solcher ein wichtiger Berater und Organisator. Speck war ein loyaler, sehr fähiger Mann, der später noch Ministerialdirektor im Bundesinnenministerium werden sollte und schließlich Staatssekretär im Innenministerium in Erfurt.

Die Bandbreite der Aufgaben im Innenministerium war groß: allgemeines Staatsrecht, öffentliche Sicherheit, Kriminalitätsbekämpfung, Ausländerrecht, öffentliche Verwaltung, Datenschutz, Kultur, Sport und vieles andere mehr. Schon in der Amtszeit Wolfgang Schäubles und dann auch bei mir drehte sich vieles um eine Änderung des Asylrechts. Der Grund war, dass neben den zigtausenden Russlanddeutschen und Bürgerkriegsflüchtlingen aus Jugoslawien auch die Zahl der aus anderen Ländern zu uns strömenden Asylbewerber dramatisch anstieg. Innerhalb von vier Jahren wuchs diese Zahl von bescheidenen 50 000 pro Jahr auf die enorme Menge von 430 000 Menschen im Jahr 1992. Das Problem, das sich der Regierung stellte und mit dem ich mich als Innenminister intensiv auseinandersetzen musste, war, dass von diesen Personen nur der geringste Teil politisch verfolgt im Sinne des Artikel 16 Abs. 2 Satz 2 Grundgesetz war. Das Hauptmotiv der Asylbewerber war in der Regel die Hoffnung auf eine bessere Lebensperspektive in Deutschland, eine Debatte, die heute unter dem Stichwort »Wirtschaftsflüchtlinge« erneut aktuell ist und die von allen Seiten mit vielen Emotionen verbunden und nur sehr schwer pragmatisch zu führen ist. Das Asylrecht war dazu gedacht, allein den politisch Verfolgten Schutz und Sicherheit zu gewähren. Nun jedoch war es zu einem Instrument einer unkontrollierten Zuwanderung aus wirtschaftlichen Gründen geworden.

Das führte zu ganz praktischen Problemen, gerade an der Basis. Viele unserer Gemeinden waren mit der Unterbringung und der Versorgung der Asylbewerber überfordert. Darüber hinaus war auch die Belastung für den Staatshaushalt nicht von der Hand zu weisen. Die Ausgaben für Flüchtlinge stiegen von 2 Milliarden DM im Jahr 1985 auf 5,5 Milliarden 1990, also noch vor meinem Amtsantritt. Die Verwaltung kam überhaupt nicht mehr hinterher, immense Bearbeitungsrückstände türmten sich nicht nur beim Bundesamt für die Anerkennung ausländischer Flüchtlinge, sondern auch bei den Ausländerbehörden der Länder.

Mir war klar: Das Problem würde sich ohne eine Änderung des Grundgesetzes nicht einmal ansatzweise zufriedenstellend lösen lassen. Die Bundesregierung strebte eine Lösung an, die das Grundrecht auf Asyl für politisch, rassisch und religiös Verfolgte uneingeschränkt sichern, den Zuzug von Nichtasylberechtigten jedoch begrenzen und damit auch die Verfahren beschleunigen sollte. Nur durch eine differenzierte Behandlung von Asylberechtigten und Nichtasylberechtigten konnten wir uns auf die Integrationsmöglichkeiten für die auf Dauer bei uns lebenden Ausländer konzentrieren und einen Beitrag zum inneren Frieden in unserem Lande leisten. Auch musste das Asylrecht vor Missbrauch geschützt werden.

Eine fraktionsübergreifende Kommission unter Leitung der beiden Fraktionsvorsitzenden von CDU/CSU und SPD, Wolfgang Schäuble und Hans-Ulrich Klose, brachte dann schließlich am 6. Dezember 1992, mitten in meiner Amtszeit als Innenminister, den Durchbruch.

Eine wichtige Voraussetzung für den Abschluss der Verhandlungen, insbesondere für die Zustimmung der SPD, war dabei auch die erfolgreiche Vereinbarung über ein Rückführungsübereinkommen mit Polen. Im Gegenzug sollte es finanzielle und organisatorische Hilfe beim Aufbau von Aufnahmezentren an der Grenze geben.

Zwischen dem polnischen Innenminister Andrzej Milczanowski und mir hatte sich ein freundschaftliches Verhältnis entwickelt, man vertraute sich. Die Zeit drängte und ich musste meinen polnischen Kollegen so schnell wie möglich erreichen. Milczanowski war jedoch leider nicht in seinem Büro und damals konnte man noch nicht jeden jederzeit über Handy erreichen. Wir setzten im Ministerium alle Hebel in Bewegung und hatten schließlich Erfolg: Ich erreichte ihn telefonisch weit ab von Warschau, in einem entfernten Landesteil. Ich erläuterte ihm die Situation und bat ihn dringend nach Bonn zu kommen, um bei den Verhandlungen den gordischen Knoten zu durchschlagen. Wir einigten uns darauf, dass die Bundesrepublik der Republik Polen Hilfszahlungen in Höhe von 90 Millionen D-Mark zusagen werde. Das war exakt die Summe, die mir für meine Verhandlungen vom Bundeskanzler in Absprache mit dem Bundesfinanzminister zugestanden worden waren. Milczanowski sagte schließlich zu, sich auf den Weg zu machen und ich war sehr erleichtert.

Schließlich erreichte er Bonn, die Zeit drängte. Nur zwei Stunden vor der vereinbarten Bundespressekonferenz und der geplanten Unterzeichnung des Rückführungsvertrages erschien die polnische Delegation im Innenministerium. Ich zog mich sofort mit Milczanowski zur Beratung zurück. Alles schien soweit klar und besprochen, doch plötzlich eröffnete er mir zu meinem Schrecken, er habe größte Probleme im polnischen Parlament: Die vereinbarten 90 Millionen D-Mark würden nicht ausreichen, um die Zustimmung seiner Abgeordneten zu bekommen. Er bat dringend um weitere 20 Millionen. Ich erklärte ihm, was für eine schwierige Situation das für mich sei. Ich hätte eine finanzielle Obergrenze einzuhalten und ich könne darüber hinaus auch nicht garantieren, dass ich den Bundeskanzler oder den Bundesfinanzminister in den nächsten zwei Stunden erreichen würde.

Ich ließ die polnische Delegation mit ihrem Innenminister allein und zog mich mit Manfred Speck in mein Büro zurück. Ich hatte nicht vor, Zeit und Energie mit dem Versuch zu vergeuden, Kanzler oder Finanzminister ans Telefon zu bekommen, die Zeit war dafür zu knapp. Ich wusste im Übrigen ganz genau: Das Rückführungsabkommen war viel zu wichtig, um es an 20 Millionen Mark scheitern zu lassen. Ich war auch sicher, dass ich anschließend weder in der Bundesregierung noch im Bundestag Ärger bekommen würde.

So kehrte ich nach nur etwa 20 Minuten zu Milczanowski zurück. Ich verkündete ihm, es sei mir leider nicht gelungen, Helmut Kohl oder Theo Waigel zu erreichen. Die Anspannung und Sorge waren bei ihm deutlich zu spüren, noch größer allerdings war seine Erleichterung, als ich ihm sagte, ich sei mit einer Summe von 110 Millionen DM einverstanden und würde diese Entscheidung auf meine Kappe nehmen. Er hat mir nicht nur an diesem Tage gedankt, sondern auch später noch mehrfach bestätigt, was für ein Stein ihm vom Herzen gefallen sei. Unmittelbar nach meinem Rücktritt als Bundesinnenminister erhielt ich im Sommer 1993 von ihm eine Einladung nach Polen. Obwohl er zu jener Zeit mitten in seinem eigenen Wahlkampf steckte, hat er mich und meine Frau drei Tage lang auf unserer Reise begleitet. Unter anderem waren wir zusammen in Warschau, in Krakau und in Tschenstochau. Ich habe dies als wunderbare, schöne Geste der Solidarität empfunden.

Der Asylkompromiss mit der für eine Grundgesetzänderung erforderlichen Zweidrittelmehrheit im Deutschen Bundestag war mit dem Abschluss der Verhandlungen mit Polen also möglich geworden. Wir waren uns sowohl innerhalb der Bundesregierung als auch mit der Opposition einig, dass diese Neuregelung jetzt zwingend notwendig war. Gleichzeitig jedoch mussten wir beobachten, wie es zunehmend zu ausländerfeindlichen Ausschreitungen und zunehmender ausländerfeindlicher Hetze kam. Es war eine traurige und erschütternde Zeit, die ihren tragischen Höhepunkt in den schweren Anschlägen in Rostock-Lichtenhagen, Hoyerswerda sowie in Solingen fand.

Bei der Vorlage eines Verfassungsschutzberichtes im Deutschen Bundestag sagte ich damals:

> »Nichts und Niemand gibt in Deutschland das Recht zu ausländerfeindlicher Hetze und zu Gewalt. Wir haben erlebt, dass sich die Gewalttaten der vergangenen Wochen und Monate gegen wehrlose Menschen gerichtet haben, und dies gehört zu den bittersten Erfahrungen dieser Zeit. Wir Deutschen wissen aus dem leidvollen Teil unserer Geschichte, dass Extremismus, Hass und Gewalt immer ins Unglück geführt haben. Deshalb muss sich unsere Demokratie – und das heißt ja wohl, wir alle – gegen ihre Feinde mit allen rechtsstaatlichen Mitteln zur Wehr setzen.«

Ich habe damals für einen Solidarpakt aller demokratischen Kräfte gegen Extremismus und Radikalismus geworben. Die Landespolizeien wurden massiv durch den Bundesgrenzschutz unterstützt, ebenfalls half der Bund bei der Ausstattung von Einsatzeinheiten der Bereitschaftspolizeien in den neuen Ländern. Der von mir vorgeschlagene Sondermeldedienst »Fremdenfeindliche Straftaten« wurde beschlossen, ebenso wurde das Bundeskriminalamt personell und finanziell verstärkt. Parallel dazu haben wir im Bundesinnenministerium auch den rechtlichen Rahmen für Vereinsverbote und ein gleichzeitiges Verbot für Ersatzorganisationen voll ausgeschöpft. So habe ich unter anderem am 27. November 1992 die »Nationalistische Front« verboten und am 10. Dezember 1992 ein Vereinsverbot gegen die »Deutsche Alternative« ausgesprochen. Darüber hinaus wurde vom Kabinett beschlossen, gegen Personen aus der rechtsextremistischen Szene beim Bundesverfassungsgericht einen Antrag nach Artikel 18 auf Verwirkung der Grundrechte zu stellen. Für alle diese Maßnahmen gab es später die Bestätigung durch das Gericht.

## Die schönen Seiten des Jobs

Meine Zeit als Innenminister hat, wie man an den Schilderungen zum Asylkompromiss sehen kann, durchaus dunkle Phasen gehabt. Doch ich erinnere mich auch an viele schöne Stunden, die wiederum zeigen, dass politisches Gestalten nicht immer nur damit zu tun haben muss, Krisen zu überwinden.

Es ist auch nicht immer alles »große Politik«, wie ein Blick in Teilbereiche meines damaligen Aufgabengebiets zeigt. Der Bundesinnenminister war zu jener Zeit auch Sportminister. Das war eine Aufgabe, für die ich mich geradezu prädestiniert fühlte. Ich war schon als Schüler ein begeisterter Sportler gewesen und hatte vor allem Fußball und Tischtennis gespielt. Wie so viele Menschen meiner Generation hing ich im historischen Sommer 1954 am Radio, um Fritz Walter, Toni Turek und Helmut Rahn dabei zu erleben, wie sie das »Wunder von Bern« schafften und damit nicht zuletzt auch der noch jungen Bundesrepublik ein gutes Stück Selbstbewusstsein zurückeroberten. Die Bundesliga gab es noch nicht, doch ich verfolgte die Meisterschaft der

Fußball-Oberliga Nord und opferte so manchen Sonntag, um im Stadion an der Bremer Brücke in Osnabrück die Spiele des heimischen VfL zu sehen, der als gebürtiger Bohmter natürlich »mein« Verein war.

Auch später habe ich es immer wieder geschafft, private Termine mit Sportereignissen zu verbinden. Der Höhepunkt dieser Angewohnheit dürfte im Juli 1974 erreicht gewesen sein, als die Hochzeitsreise mit meiner frisch angetrauten Frau Brigitte vor der Tür stand. Wir einigten uns als Ziel auf den schönen Starnberger See. Was Brigitte nicht ahnte und ich ihr auch nicht verriet: Für mich war wichtig, dass wir in der Nähe von München waren, wo das Finale der Fußballweltmeisterschaft stattfinden würde. Zwei Karten für das Spiel hatte ich längst in der Tasche. Glücklicherweise kam es nicht gleich zum ersten Ehekrach. Meine Frau war nicht gerade eine Fußballexpertin, freute sich damals jedoch auch auf das Spiel, zumal sie gewisse Sympathien für den Gegner der deutschen Mannschaft im Finale, die Niederländer um ihren großen Star Johan Cruyff, hegte. Das führte im Stadion zu der für mich unangenehmen Situation, dass sie sich merklich für die 1:0-Führung der Niederländer durch einen Elfmeter eben jenes Johan Cruyff begeisterte. Ich konnte gerade noch verhindern, dass sie in lauten Jubel ausbrach. Immerhin jubelte sie dann später auch, als Paul Breitner das 1:1 machte und erst recht, als Gerd Müller Deutschland mit dem 2:1 zum Weltmeistertitel schoss. Neben diesen beiden standen mit Sepp Maier, Franz Beckenbauer, Berti Vogts und Günter Netzer Fußballer von Weltformat auf dem Rasen. Ich habe es sehr genossen, dieses Ereignis live im Stadion miterleben zu dürfen, und meine Frau ist seitdem Bayern-Fan.

In späteren Jahren vertauschte ich die Bremer Brücke in Osnabrück mit dem Hindenburg-Stadion in Meppen, das dann in Emsland Stadion umbenannt wurde. Der SV Meppen spielte als kleinster Ort des deutschen Profifußballs von 1987 bis 1998 in der 2. Bundesliga und ich war treuer Fan. Ein Spiel ist mir ganz besonders in Erinnerung geblieben. Der 1. FC Kaiserslautern war nach vielen Jahren aus der 1. Bundesliga abgestiegen und musste nun unter anderem zum Punktspiel in Meppen antreten. Kaiserslautern gegen Meppen auf dem Rasen, das hieß auch: Rudolf Seiters gegen Bundeskanzler Helmut Kohl, der bekanntlich Fan der Roten Teufel vom Betzenberg ist. Kohl konnte zwar nicht selbst zum Spiel kommen, schickte jedoch Heiner Geißler als Unterstützung der Lauterer. Indes: Alles nützte nichts, meine Meppener machten ein hervorragendes Spiel und besiegten den großen Favoriten aus dem Südwesten mit 2:1. Als ich Helmut Kohl das nächste Mal traf, fiel die Begegnung doch spürbar kühler aus als ich es sonst gewöhnt war.

An einem anderen Tag saß ich im Bundeshaus-Restaurant mit Postminister Wolfgang Bötsch zusammen, als der Bundeskanzler dazukam. Wieder einmal ging es um das Thema Fußball. Bötsch erklärte uns, er werde sich nie mehr in einem Stadion offiziell begrüßen lassen. Auf unsere Nachfrage hin begründete er das mit der Erkenntnis, Politiker würden vom Fußball-Publikum niemals beklatscht, sondern immer nur ausgepfiffen. Nachdenklich nickte der Kanzler, auch er schien dieses Phänomen zu kennen. Beide schauten mich erwartungsvoll an und waren sicher, dass ich ihre Erlebnisse bestätigen würde. Den Gefallen tat ich ihnen jedoch nicht, sondern sagte ganz ruhig: »Also ich werde im Meppener Stadion immer groß beklatscht.« Stirnrunzeln und ungläubiges Staunen bei Kohl und Bötsch bis einer von beiden sagte: »Wo gibt's denn so was noch?« Ich ließ beide noch einen Moment schmoren, bevor ich das Rätsel auflöste. Es sei ganz einfach, erklärte ich: »Ich habe eine Absprache mit dem Stadionsprecher: Ich werde immer genau in dem Moment begrüßt, wenn gleichzeitig die Mannschaften einlaufen. Da gibt es immer Applaus …« Ich habe allerdings nie erfahren, ob Bötsch später versucht hat, einen ähnlichen Deal mit seinen Stadionsprechern einzufädeln.

Als Innen- und Sportminister freute ich mich besonders auf die bevorstehenden Olympischen Spiele in Albertville und Barcelona, wo ich dann unter anderem den Goldritt von Ludger Beerbaum bewundern konnte. Wie es der Zufall wollte, war ich auch später noch zwei Mal bei seinen Siegesritten dabei und jedes Mal hatte er es mitbekommen. Als dieses glückliche Zusammentreffen sich bei einem Turnier in Aachen zum dritten Mal ereignete, nannte er mich während der Siegerehrung im Aachener Reitstadion vor dem gesamten erstaunten Publikum seinen »Glücksbringer«.

Allerdings fiel nicht nur der Sport in meine Zuständigkeit als Innenminister, sondern auch kulturelle Belange, vor allem der Film. Ich muss jedoch zugeben, dass ich davon nicht halb so viel verstand wie von sportlichen Dingen. Immerhin hatte ich schon als Kanzleramtsminister die Gelegenheit gehabt, mit einigen bekannten Filmgrößen zusammenzutreffen, so etwa im Dezember 1990, als mir in der Leipziger Oper als »Makler der Wiedervereinigung« – wie es in der Laudatio hieß – der Bambi-Preis verliehen wurde. Zu einem Filmkenner machte mich das aber natürlich nicht. Trotzdem kam ich als Innenminister nicht darum herum, für die Verleihung des Deutschen Filmpreises und auch für die Eröffnung der Internationalen Filmfestspiele Berlin zuständig zu sein.

Den Termin beim Filmpreis überstand ich, ohne mich mit meinen mangelnden Filmkenntnissen zu blamieren. Zur Eröffnung der Berlinale jedoch konnte ich nicht anreisen. Am gleichen Tag ereignete sich in Deutschland eine Flugzeugentführung und natürlich musste ich als Innenminister in dieser heiklen Situation zur Verfügung stehen. Es war meine Aufgabe, in Bonn den Krisenstab einzuberufen und zu leiten. Zum Glück fand die Entführung ein friedliches Ende, meine Laudation in Berlin konnte ich jedoch nicht halten. Wir fanden eine andere, kreative Lösung für den Auftritt. Es vertrat mich nicht etwa ein anderer Politiker oder ein Mitarbeiter des Ministeriums, sondern meine Frau. Brigitte hatte sich als meine Begleitung ja ohnehin schon zurechtgemacht, die Ansprache war schon vorbereitet und ich war mir sicher, dass meine Frau auch diese Situation mit Bravour meistern würde. Sie berichtete mir später, ihr Herz habe bis zum Hals geklopft, doch sie musste ihre Sache wirklich gut gemacht haben. So gut, dass sich die *BILD*-Zeitung dazu entschied, einen großen Aufmacher aus dem Auftritt zu machen. Die Schlagzeile, die weder sie noch ich jemals vergessen werden, lautete: »Die Nacht, in der Frau Seiters zum Star wurde.«

Besonders gut gefiel der Auftritt meiner Frau meinen Bodyguards, die schon nach Berlin vorausgereist waren. Im Gegensatz zu mir, der sich auf dieser Veranstaltung wenig heimisch gefühlt hätte und spätestens um Mitternacht im Hotel gewesen wäre, feierte Brigitte nämlich bis in den frühen Morgen durch. Da auf der Party viele bekannte Filmstars anwesend waren, hatten auch die Bodyguards ihren Spaß.

Für meinen Wahlkreis konnte ich als Innenminister im August 1992 ein besonderes Highlight erreichen. Jedes Jahr trafen sich der französische Präsident Mitterrand und Bundeskanzler Kohl entweder in Frankreich oder in Deutschland zu einem besonderen Treffen in einer landschaftlich schönen Gegend jenseits der Hauptstädte Paris oder Bonn. Ich hatte dem Bundeskanzler vorgeschlagen, eine der ostfriesischen Inseln zu besuchen und obwohl alle Inseln schön sind und ihren eigenen Reiz haben, freute ich mich, dass sich der Bundeskanzler für Borkum entschied – und damit für meinen Bundestagswahlkreis. Die Stimmung und das Wetter waren prächtig, es gab einen riesigen Andrang und Borkum sonnte sich im Glanze der beiden hochrangigen Gäste. So waren hier gute Wahlergebnisse für mich auch für die kommenden Jahre sicher – natürlich nicht nur deshalb.

**Der französische Präsident François Mitterrand und Bundeskanzler Helmut Kohl bei ihrem Besuch auf der Insel Borkum**

## Bad Kleinen

Als ich in den Sechzigerjahren Landesvorsitzender der Jungen Union war, wollten wir – wie viele andere politische Jugendverbände – gesellschaftspolitische Reformen. Wir empfanden manches im staatlichen politischen Handeln als ungerecht, forderten mehr Mitwirkung und Mitbestimmung in der Wirtschaft und mehr Demokratie und mehr Reformen in Schulen und Universitäten. Dabei wollte die große Mehrheit der Jungen ihre Ziele auf friedlichem, demokratischem Wege erreichen. Andere aber provozierten Krawalle und praktizierten Gewalt gegen Sachen – bis dann der harte Kern überging zu Gewalt gegen Personen, zu Attentaten. Es entstand die Rote Armee Fraktion, die in drei Generationen das staatliche und gesellschaftliche Leben in Deutschland erschütterte.

Die RAF war eine linksextremistische terroristische Vereinigung, die in den Jahren von 1970 bis 1993 in Deutschland für 34 Todesopfer verantwortlich war. Unter anderem starben Generalbundesanwalt Siegfried Buback, der Chef der Dresdner Bank Jürgen Ponto, Arbeitgeberpräsident Hanns Martin Schleyer, der Vorstandssprecher der Deutschen Bank Alfred Herrhausen und Detlev Rohwedder, der Chef der Treuhand. Auch Fahrer, Polizisten, Zollbeamte und amerikanische Soldaten wurden Opfer der RAF. Durch Entführungen, Banküberfälle und Sprengstoffattentate gab es Hunderte von Verletzten.

Zu den führenden Köpfen der RAF gehörten unter anderem Andreas Baader und Ulrike Meinhof (»Baader-Meinhof-Bande«), Gudrun Ensslin, Jan-Carl Raspe und Brigitte Mohnhaupt. 24 Mitglieder oder Sympathisanten der RAF kamen in diesen Jahren ums Leben – durch Suizid, Explosionen oder Kugeln.

Zur dritten Generation der RAF gehörten Birgit Hogefeld und Wolfgang Grams, die, wie später gerichtlich festgestellt wurde, unter anderem am Sprengstoffanschlag auf die Justizvollzugsanstalt Weiterstadt beteiligt waren.

Als die staatlichen Behörden 1993 durch einen V-Mann erfuhren, dass beide sich am 24. Juni auf dem mecklenburgischen Bahnhof Bad Kleinen treffen würden, erfolgte am gleichen Tag der Zugriff unter der Leitung des Generalbundesanwalts von

Stahl. Birgit Hogefeld konnte verhaftet werden, der Polizeibeamte Michael Newrzella wurde bei diesem Zugriff jedoch von Grams erschossen. Auch Grams erlag einer Schussverletzung.

Ich erfuhr auf einer Veranstaltung in Schleswig-Holstein von der Aktion. Ich war erschüttert, besonders über den Tod des Politzisten Michael Newrzella. Mir wurde berichtet, der Einsatz sei ansonsten erfolgreich verlaufen. In den Tagen darauf wurde aber die Kritik immer lauter, vor allem weil sich der Generalbundesanwalt über den Tatablauf mehrfach widersprochen hatte. In einer gemeinsamen Sitzung des Rechts- und des Innenausschusses des Deutschen Bundestages gab es an mir jedoch keinerlei Kritik.

Dann überschlugen sich die Ereignisse. Am 1. Juli sendete das Fernsehmagazin *Monitor* den »Augenzeugen«-Bericht einer Kiosk-Angestellten, die aussagte, Grams sei »regelrecht hingerichtet worden«. Der *Spiegel* titelte etwas später: »Der Todesschuss. Versagen der Terrorfahnder.« *Spiegel*-Autor Hans Leyendecker berichtete, ein am Tatort anwesender GSG-9-Angehöriger habe sich ihm »aus Seelennot« geoffenbart und geschildert, seine Kollegen hätten Grams »wie bei einer Exekution« hingerichtet. In den Medien war die Hölle los: wilde Spekulationen, Vorwürfe an die Behörden, Vermutungen, der Staat wolle die Vorgänge vertuschen. Eine Exekution durch staatliche Hand?

Am Sonntag, dem 4. Juli, flog ich daraufhin nach Bonn zu einer von mir einberufenen Krisensitzung. Ich wollte eine schnelle und genaue kriminaltechnische Untersuchung, weil ich überzeugt war, dass an den öffentlichen Vorwürfen nichts dran war.

Dann hörte ich zu meiner großen Überraschung und meinem großen Ärger, dass die GSG-9-Beamten in der Nacht die Waffen, die Gesichter und die Hände der Toten gereinigt hatten und es unmöglich war, die Vorwürfe unter anderem anhand der Schmauchspuren sofort zurückzuweisen und aufzuklären.

Das hätte nie passieren dürfen. Mir waren die Hände gebunden. Wir mussten die speziellen Universitätsinstitute in Zürich und Münster einschalten, Prüfdauer etwa sechs Monate. In dieser damals aufgeregten Situation mit Gerüchten und Unterstellungen ein halbes Jahr ohne Aufklärung zu bleiben, ohne die Möglichkeit, Beamte zur Rechenschaft zu ziehen, weil das wie ein Bauernopfer ausgesehen hätte, das war für mich kein akzeptables Szenario.

Ich entschied mich daher für einen doppelten Akt der Schadensbegrenzung: den Rücktritt. Er sollte ein Signal an die Bevölkerung sein, dass der Staat nichts vertusche, dass ohne Ansehen der Person aufgeklärt werde. Gleichzeitig sollte mein Rücktritt die Bundesregierung vor einem langwierigen, unwürdigen Prozess gegenseitiger Schuldzuweisungen zwischen Ministerien und Behörden bewahren, zum Beispiel zwischen dem FDP-geführten Justizministerium mit Generalbundesanwalt von Stahl und dem CDU-geführten Bundesinnenministerium, dem das Bundeskriminalamt und die GSG 9 unterstanden.

Es war ein Rücktritt, der von niemandem gefordert wurde, weder von der Opposition, noch von den Medien. Ich telefonierte mit meiner Frau, die meine Haltung verstand und billigte. Anschließend versuchte ich, den Bundeskanzler zu erreichen – zwei bis drei Stunden vergeblich, weil er mit seinen Söhnen ohne Bodyguards im Pfälzer Wald unterwegs war. Als ich ihn schließlich erreichte, war er wie vom Donner gerührt. Er war strikt gegen meinen Rücktritt, wollte mich im Kabinett behalten, doch als ich ihm in einem dritten Telefonat sagte, ich hätte ihn noch nie um etwas gebeten, aber jetzt hätte ich die Bitte, meine Entscheidung zu respektieren, da ließ er mir freie Hand – allerdings mit der Forderung verbunden, ich solle in meiner Rücktrittserklärung ausdrücklich feststellen, dass er meinen Rücktritt nicht gewollt habe.

Ich bin dann vor die Presse getreten und habe Folgendes erklärt:

> »Ich trete heute als Bundesminister des Innern zurück. Im Zusammenhang mit dem polizeilichen Einsatz in Bad Kleinen und seiner Aufarbeitung sind offensichtlich Fehler, Unzulänglichkeiten und Koordinationsmängel innerhalb von Bundesbehörden deutlich geworden. Es gibt in Deutschland zu Recht den Begriff der politischen Verantwortung. Wer soll diese politische Verantwortung übernehmen, wenn nicht ein Minister? Persönlich habe ich mir nichts vorzuwerfen. Ich habe weder falsche Entscheidungen getroffen, noch der Öffentlichkeit oder dem Parlament Informationen vorenthalten, sondern im Gegenteil Anordnungen getroffen, die alle das Ziel hatten, eine lückenlose Aufklärung ohne Ansehen von Amt und Personen herbeizuführen. Ich möchte aber weder mir noch meiner Familie eine unwürdige Diskussion zumuten, wer in dieser Angelegenheit wem Verantwortung zuschiebt oder wer an welchem Amte festhält. Deshalb trete ich zurück – ohne Bitterkeit, zumal ich mit gutem Gewissen auf meine Arbeit als Bundesinnenminister zurückblicken kann. Ich werde weiterhin für meine politischen Ziele im Deutschen Bundestag und in der CDU/CSU-Bundestagsfraktion arbeiten. Ich danke dem Bundeskanzler für das Vertrauen, das er mir als Chef des Bundeskanzleramtes und als Bundesinnenminister stets entgegengebracht hat. Ich habe den Herrn Bundeskanzler über meinen Entschluss heute Nachmittag unterrichtet. Der Bundeskanzler hat meinen Rücktritt abgelehnt und mich gebeten, meine Entscheidung zu überdenken. Er hat aber letztendlich – nach einem weiteren Gespräch – meine feststehende Entscheidung akzeptiert.«

**Bundesinnenminister Rudolf Seiters erklärt vor dem Ministerium in Bonn seinen Rücktritt**

Nachdem ich diese Erklärung abgegeben hatte, stieg ich in den Hubschrauber, der mich nach Papenburg bringen sollte. Während des Fluges schossen mir viele Gedanken durch den Kopf, auch wenn ich mir sicher war, das Richtige getan zu haben. Daheim angekommen empfingen mich Freunde und Nachbarn, und ich musste feststellen, dass eine traurige Stimmung herrschte. Es war da eine gewisse Ratlosigkeit, wie mit der neuen Situation umzugehen sei.

Besonders meine jüngste Tochter Sarah, die mit meiner Frau zusammen sämtliche Nachrichten und Kommentare verfolgt hatte, kämpfte schwer mit den Ereignissen, die auf sie einstürzten. Für sie war das alles kaum zu verstehen. Sie war plötzlich verschwunden und suchte Zuflucht bei ihrem Freund Oliver sowie dessen Eltern. Diese nahmen sie in den Arm und erklärten ihr, sie solle nicht traurig sein. Alles sei gut und ihr Vater habe alles richtig gemacht. Für Sarah war das ein schöner Trost, diese Erkenntnis von ihr nahestehenden Menschen zu hören.

Während um uns herum alle erstaunt, entgeistert, bestürzt oder einfach nur überrascht über meine Entscheidung waren, beschlossen meine Frau und ich am späten Abend, eine Flasche Sekt aufzumachen. Nicht wegen des Rücktritts, sondern ganz einfach, weil der 5. Juli unser Hochzeitstag war. Das Leben würde weitergehen, auch ohne einen Innenminister Seiters. Und zwar sowohl mein Leben als auch das im Ministerium. In solchen Momenten tut es gut, sich klarzumachen, dass es sich lohnt, sich selbst nicht zu wichtig zu nehmen.

Der Abschlussbericht der Bundesregierung vom 7. März 1994 bestätigte die Angaben über Fehler und Schwachstellen beim Einsatz, bei der Spurensicherung und der Tatortarbeit. Nicht zuletzt die Fehler bei der Spurensicherung hätten zu der Konsequenz einer langwierigen monatelangen Untersuchung durch die Universitätsinstitute Münster und Zürich geführt. Ausdrücklich wurde darauf hingewiesen, dass fehlerhafterweise anlässlich der Abnahme der Fingerabdrücke von Grams auch seine Handinnenflächen gereinigt worden seien. Der Abschlussbericht stellte in der Schlussbemerkung fest, Wolfgang Grams habe sich selbst getötet. Anhaltspunkte für eine Selbsttötung in Folge eines Unfalls lägen nicht vor. Ebenfalls könne eine Fremdtötung ausgeschlossen werden.

Der Abschlussbericht nahm deutliche Kritik an der Arbeit der beteiligten Sicherheitsbehörden, die zu strukturellen, organisatorischen und personellen Konsequenzen führten. Der Generalbundesanwalt von Stahl war zuvor bereits in den einstweiligen Ruhestand versetzt worden. An das Nachrichtenmagazin *Der Spiegel* richtete der Abschlussbericht die Forderung auf Benennung des angeblichen »Zeugen«. Angesichts der Schwere des Vorwurfs, der frühen Zweifel an der Zuverlässigkeit und dem Beweiswert der »Zeugenaussage« stelle sich die Frage nach der unverzichtbaren Verantwortung eines Presseorgans gegenüber der Öffentlichkeit und den Betroffenen. Leider habe es bis zu jenem Tag weder ein Wort des Bedauerns noch der Entschuldigung gegenüber den zu Unrecht belasteten GSG-9-Beamten gegeben.

Mein Rücktritt ist mir sehr schwergefallen. Ich habe das Bundesinnenministerium gerne geführt und hätte auch ebenso gerne die Wirkung des Asylkompromisses und meiner gegen den Rechtsextremismus verfügten Handlungen abgewartet. Nun saß ich von heute auf morgen mit einer Sekretärin in einem kleinen provisorischen Büro am Rhein, sah im Fernsehen die Bilder von den Kabinettssitzungen, aus denen ich mich zurückgezogen hatte, und musste mich parlamentarisch neu orientieren. Fachlich gesehen, hätte mich natürlich der Bundesinnenausschuss gereizt, das aber wäre stillos gewesen: der zurückgetretene Innenminister in dem Gremium, das den neuen Innenminister zu kontrollieren hat. So entschied ich mich für den ebenso interessanten Auswärtigen Ausschuss, was mir später, nach der Bundestagswahl 1994, auch zugutekam.

Also schwergefallen: Ja. Aber der Rücktritt war aus meiner Sicht sinnvoll und absolut richtig. Ich habe meine Entscheidung von damals nie bereut. Geholfen haben mir dabei die Vertrauensbekundungen meiner Fraktion und in meinem Wahlkreis, viel Zuspruch aus der Bevölkerung und die respektvolle Kommentierung meines Entschlusses in den Medien und in der Politik. Mit einer hohen Stimmenzahl wurde ich erneut in das Präsidium der CDU gewählt, mein Wahlkreis nominierte mich einstimmig erneut für die Bundestagswahl 1994.

Da ich mich über den Wunsch des Bundeskanzlers hinweggesetzt hatte, nicht zurückzutreten, weil er mich im Kabinett behalten wollte, gab es zwischen uns ein paar Wochen lang eine kleine Funkstille. Diese ging jedoch zum Glück schnell vorüber. Ich habe später scherzhaft gesagt, Helmut Kohl könne einfach nicht verstehen, wie man sich freiwillig aus seiner Nähe entfernen wolle.

# ABSCHIED NACH ÜBER DREISSIG JAHREN

Meine Zeit als Minister war also vorbei, Politiker blieb ich aber dennoch. Nach der gewonnenen Bundestagswahl 1994 – ich erreichte 56,7 Prozent der Erststimmen – bat mich Wolfgang Schäuble, als einer der stellvertretenden Fraktionsvorsitzenden die Zuständigkeit für die Bereiche Außenpolitik, Europa, Verteidigung und Entwicklungszusammenarbeit zu übernehmen. Für mich erneut eine schöne Aufgabe mit wiederum neuen Schwerpunkten. Es ging um die Stabilisierung und den Ausbau der Europäischen Gemeinschaft, die Fortsetzung der europäischen Integration. Die bisherige EG sollte zu einer Europäischen Union weiterentwickelt werden, die Europäische Währungsunion im EU-Vertrag verankert und eine gemeinsame Außen- und Sicherheitspolitik im Maastrichter Vertrag festgeschrieben werden. 1996 wurde der Stabilitäts- und Wachstumspakt vereinbart, man einigte sich 1998 auf die Einführung der Gemeinschaftswährung und die Gründung der Europäischen Zentralbank mit Sitz in Frankfurt am Main. Gleichzeitig wurde die Erweiterung der Europäischen Union um die osteuropäischen und südosteuropäischen Länder forciert.

Ich stellte fest, dass in vielen Beratungen der Fraktion die Themen der Wirtschafts- und Finanzpolitik, der Sozialpolitik oder des Bundeshaushalts im Vordergrund standen. Diese Themen hatten ja auch den meisten und engsten Bezug zu der Arbeit im

Wahlkreis, doch ich hatte immerhin in meiner Karriere selbst erfahren, wie bedeutend die Außenpolitik ist. So gründete ich im September 1995 in Absprache mit Wolfgang Schäuble den Gesprächskreis der Jungen Außenpolitiker der CDU/CSU-Bundestagsfraktion. Es ging dabei auch darum, die eigene Erfahrung nach all den Jahren weiterzugeben, die nächste Generation zu unterstützen. Die Teilnehmer waren 40 Jahre alt und jünger oder gehörten in dieser Legislaturperiode zum ersten Mal dem Deutschen Bundestag und dem Auswärtigen Ausschuss, dem Verteidigungsausschuss, dem Ausschuss für die Angelegenheiten der Europäischen Union oder dem Ausschuss für wirtschaftliche Zusammenarbeit und Entwicklung an.

Die Mitglieder dieses Gesprächskreises waren Peter Altmaier, Jürgen Augustinowitz, Hermann Gröhe, Claus-Peter Grotz, Helmut Jawurek, Eckart von Klaeden, Hartmut Koschyk, Andreas Krautscheid, Karl Alfred Lamers, Armin Laschet, Friedrich Merz, Gerd Müller, Claudia Nolte, Friedbert Pflüger, Ruprecht Polenz, Klaus Dieter Reichardt, Christian Ruck, Christian Schmidt, Andreas Schockenhoff, Michael Stübgen und Kersten Wetzel. Nicht wenige aus diesem Kreis haben anschließend wichtige Aufgaben übernommen, so etwa Peter Altmaier, der heute im Kanzleramt die Fäden zieht.

Auf der außenpolitischen Agenda jener Zeit standen viele Themen: die Stärkung Europas, die Pflege der Beziehungen zu Russland und Präsident Jelzin, auch zu Polen und Israel, die spannende Frage nach den künftigen Beziehungen zwischen der Türkei und der Europäischen Union – alles Themen in der Verantwortung von Bundesregierung und Bundestag und deshalb auch umfassend diskutiert in den zuständigen Arbeitskreisen unserer Fraktion. Wichtig war in diesem Zusammenhang auch die Diskussion über das Modell »Europa der zwei Geschwindigkeiten« beziehungsweise über ein »Kerneuropa«, das von Wolfgang Schäuble und dem CDU-Abgeordneten Karl Franz Lamers entwickelt worden war. Es sah vor, dass die besonders integrationswilligen Länder vorangehen und innerhalb der EU einen harten Kern bilden sollten. Damals war das vor allem mit Blick auf die Haushaltspolitik, die Geldpolitik und die Wirtschafts- und Sozialpolitik gedacht. Prinzipiell sollte diese Kerneuropa-Gruppe allen EU-Mitgliedern offenstehen. Diese Diskussion hat, wenn auch in anderer Form, mit Blick auf die gegenwärtige europäische Lage wieder an Aktualität gewonnen.

Alle Mitglieder des Gesprächskreises haben von unserer gemeinsamen Arbeit profitiert, viele sind in hohe Ämter aufgestiegen. In einem gemeinsamen Buch versuchten sie, Leitlinien für die deutsche Außenpolitik im 21. Jahrhundert zu formulieren. Sie skizzierten, wie sie eine gesamteuropäische Friedensordnung schaffen wollten und wie dabei die Europäische Union und das Transatlantische Bündnis weiterentwickelt werden sollten, auch um die globalen Herausforderungen wie Überbevölkerung, Unterentwicklung mancher Regionen und die Sicherung der natürlichen Ressourcen besser bewältigen zu können. Und sie beschrieben, wie sie die Beziehungen zu Russland als Partner und Widerpart gestalten wollten. Dieses Buch unter dem Titel »Außenpolitik im 21. Jahrhundert. Die Thesen der Jungen Außenpolitiker«, für das Wolfgang Schäuble und ich die Herausgeberschaft übernahmen, wurde am 24. September 1996 in Bonn offiziell von Altbundespräsident Richard von Weizsäcker vorgestellt.

Die Gespräche, die wir über die inhaltliche Gestaltung des Buches führten, wurden durch Informationsreisen begleitet, die für alle Beteiligten von großer Bedeutung waren. Wir fuhren beispielsweise nach Prag, wo die Gruppe von Staatspräsident Václav Havel empfangen wurde, und nach Moskau, wo angesichts des erkrankten Präsidenten Boris Jelzin Außenminister Primakow die Gespräche führte.

Václav Havel war ein äußerst beeindruckender Mann und ich habe mich sehr gefreut, als ich Jahre später, nämlich 2008, die Laudatio bei der Verleihung des sogenannten »Point-Alpha-Preises für Verdienste um die Einheit und Freiheit Deutschlands und Europas« halten durfte. Drei Jahre zuvor war der Preis gemeinsam an die drei zentralen Figuren der Einheitsverhandlungen vergeben worden: den amerikanischen Präsidenten George Bush, den sowjetischen Präsidenten Michail Gorbatschow und an Helmut Kohl, der zudem neben Jean Monnet und Jacques Delors einer von nur drei »Ehrenbürgern Europas« ist.

Václav Havel jedoch steht diesen Dreien in seiner Bedeutung für das einige und freie Europa kaum nach. Er hat mit der Prager »Charta 77« ein bis heute nachwirkendes Zeugnis im Kampf gegen Unterdrückung und Diktatur sowie für unveräußerliche Menschen-, Freiheits- und Bürgerrechte verantwortet. Havel wurde mehrfach verhaftet und jahrelang inhaftiert, nur weil er ganz persönlich für die Freiheit des Geistes eingestanden hat. Er war damit Vorkämpfer und Vorbild für eine ganze Bewegung. In Deutschland bleibt unvergessen, wie Havel nach seinem Amtsantritt als tschechoslowakischer Staatspräsident dafür sorgte, dass sein Außenminister Jiri Dienstbier gemeinsam mit Hans-Dietrich Genscher in der Oberpfalz den Stacheldraht durchschneiden konnte, der die Grenze zu Deutschland markierte. Es war, wie Helmut Kohl damals richtig bemerkte, ein symbolisches Durchschneiden des Eisernen Vorhangs.

Absoluter Höhepunkt meiner außenpolitischen Aktivitäten aber war der Besuch in Washington, wo wir, vorbereitet durch den Deutschen Botschafter, eine Fülle von hochrangigen Gesprächen führten. Danach wurden wir, eine absolute Ausnahme, im Oval Office des Weißen Hauses von Präsident Bill Clinton empfangen, eine Ehre, die normalerweise nur den Regierungschefs zustand.

Die Jungen Außenpolitiker gemeinsam mit Präsident Bill Clinton im Oval Office des Weißen Hauses

Diesen Termin hatten wir dem Bundeskanzler zu verdanken. Wir waren fast eine Stunde beim amerikanischen Präsidenten, der uns begrüßte und sagte, er mache mit diesem Termin seinem Freund Helmut Kohl gerne eine Freude. Er äußerte sich auch anerkennend über diese »Institution der Jungen Außenpolitiker« und erkundigte sich intensiv nach unseren weiteren amerikanischen Gesprächspartnern.

Mit dem Bundeskanzler zusammen konnte ich eine andere Reise unternehmen, die mich tief berührte. Im Juni 1995 flogen wir in den Nahen Osten. Es gab Treffen mit dem ägyptischen Präsidenten Mubarak in Kairo, mit König Hussein von Jordanien in Amman, mit Palästinenserpräsident Arafat in Jericho und vor allem ein Dreiertreffen von König Hussein, dem israelischen Präsident Jitzchak Rabin und Bundeskanzler Kohl in Baqura am Jordan. Nach diesen Treffen verspürten wir eine begründete Hoffnung auf eine Entspannung in dieser Region. Am 4. November 1995 jedoch, nur wenige Monate später, wurde Rabin ermordet. Mit ihm starben viele dieser Hoffnungen.

Bundestagspräsidentin Rita Süssmuth sagte am 7. November zu Beginn der Bundestagssitzung in Bonn:

> »Jitzchak Rabin wurde Opfer eines fanatischen, hasserfüllten Gegners des Friedensprozesses, der Tat eines jungen Radikalen. Dies geschah in einem Augenblick, wo Rabin wie nie zuvor in einer großen öffentlichen Friedenskundgebung in Tel Aviv unter dem Motto ›Für den Frieden, gegen Gewalt‹ die Unterstützung von mehr als hunderttausend Israelis, auch vor allem junger Menschen, für seine Friedenspolitik erfuhr.
>
> Es war erschütternd und entmutigend, am Sarg Jitzchak Rabins immer wieder den Aufruf zur Friedfertigkeit und der Gewaltlosigkeit zu hören. Das Friedenslied, das Rabin bei der Kundgebung in Tel Aviv selbst mitgesungen hatte, war noch nicht verklungen, als er voller Hass ermordet wurde.«

## »Neunender«

Ein immer wiederkehrendes Ritual vor Bundestagswahlen ist die Kür des Spitzenkandidaten. Je länger ein Amtsinhaber am Steuer gewesen ist, umso schwieriger wird diese Entscheidung.

Vor der Wahl 1998 gab es innerhalb der CDU/CSU-Bundestagsfraktion bei einer Reihe von Abgeordneten eine Diskussion, ob es richtig sei, noch einmal mit Helmut Kohl in die Wahl zu ziehen. Viele wollten eher Wolfgang Schäuble, dem sie ein gutes

Wahlergebnis zutrauten, den sie auf vielen Parteitagen bejubelt hatten und den sie bewunderten wegen seines eisernen Willens, mit dem er trotz körperlicher Beeinträchtigungen nach dem Attentat wichtige Ressorts und später die Bundestagsfraktion erfolgreich führte.

Indes, eines war vollkommen klar: Einen Kanzlerkandidaten Schäuble, genauso im Übrigen wie jeden anderen, würde es ausschließlich mit Zustimmung von Helmut Kohl geben können. Dazu kam es jedoch nicht, da auch die Parteichefs von CSU und FDP, Theo Waigel und Klaus Kinkel, einem Wechsel reserviert gegenüberstanden – aus welchem Grunde auch immer. Man kann heute nur spekulieren, wie mit einem Kanzlerkandidaten Schäuble das Wahlergebnis ausgesehen hätte.

So jedoch schaffte es die SPD mit ihrem Spitzenkandidaten Gerhard Schröder, den Sieg recht souverän nach Hause zu fahren: Die SPD errang 40,9 Prozent der Stimmen, CDU/CSU zusammen 35,1 Prozent, die Grünen 6,7 Prozent, die FDP 6,2 Prozent und die PDS 5,1 Prozent.

Damit endete nach sagenhaften sechszehn Jahren die Kanzlerschaft Helmut Kohls. Mehr als eine Ära war zu Ende gegangen. Seine historische Leistung, das wusste er, würde ihm niemand nehmen können.

Ein Jahr später allerdings musste Helmut Kohl einräumen, 2,1 Millionen D-Mark Spendengelder an den Rechenschaftsberichten vorbei direkt für die Parteiarbeit eingesetzt und damit gegen das Parteiengesetz verstoßen zu haben. Dieser Umstand führte auch in der Union zu großer Unruhe und Kritik und zum Zerwürfnis zwischen Kohl und Schäuble. Es ging so weit, dass Helmut Kohl im Jahr 2000 auf den Ehrenvorsitz der CDU verzichtete.

Erst Jahre später sollte die Partei ihren Frieden mit ihrem langjährigen Vorsitzenden machen. Am 3. April 2005, seinem 75. Geburtstag, würdigte Bundeskanzlerin Angela Merkel in

Berlin den Altkanzler mit folgenden Worten: »Durchsetzung des NATO-Doppelbeschlusses, Vertiefung der Einheit Europas, Wiederherstellung der Deutschen Einheit, das sind Leuchttürme Kohl'scher Politik, und ihre Bausteine waren Freundschaft mit Frankreich, loyale Partnerschaft in der transatlantischen Allianz, Versöhnung mit Polen und geduldige und verständnisvolle und vertrauensvolle Beziehung zu Russland.«

Auch ich saß nun wieder auf der Oppositionsbank und hatte Zeit und Ruhe, mir zu überlegen, wie es für mich persönlich weitergehen sollte. Lange brauchte ich gleichwohl nicht, um, auch in Rücksprache mit meiner Frau, eine Entscheidung zu treffen: Nach über dreißig Parlamentsjahren würde 2002 am Ende der anstehenden Wahlperiode Schluss mit dem Bundestag sein. Aus dem »Neunender«, wie man mich ob meiner neun Legislaturperioden mittlerweile nannte, würde nicht auch noch ein »Zehnender« werden.

Diese Entscheidung führte auch dazu, dass ich innerhalb des Parlaments eine etwas andere Stellung anstrebte, die ich schließlich mit der Position des Vizepräsidenten des Bundestages auch bekam.

## Letzte Jahre als Parlamentarier

Vizepräsident des Bundestages zu werden, war eine weitere sehr schöne Aufgabe, die in meiner bevorstehenden letzten Legislaturperiode auch zu mir passte. Ich stand nun nicht mehr in vorderster Linie der parteipolitischen Kämpfe, sondern konnte den Bundestag als Ganzes vertreten und damit über Parteigrenzen hinweg wirken. Die unparteiische und objektive Leitung der Parlamentssitzungen erfüllte mich mit Zufriedenheit und sie zeigte mir in besonderer Weise und aus einer besonderen Perspektive – eine Art Vogelperspektive –, wie gut das deutsche Parlament tatsächlich jenseits aller kleinen und großen Auseinandersetzungen funktioniert.

Doch nicht nur die Leitung der Bundestagssitzungen gehörte zu meinem neuen politischen Alltag, sondern auch viele repräsentative Aufgaben, bei denen ich mich freute, das Land vertreten zu dürfen. So führte mich mein Weg beispielsweise gleich drei Mal nach Lateinamerika zur Amtseinführung dortiger Staatspräsidenten.

Ich wohnte der Einführung des neuen argentinischen Präsidenten Fernando de la Rúa in Buenos Aires bei und ebenso jener von Ricardo Lagos in Chile.

Am nachhaltigsten in Erinnerung geblieben ist mir allerdings die Reise nach Peru, wo der neue Präsident Alejandro Toledo antrat. Für Toledo musste eine doppelte Amtseinführung gefeiert werden. Ein einzigartiges Erlebnis, das der indianischen Abstammung des Präsidenten geschuldet war. Nach der offiziellen Feier in der Hauptstadt Lima ging es weiter in die alte Inka-Stadt Machu Picchu. An dieser atemberaubenden historischen Stätte wurde der zweite Teil der Amtseinführung vor den Augen von sieben weiteren südamerikanischen Präsidenten aus Argentinien, Chile, Ecuador, Costa Rica, Venezuela, Paraguay und Uruguay zelebriert. Selten habe ich ein großartigeres und beeindruckenderes Schauspiel gesehen als diese präsidiale Amtseinführung.

Doch auch in Deutschland hatte meine letzte Legislaturperiode einige Höhepunkte zu bieten, insbesondere immer dann, wenn hochrangige ausländische Staatsgäste in Berlin waren und im Bundestag sprachen, wie der amerikanische Präsident George W. Bush.

Eine der schönsten Stunden meiner Zeit als Parlamentarier hätte ich am 8. September 1999 fast verpasst. In Berlin stand ein ganz besonderes Ereignis an: Der Reichstag sollte an diesem Tag endlich als Sitz des Deutschen Bundestages eröffnet werden. Vorgesehen war, dass zunächst Bundestagspräsident Wolfgang Thierse die Leitung der Sitzung übernehmen sollte, von 9 Uhr bis 11 Uhr. Danach sollte ich den zweiten Teil der Sitzung bis 13 Uhr übernehmen, für mich ein weiteres historisches Ereignis.

Allerdings gab es ein Problem: Ich war einige Tage zuvor mit meiner Familie in die USA gereist. Planmäßig sollten wir einen Tag vor dem 8. September von Florida aus rechtzeitig zurückfliegen. Es kam jedoch anders: In der Nähe des Flughafens war ein Großbrand ausgebrochen. Es qualmte ordentlich und die Verantwortlichen entschieden sich auf Grund der starken Rauchentwicklung, eine ganze Reihe von Flügen abzusagen. Wir mussten schließlich entsetzt feststellen, dass auch unser Flug nicht mehr auf der Startliste stand.

Ich sah meinen Auftritt bei jenem historischen Ereignis in Berlin schon in weite Ferne gerückt, wir warteten stundenlang, dass etwas passieren würde. Schließlich erhielt ich die Information, dass in einer Maschine, die bald starten würde, genau ein Platz frei sei. Nun hieß es also plötzlich, eventuell meine Familie zurückzulassen und allein nach Deutschland zurückzukehren. Nicht gerade angenehm, vor diese Entscheidung gestellt zu werden!

Eine höhere Macht muss ein Einsehen gehabt haben, denn nur kurze Zeit später wurden wir, meine Frau und ich sowie unsere beiden Töchter Sarah und Kirstin nebst Schwiegersohn, von Miami nach Fort Lauderdale gebracht. Dort stand eine Maschine zur Verfügung – genau die Maschine, in der sich schon unsere älteste Tochter Silke befand, die nicht wie wir nach Düsseldorf, sondern nach Frankfurt fliegen wollte. Sie staunte nicht schlecht, als sie uns plötzlich so unerwartet erblickte. So konnten wir dann mit erheblicher Verspätung, aber doch noch rechtzeitig die Rückreise antreten und der Leitung der Bundestagssitzung am nächsten Tag stand nichts mehr in Wege.

Das Amt des Bundestagsvizepräsidenten brachte mir viele neue Erlebnisse und in meiner letzten Wahlperiode ausgefüllte vier Jahre. 2002 verließen schließlich mit mir auch Helmut Kohl, Theo Waigel, Klaus Kinkel und Norbert Blüm den Bundestag. In meinem Wahlkreis hatte ich rechtzeitig für klare Verhältnisse gesorgt. Mitte des Jahres 2000 teilte ich meinen Entschluss, bei der Bundestagswahl 2002 nicht mehr zu kandidieren, endgültig mit. So war auch hier genug Zeit, in Ruhe meine Nachfolge zu ordnen. Eine junge Frau aus Ostfriesland, Gitta Connemann, setzte sich mit meiner Unterstützung gegen vier männliche Mitbewerber durch und ist heute stellvertretende Vorsitzende der CDU/CSU-Bundestagsfraktion.

Wenn man eine solch lange Periode im Bundestag zugebracht hat wie in meinem Fall, wird häufig die Frage nach der persönlichen Bilanz gestellt. Gerade auch heute, wo oft der Eindruck besteht, die Glaubwürdigkeit der Politik und der Politiker insgesamt habe erheblich gelitten, interessieren sich die Menschen dafür, wie jemand wie ich die Zeit im Zentrum der Macht empfunden hat.

Ich kann guten Gewissens sagen, dass ich heute genauso wie bereits unmittelbar nach meinem Ausscheiden mit Zufriedenheit auf die lange Zeit im Parlament zurückblicke. Das liegt auch daran, dass ich in meinem politischen Leben immer viel Glück hatte. Wenn ich bedenke, welche historischen Momente – vor allem, aber nicht nur, im Rahmen der Deutschen Einheit – ich miterleben durfte, kann ich nur Dankbarkeit empfinden.

Ganz wesentlich für dieses positive Gefühl ist auch meine Verwurzelung in der emsländischen Heimat, das Gefühl, immer auch für meinen Wahlkreis dagewesen zu sein und vielen Menschen vor Ort mit meiner Arbeit in Bonn und Berlin geholfen zu haben. Erst dieses Gefühl macht in der Rückschau die Bilanz einer politischen Karriere rund und es ist wahrlich nicht immer einfach, den Spagat zwischen der großen Politik, den Treffen und Verhandlungen mit international renommierten Staatsmännern und den Bedürfnissen der Menschen in den Dörfern, Gemeinden und Kleinstädten des Wahlkreises hinzubekommen. Dass es mir gelungen ist, neun Mal – immer mit großem Vorsprung – das Vertrauen der Emsländer und Ostfriesen in meiner Heimat zu bekommen, werte ich in der Rückschau als schönste Bestätigung meiner Arbeit.

Allerdings wäre meine Arbeit nicht möglich gewesen, wenn nicht das parlamentarische System in Deutschland insgesamt so gut funktionieren würde. Der Bundestag ist eine Institution, die dafür sorgt, dass sich Macht und Verantwortung in unserem Staat stets die Waage halten. Nur so konnte es gelingen, über einen – historisch gesehen – unglaublich langen Zeitraum das Land in Frieden und Freiheit immer weiterzuentwickeln. Wir sehen jeden Tag, dass wir diesen Frieden und diese Freiheit nicht als selbstverständlich annehmen dürfen, sondern immer wieder verteidigen und vor allem auch selbst leben müssen. Das ist in unserem Land auf vielfältige Weise möglich und letztlich zeigt auch der Beginn meiner eigenen politischen Karriere, wie es gehen kann. Es steht jedem frei, sich politisch zu engagieren. Ob ich das einfach nur mache, indem ich mein Wahlrecht ernst nehme und mich an den Wahlen auf verschiedenen Ebenen beteilige, oder ob ich mich entscheide, aktiv in die Politik zu gehen, so wie ich es damals gemacht habe, muss jeder selbst entscheiden. Grundsätzlich finde ich es natürlich wünschenswert, dass noch mehr junge Menschen Mut und Motivation finden, sich in den Jugendorganisationen der Parteien zu engagieren und vor allem in ihren Kommunen aktiv die Politik mitzugestalten. Oft leiden auch Stadträte und Kreistage unter

Überalterung, da ist frisches Blut notwendig und begrüßenswert.

Sicher ist es auch Aufgabe der älteren Generation, den Jungen deutlich zu machen, warum sich politische Arbeit lohnt. Und zwar unabhängig davon, ob es jemand bis in den Bundestag schafft oder ob er auf Landes- oder kommunaler Ebene in ein Parlament einzieht. Ich persönlich habe in jeder Legislaturperiode, als normaler Abgeordneter, als Minister, als Mitglied des Fraktionsvorstands, unzählige Entscheidungen mit beeinflussen können. Jede dieser Entscheidungen hatte ganz konkrete Auswirkungen, manchmal für unser ganzes Land, manchmal für meinen Wahlkreis und ganz häufig auch spürbar für einzelne Mitbürger. Die Veränderung von Rahmenbedingungen durch die Politik wirkt sich immer auf die Lebenswirklichkeit von Menschen aus, und es ist eben genau das, was politische Arbeit so attraktiv macht. Solange der Abgeordnete den Kontakt zum Bürger nicht verliert, sieht er immer sehr genau die Auswirkungen seiner Arbeit, er merkt recht schnell, an welchen Stellschrauben gedreht werden muss und kann versuchen, diese gemeinsam mit seinen Kollegen in Bewegung zu bringen.

Früher wie heute steht man als Politiker dabei oft zwischen den Polen von Partei- beziehungsweise Fraktionsdisziplin und Gewissensentscheidungen. Es ist eine der schwierigsten politischen Übungen, hier einen guten Mittelweg zu finden. Manchmal ist es notwendig, die innerparteiliche Geschlossenheit zu wahren, um Entscheidungen möglichst schnell auf den Weg zu bringen. Dann bringt es nichts, eigene Eitelkeiten in den Vordergrund zu stellen. Insofern trägt ein politisches Mandat immer auch zur Charakterbildung bei. Man lernt, die eigene Person bisweilen zurückzunehmen und dem großen Ganzen zu dienen. Auf der anderen Seite muss der Politiker aber auch ein Gefühl dafür entwickeln, wann die Grenzen der Parteidisziplin erreicht und eigene Standhaftigkeit gefragt ist. Das gilt sicher immer bei Gewissensfragen. Hingegen ist bei Grundsatzentscheidungen, die die große politische Linie im Land betreffen, oft Geschlossenheit gefragt, um zu verhindern, dass Dinge in eine falsche Richtung laufen.

Ich werde manchmal gefragt, ob es früher oder heute einfacher war oder ist, Abgeordneter zu sein. Ich denke, es ist schlicht anders, diese Tätigkeit heute auszuüben. Die gesellschaftlichen Rahmenbedingungen haben sich erheblich verändert. Wir leben nicht mehr in der analogen Welt von früher, in der bei aller Hektik doch oft Zeit zur Verfügung stand, um wichtige Entscheidungen einigermaßen in Ruhe zu treffen. In der digitalen Epoche von heute, wo jede Information in Sekundenschnelle um die ganze Welt gehen kann, ist ein ganz anderer Druck auch auf die politischen Entscheidungsträger entstanden, der unter Umständen auch schneller zu Fehlern führen kann als bei uns früher. Wenn man manchmal sieht, welche Unruhe entsteht, nur weil sich Politiker ohne gesicherte Informationen nicht innerhalb von wenigen Stunden zu einem Ereignis umfassend öffentlich äußern, ist das schon ärgerlich. Manch ein Kollege, der die neuen Medien gerne schnell und oft benutzt, um präsent zu sein, müsste vielleicht bisweilen sogar vor sich selbst geschützt werden.

Eines allerdings hat sich trotz unterschiedlicher Rahmenbedingungen nicht geändert: Ohne Fleiß, ohne konsequente Arbeit, ohne die Bereitschaft zu lernen, ohne die Freude am Gespräch mit Menschen kann parlamentarische Arbeit, egal auf welcher Ebene, nie auf Dauer funktionieren. Ich persönlich habe durch meine Biografie, auch seit meiner Kindheit, früh lernen müssen, Pflichten und Eigenverantwortung zu übernehmen. Vor allem habe ich gelernt, dass die Übernahme von Pflichten nicht immer nur eine Last bedeuten muss, sondern auch Freude und Erfüllung mit sich bringen kann, wenn sich positive Ergebnisse zeigen. Diese Erfahrung zu machen halte ich auch für junge Menschen heute für essenziell wichtig. Wenn die Verantwortungsübernahme und die Erfüllung von Pflichten dann noch gemeinsam mit anderen erfolgt, stärkt das gleichzeitig auch das Gemeinschaftsbewusstsein, was sehr beglückend sein kann.

Bisher ist die Wahlbeteiligung zumindest bei den Bundestagswahlen immer noch in einem Bereich gewesen, der zeigt, dass die Bürger durchaus Interesse haben, diese Möglichkeit der aktiven Staatsbürgerbeteiligung wahrzunehmen. Trotzdem sollten wir den Trend zu sinkender Wahlbeteiligung bei verschiedenen Gelegenheiten ernst nehmen und gerade auch mit den jungen Menschen überlegen, wie dort gegengesteuert werden kann.

Das ist umso wichtiger, um den verschiedenen extremistischen Bestrebungen, die in letzter Zeit stärker zu werden scheinen, entgegenwirken zu können. Gerade die Tatsache, dass es immer große Volksparteien gegeben hat, die abwechselnd Regierungsverantwortung übernommen haben, hat dazu geführt, dass Extremisten in unserem politisch-parlamentarischen Leben im Grunde keine Chance hatten. Diese gewachsene politische Kultur müssen wir beibehalten, und dafür ist es wichtig, politisches Engagement attraktiv zu machen und jungen Menschen deutlich zu machen, warum es sich lohnt, dabei zu sein.

Wenn man aus dem beruflichen Leben ausscheidet oder freiwillig ein Amt aufgibt, um sich anderen Aufgaben zuzuwenden, gibt es oftmals dankende Worte und Würdigungen. Die habe ich auch erfahren. Bei allen notwendigen parteipolitischen Auseinandersetzungen habe ich immer das Ringen um vernünftige und sinnvolle Kompromisse für wichtig gehalten und das gemeinsame, parteiübergreifende Handeln, wo unser Land und unsere Bürger dies brauchen. Besonders gefreut habe ich mich daher über die Worte, die Bundespräsident Joachim Gauck aus Anlass meines 75. Geburtstags im Oktober 2012 gefunden hat:

»1969–2002 – was für eine Zeitspanne! Was für eine Fülle von Ereignissen und Erfahrungen, von Ämtern und Entscheidungen! Und doch bin ich mir sicher: Wenn wir Sie nach der aufregendsten Zeit in Ihrem politischen Leben fragen, dann nennen auch Sie diese Monate, in denen so unerwartet möglich wurde, was über so viele Jahre und Jahrzehnte für viele Deutsche nur eine Sehnsucht war – die Vereinigung unseres Vaterlandes in Frieden und Freiheit. Ich werde diese Monate jedenfalls immer die beste Zeit meines Lebens nennen – diese Zeit, in der wir uns wiedergefunden haben als freie Menschen, in der wir wieder zu mündigen Bürgern wurden – ›Wir sind das Volk‹. Wer – wie ich – erlebt hat, wie aus Verzagten Mutige wurden, wer – wie Sie – die Gesichter der Menschen gesehen hat, die entschlossen waren, alles zurückzulassen, um ihre Freiheit zu erringen, der weiß: Befreiung zu erleben und selber gestalten zu dürfen, darüber geht nichts. [...]

Als Sie am Abend des 9. Novembers 1989 im Bonner Bundestag sprachen, als hinterher spontan Abgeordnete aller Fraktionen aufstanden und gemeinsam die Nationalhymne sangen, da konnte keiner wissen, dass Sie nur ein Jahr später an gleicher Stelle sagen würden: ›Die Bundesrepublik Deutschland liegt nicht mehr am Rande des freien Westens, sondern im Herzen eines zusammenwachsenden Europas.‹ Sehr früh aber haben Sie, lieber Herr Seiters, gesehen, dass zum Zusammenwachsen auch das Auseinandersetzen gehört: mit vierzig Jahren Diktatur, Planwirtschaft und Unmündigkeit, vor allem aber mit den alltäglichen Schrecken der Unterdrückung durch das SED-Regime. Ich bin dankbar, dass Sie als Innenminister die Aufarbeitung der Stasi-Hinterlassenschaften als eine wichtige Aufgabe unterstützt haben. Die Akteneinsicht hat vielen, die bespitzelt oder drangsaliert worden waren, ein Stück Hoheit über ihr Leben zurückgegeben.

Im Laufe Ihres politischen Lebens haben Sie nicht nur harte Bretter gebohrt, sondern sich auch viel Respekt beim politischen Gegner erarbeitet. Ich habe Sie erlebt als einen Politiker, der seine Überzeugungen verteidigt, aber auch – wenn nötig – die Grenzen der Parteiräson überwindet. Sie selbst haben einmal gesagt, Durchsetzungskraft gehöre dazu, wenn man politischen Erfolg wolle, nicht aber Rücksichtslosigkeit. Wenn doch alle so dächten!«

Das sind Worte, die man natürlich gerne hört.

Joachim Gauck und Rudolf Seiters bei einer früheren Begegnung 1992 in der Behörde des Bundesbeauftragten für die Stasiunterlagen

Ich darf mit einiger Zufriedenheit feststellen, dass mir der Abschied von der parlamentarischen Bühne weniger schwergefallen ist, als manch einer vielleicht vermutet hätte. Diese Tatsache möchte ich dem Umstand zusprechen, dass es neben aller intensiven Arbeit als Politiker immer ein Leben neben der Politik gegeben hat. Zwar stand ich nun vor einem der größten Umbrüche und Übergänge in meinem Leben, doch war mir nicht bange vor der Zukunft. Da waren meine ehrenamtlichen Verpflichtungen, da war meine Familie, und da war am Horizont bereits eine neue Aufgabe zu erahnen, die sich schon Jahre zuvor angedeutet hatte: das Deutsche Rote Kreuz.

# WEITERGEBEN

Als ich aus dem Bundestag ausschied, hatte ich mich schon auf die Zeit nach dem Parlament vorbereitet. Es war ja immer mein Ziel, den Ehrenamtlichen, die ich in den 33 Jahren meiner Parlamentszugehörigkeit kennengelernt hatte, etwas zurückzugeben und meine beruflichen und politischen Erfahrungen wie auch meine guten Kontakte in alle politischen Lager der Bundesrepublik Deutschland für das Ehrenamt zu nutzen. Viele Jahre war ich ehrenamtlich bei der Jugendhilfe Johannesburg tätig gewesen, einer katholischen Einrichtung der stationären, teilstationären und ambulanten Jugendhilfe in meinem Wahlkreis. Ihr Träger ist die Johannesburg GmbH, deren Alleingesellschafterin die Kinder- und Jugendstiftung der Hiltruper Herz-Jesu-Missionare im Emsland ist. In der Einrichtung werden bis zu 600 Kinder, Jugendliche und junge Erwachsene beiderlei Geschlechts mit unterschiedlichen psychosozialen Problemen in der Altersgruppe zwischen 6 und 21 Jahren durch vielfältige sozialpädagogische, schulische und berufliche Hilfen betreut. Im Jahr 1996 wurde die Johannesburg zusätzlich als Reha-Ausbildungsstätte anerkannt und ist seitdem für junge behinderte Menschen ein regionales Zentrum der beruflichen Rehabilitation.

Als echter Fußballfan freue ich mich außerdem besonders, der Sepp-Herberger-Stiftung des Deutschen Fußballbundes anzugehören, und das mittlerweile seit über 30 Jahren. Sie wurde 1977 zu Ehren des früheren deutschen Fußballnationaltrainers

Sepp Herberger gegründet. Aufgabe der Stiftung ist es, soziale und karitative Projekte zu fördern und zu unterstützen. Dazu gehören Projekte zum Behindertenfußball, zur Resozialisierung von Strafgefangenen, die Förderung des Fußballnachwuchses in Schulen und Vereinen sowie des DFB-Sozialwerks. Der Fußballer in mir freut sich, dass unter den weiteren Botschaftern der Stiftung so illustre Namen wie Horst Eckel, Uwe Seeler und Oliver Kahn sind. Im Kuratorium sitzen unter anderem auch der ehemalige Bundesaußenminister Klaus Kinkel und Trainerlegende Otto Rehhagel. Gemeinsam mit dem Deutschen Behindertensportverband (DBS) sowie dem Deutschen Blinden- und Sehbehindertenverband (DBSV) organisiert die Stiftung die Blindenfußball-Bundesliga. Seit 2000 gibt es zudem eine Deutsche Meisterschaft der Werkstätten für behinderte Menschen. An den sogenannten Sepp-Herberger-Tagen veranstaltet die Stiftung bundesweit Fußballturniere für Grundschulen, die einzigartige Initiative »Anstoß für ein neues Leben«, unterstützt zudem die Resozialisierung jugendlicher Strafgefangener.

Ein Jahr nach meinem Ausscheiden aus dem Bundestag übernahm ich 2003 zudem den Vorsitz im Kuratorium der Otto-von-Bismarck-Stiftung. Stellvertretender Vorsitzender ist Hans-Ulrich Klose, früher Bürgermeister der Freien und Hansestadt Hamburg, später Vorsitzender der SPD-Bundestagsfraktion und Vizepräsident des Deutschen Bundestages. Vorsitzender des Wissenschaftlichen Beirats ist Prof. Dr. Lothar Gall, der die große Biografie »Der weiße Revolutionär« über Otto von Bismarck geschrieben hat. Die Wahrung des Andenkens an bedeutende Staatsmänner der eigenen Geschichte gehört zu den wichtigen Anliegen und kulturpolitischen Aufgaben eines Staates. Aus diesem Grund hat der Deutsche Bundestag im Sommer 1997 beschlossen, nach Bundeskanzler Konrad Adenauer, Reichspräsident Friedrich Ebert, Bundespräsident Theodor Heuss und

Bundeskanzler Willy Brandt auch den ersten deutschen Reichskanzler Otto von Bismarck durch Errichtung einer selbstständigen Stiftung zu ehren und dessen Leistungen zu würdigen. Um diese Aufgabe erfüllen zu können, sammelt und verwahrt die Stiftung den Nachlass Otto von Bismarcks und seiner Familie und wertet diesen für die Interessen der Allgemeinheit in Kultur und Wissenschaft, Bildung und Politik aus. Zugleich ist die Stiftung ein Zentrum der wissenschaftlichen Forschung über Otto von Bismarck und seine Zeit.

2003 war auch das Jahr, da die katholische Kirche in Niedersachsen gemeinsam mit der evangelisch-lutherischen und der reformierten Kirche die Initiative ergriff, um die Hospiz-Stiftung Niedersachsen ins Leben zu rufen und die Ehrenamtlichkeit in der Sterbe- und Trauerbegleitung dauerhaft zu unterstützen. Ich habe auf Bitten der Kirchen dafür gerne die Schirmherrschaft übernommen. Aus Untersuchungen wissen wir, dass dem zunehmenden Wunsch nach legalisierter Euthanasie im Kern Angst zugrunde liegt – die Angst vor unerträglichen Schmerzen, die Angst vor entmündigender Apparatemedizin, die Angst vor menschlicher Vereinsamung, die Angst vor einem unwürdigen Tod. Andere verdrängen und tabuisieren Tod und Sterben. Wenn wir aber unser Recht auf ein menschenwürdiges Sterben ernst nehmen, so meine ich, dann müssen wir rechtzeitig lernen, menschlich mit dem Sterben umzugehen.

Dieser Grundidee hat sich in Deutschland und eben auch in Niedersachsen die Hospizbewegung verschrieben. Ein Hospiz war ursprünglich eine einem Kloster angehörige Herberge für Pilgerreisende auf ihrem Weg zum Wallfahrtsziel. Die Gastfreundschaft eines Hospizes wollte aber mehr bieten als nur Unterkunft und Verpflegung, sie zielte auf die Gemeinschaft im Geiste des Herrn. In diesem umfassenden Sinne wollen die modernen Hospize eine Herberge sein für Menschen auf ihrer letzten Reise. Ihr Grundsatz lautet: Sterben ist Teil des Lebens. Konkret geht es um eine menschenwürdige, weitgehend selbstbestimmte letzte Lebenszeit zu Hause, im Krankenhaus, im Pflegeheim, im stationären Hospiz, wo immer Menschen sterben.

Ich habe die Mitarbeit in diesen Institutionen immer gerne ausgefüllt und tue es auch heute. Was dann allerdings im Deutschen Roten Kreuz auf mich zukam an nationaler und internationaler Arbeit, das war schon fast wieder vergleichbar mit einem Fulltime-Job. Aber auch diesen erfülle ich gerne.

## Das Rote Kreuz in Ost und West

Nach dem Krieg stand die junge Demokratie vor gewaltigen Herausforderungen, das galt auch für die humanitären Organisationen. Aber es gab einen unbändigen Willen, das Land wieder aufzubauen. Dieser Wille hat auch das Rote Kreuz in der Nachkriegszeit geprägt.

Über Jahrzehnte haben sich in der Folgezeit zwei Rotkreuz-Gesellschaften mit unterschiedlichen Strukturen und Aufgaben in grundlegend verschiedenen politischen Systemen entwickelt. Die Arbeit des Roten Kreuzes in der Bundesrepublik vollzog sich in einem System von Demokratie, Rechtsstaatlichkeit und Marktwirtschaft, mit unabhängigen Strukturen und einer Fülle von Aufgaben als Nationale Hilfsorganisation und Spitzenverband der Freien Wohlfahrtspflege.

In der DDR war das Rote Kreuz hingegen zentralistisch organisiert. Die Rotkreuz-Arbeit wurde vom Staat reglementiert, dafür weitgehend auch vom Staat finanziert, was zur Folge hatte, dass die Möglichkeiten, selbstständig und unabhängig zu handeln, stark eingeschränkt waren. Schließlich sah der Staat im DRK eine Massenorganisation, die den Auftrag hatte, am sozialistischen Aufbau des Staates mitzuwirken. Die Ost-West-Kontakte zwischen den beiden deutschen Rotkreuz-Organisationen hielten sich in Grenzen, wenngleich es zwischen dem Präsidenten des Roten Kreuzes in der Bundesrepublik, Botho Prinz zu Sayn-Wittgenstein-Hohenstein, und dem bis 1987 im DRK der DDR amtierenden Präsidenten Professor Siegfried Akkermann in bestimmten Bereichen schon eine konstruktive Zusammenarbeit gab.

Von den dramatischen Ereignissen in Deutschland wurden beide Organisationen überrascht. Im Frühjahr 1989 haben wir ja auch in der Politik weder gewusst noch geahnt oder gar geglaubt, dass es nur anderthalb Jahre später zur Einheit Deutschlands kommen werde.

So zeigt der historische Rückblick, wie zögerlich die Leitung des DRK der DDR 1989 zunächst auf die gesellschaftlichen Umbrüche reagierte. Erst nach den Massendemonstrationen in Leipzig und Ostberlin sowie schließlich nach dem Fall der Mauer am 9. November wurde auch das Präsidium des DDR-DRK von der allgemeinen Unruhe und den Erschütterungen im Land erfasst. Präsident Gerhard Rehwald trat Mitte November zurück, amtierender Präsident wurde Karl-Heinz Borgwardt, vorher Vizepräsident des DRK. Von nun an begann sich langsam etwas zu ändern.

Schon bald kam es zu regelmäßigen Arbeitskontakten zwischen Borgwardt und den Vertretern des westdeutschen DRK. Es wurde ein »ständiger Gesprächskreis« eingerichtet, doch was die beiden Rotkreuz-Gesellschaften viel näher zusammenbrachte, war die praktische Arbeit.

Auf allen Gebieten des Gesundheitswesens in der DDR herrschte eine besorgniserregende Mangelsituation, die einer schnellen Soforthilfe bedurfte. Die Bundesregierung hatte daher ein Sofortprogramm zur Ausstattung und Versorgung von Altersheimen und Krankenhäusern des DRK beschlossen. Größenordnung: 300 Millionen DM.

Ich war damals als Kanzleramtsminister mit zuständig für dieses Programm. Beide Rotkreuz-Gesellschaften waren an der Beschaffung und Verteilung der Hilfsgüter beteiligt, am 18. Dezember 1989 rollten die ersten Lieferungen für Gesundheitseinrichtungen der DDR in die Bezirke Schwerin, Magdeburg und Eisenach.

Die rasante und unaufhaltsame gesamtdeutsche Entwicklung beschleunigte auch den internen Prozess im Roten Kreuz. Besonders alarmierend war, dass sich als Folge des Zusammenbruchs der Wirtschaft zahlreiche Grundorganisationen, in denen die meisten Mitglieder des DRK der DDR organisiert waren, in Auflösung oder doch mindestens in Schwierigkeiten befanden. Die staatlichen Zuschüsse für die Arbeit des DRK wurden immer stärker gekürzt, gleichzeitig entstanden andere Wohlfahrtsverbände und private Initiativen, die begannen, eigene Strukturen in der DDR aufzubauen.

Auf all diese politischen und gesellschaftlichen Veränderungen musste das DRK reagieren und sich positionieren. Vom DRK der DDR um Hilfe gebeten, stand das West-DRK bei der erforderlichen Umgestaltung als Partner zur Seite und versuchte, die Kollegen im Osten so gut wie möglich zu beraten. Es wurden ein gemeinsamer Koordinierungsausschuss sowie gemeinsame Fachkommissionen gebildet, die die inhaltliche und organisatorische Neuorientierung des DDR-DRK vorbereiten und einleiten sollten. Vor allem kam es darauf an, das Ost-DRK auf eine solide finanzielle Basis zu stellen. Darüber hinaus mussten mit der Gründung demokratisch verfasster Landes- und Kreisverbände föderale Strukturen geschaffen werden. Bestehende Aufgabenfelder des DRK waren zu sichern und zu konsolidieren, bisher nicht besetzte Aufgabenfelder aufzubauen, so etwa im Bereich der Sozialarbeit oder der Blutspende. Bewährtes wie der Bahnhofsdienst sollte erhalten bleiben.

Wichtig war auch, das Vertrauen der Bevölkerung in das DRK der DDR wiederherzustellen, da es von vielen Menschen als staatstragende, linientreue Organisation angesehen wurde. Nicht zuletzt musste den Mitarbeitern des DRK, die nicht alle weiterbeschäftigt werden konnten, eine Perspektive für die Zukunft gegeben werden. Gerade für die älteren Mitglieder war der Vereinigungsprozess ein einschneidender Vorgang, der sie vor die Frage stellte: Wie stehen wir zu unserer Vergangenheit? Waren die 38 Jahre sinnlos oder behalten wir sie in Erinnerung? Werten wir sie aus und würdigen all jene, die im Sinne des Humanismus mitgewirkt haben?

In Prinz Wittgenstein hatte das DRK der DDR einen fairen Partner, der den Prozess der Annäherung behutsam begleitete. Er betonte, dass sich das Zusammenwachsen auf der »Grundlage gegenseitigen Respekts« vollziehen müsse. Für ihn war wichtig, dass das Ost-DRK als gleichberechtigter Partner angenommen würde. In einem Interview hat er es so formuliert: »Ich möchte betonen, dass wir uns – so liefen alle Gespräche – als gute Partner betrachten, die eine Sprache sprechen und ein gutes und gemeinsames, stabiles Haus aufbauen möchten.« Professor Christoph Brückner, der 1990 Präsident des DRK der DDR wurde, formulierte es ähnlich: »Das allzu Sachliche in den Gesprächen der beiden Rotkreuzverbände bei den bisherigen internationalen Begegnungen war schnell einem vertrauensvollen Miteinander gewichen.«

Auch andere unmittelbar am Einigungsprozess Beteiligte haben später berichtet, wie unkompliziert vieles war und wie gut man sich verstanden habe. Viele Entscheidungen hätten auf mündlichen Absprachen beruht und seien per Handschlag besiegelt worden. Kurzum: Von allen wurde die Vereinigung der Rotkreuzverbände später als gelungenes Werk bezeichnet.

Fragt man nach den Gründen für diese doch eher emotionale Nähe und diese gewisse Vertrautheit, so wird auf die gemeinsamen Prinzipien und ethischen Werte des Roten Kreuzes, also auf das gemeinsame humanistische Anliegen verwiesen. Dieses habe eine hervorragende Basis geboten, trotz unterschiedlicher politischer Bewertungen und Herkunft, trotz unterschiedlicher gesellschaftlicher Prägungen. Um es noch einmal mit den Worten von Prinz Wittgenstein zu sagen: »Auch wenn wir für mehr als vier Jahrzehnte getrennt wurden, so waren wir doch in den Zielen und Grundätzen des Roten Kreuzes, mehr aber vor allem in der praktischen humanitären Arbeit verbunden.«

Eine Untersuchung des DRK, welche die Motive von Mitgliedern und Helfern im DRK der DDR beleuchtet hat, machte deutlich: Die Rotkreuzidee und der Rotkreuzgedanke, hilfsbedürftigen Menschen allein nach dem Maß ihrer Not zu helfen, faszinierte in Ost und West gleichermaßen. So ist auch heute die Vision von Henry Dunant höchst lebendig und das Rote Kreuz auf weißem Grund weltweit eines der schönsten Symbole für Menschlichkeit und Solidarität.

Im Sommer 1990, als die erste Phase der Kontaktaufnahme und Soforthilfe zwischen den Rotkreuz-Gesellschaften abgeschlossen und in die nächste Phase der Partnerschaften und der konkreten Hilfen auf verschiedenen Aufgabenfeldern übergegangen war, gewann der Prozess der Annäherung und Zusammenarbeit weiter an Fahrt. Zwischen April und Juni 1990 hatten sich im Osten sechs neue Landesverbände gebildet, zuerst in Thüringen, dann in Sachsen und Ostberlin, in Brandenburg und Sachsen-Anhalt, schließlich in Mecklenburg-Vorpommern. Auch ein eigenes Jugendrotkreuz war gegründet worden. Anfang Oktober trat das Präsidium des DDR-DRK zu seiner letzten Sitzung zusammen, in Dresden fand die letzte Hauptversammlung statt. Hier beschloss man die Auflösung als Dachverband zum 31. Dezember 1990. Am 9. November traten die sechs im Osten neu gegründeten Landesverbände dem DRK-Bundesverband als Mitglieder bei.

Nun gab es wieder ein geeintes Deutsches Rotes Kreuz, das im März 1991 als Nationale Hilfsgesellschaft durch Bundeskanzler Helmut Kohl und im Mai durch das Internationale Komitee vom Roten Kreuz anerkannt wurde.

## An der Spitze des Deutschen Roten Kreuzes

Nach meinem Rücktritt vom Amt des Bundesinnenministers am 4. Juli 1993 hatte mich der Präsident des Deutschen Roten Kreuzes, Botho Prinz zu Sayn-Wittgenstein-Hohenstein, um ein Gespräch gebeten. Er werde im Jahr 1994 nicht mehr für das Amt kandidieren und wolle mich fragen, ob ich bereit sei, seine Nachfolge anzutreten. Das Angebot war ehrenhaft, hätte aber bedeutet, dass ich 1994 nicht mehr für den Deutschen Bundestag hätte kandidieren können. Deswegen kam diese Anfrage damals für mich zu früh.

Etwas muss sich jedoch in meinem Hinterkopf festgesetzt haben und auch beim DRK scheint mein Name all die Jahre auf einer internen Liste gestanden zu haben. Als ich nämlich im Jahr 2000 ankündigte, für die Bundestagswahl 2002 nicht mehr kandidieren zu wollen, um mich anderen, ehrenamtlichen Aufgaben zu widmen, erschien erneut eine Delegation des Roten Kreuzes bei mir, um mich für eine Kandidatur zu gewinnen. Es waren Vertreter unterschiedlicher politischer Richtungen.

Ich erinnerte mich an die Balkonszene in Prag, wo ich die Zelte des DRK gesehen und bewundert hatte, wie aufopfernd und segensreich die Rotkreuzhelfer im Einsatz waren. Mir kam auch das 300-Millionen-DM-Projekt der Bundesregierung wieder in den Sinn, das wir im Jahr 1990 beschlossen hatten, um die Situation von DDR-Krankenhäusern zu verbessern. Dieses Geld haben wir damals dem Roten Kreuz anvertraut, es wurde nachhaltig, erfolgreich und effektiv eingesetzt. Je länger ich über die Anfrage nachdachte, desto mehr Argumente fielen mir ein, warum ich den Posten gerne übernehmen wollte. So dachte ich auch an das Jahr 1970, als ich als junger Abgeordneter im Rahmen einer politischen Delegationsreise in Vietnam war, wo der Krieg tobte und ich die MS Helgoland, das Hospitalschiff des Deutschen Roten Kreuzes, besuchte. Diese war als Zivilkrankenhaus eingestuft und mit dem Schutzzeichen des Roten Kreuzes gekennzeichnet. In Erinnerung an all diese emotionalen Bezüge habe ich also kandidiert, wurde 2003 fast einstimmig gewählt und habe auch diese Entscheidung nie bereut.

DRK-Präsident Rudolf Seiters inspiziert vor der Beladung eines Hilfsflugs für Westafrika ein Materiallager

## Eine Institution von unschätzbarem Wert

Die Geschichte des Roten Kreuzes ist untrennbar verbunden mit der Schlacht von Solferino am 24. Juni 1859. Die vereinigten Heere von Kaiser Napoleon III. und Viktor Emanuel II., König von Piemont-Sardinien, schlugen dort die österreichische Armee unter der Führung des jungen Kaisers Franz Josef I. Nach 15 Stunden lagen auf dem Schlachtfeld 40 000 tote und verwundete Soldaten, um die sich nur wenige kümmerten.

Zu diesem Zeitpunkt erschien in Solferino der 31-jährige Kaufmann Henry Dunant, weil er hoffte, dort Napoleon III. zu treffen, den er um Konzessionen für seine Wirtschaftspläne in Algier bitten wollte. Die Grausamkeit des Krieges sowie die Hilflosigkeit und das Leiden der Verwundeten erschütterten ihn jedoch derart, dass er sein eigentliches Anliegen vergaß.

Unter dem Eindruck dieser Erlebnisse schrieb Dunant das Büchlein »Eine Erinnerung an Solferino«. In unendlichen Verhandlungen mit vielen europäischen Staaten initiierte er die Gründung des Roten Kreuzes und veranlasste die Einberufung einer Konferenz, die die Genfer Konvention von 1864 beschloss – eine »Konvention zur Verbesserung des Loses der verwundeten Soldaten der Armeen im Felde«. 1949 wurden die bis heute geltenden vier Genfer Rotkreuz-Abkommen unterzeichnet, die mittlerweile von derzeit 192 Staaten der Welt ratifiziert wurden: zum Schutz von verwundeten und kranken Soldaten, zur Behandlung der Kriegsgefangenen und zum Schutz der Zivilpersonen in Kriegszeiten. 1901 erhielt Dunant den ersten Friedensnobelpreis der Welt.

Neben Henry Dunant steht in Deutschland besonders Luise, Großherzogin von Baden, die bereits 1859 den Badischen Frauenverein ins Leben gerufen hatte, in großartiger Weise für die sieben Grundsätze des Roten Kreuzes, die auch mir als Präsident des DRK immer sehr am Herzen liegen: Menschlichkeit, Unparteilichkeit, Neutralität, Unabhängigkeit, Freiwilligkeit, Einheit und Universalität. Freiwilliges, unentgeltliches Engagement gehört also zum Wesenskern unserer Organisation, im Inland wie im Ausland, auf den aktuellen Schlachtfeldern unserer Zeit.

Auf der Grundlage der genannten Genfer Konvention und der beiden Zusatzprotokolle von 1977, die sich mit dem Schutz der Opfer internationaler und nicht-internationaler bewaffneter Konflikte befassen, arbeiten das internationale Komitee vom Roten Kreuz und die Nationalen Rotkreuz- und Rothalbmond-Gesellschaften auch heute. Sie sind durch die internationale Staatengemeinschaft mit einem völkerrechtlichen Mandat ausgestattet. Das Internationale Komitee des Roten Kreuzes mit Sitz in Genf hat den ausschließlich humanitären Auftrag, das Leben und die Würde der Opfer von Konflikten und innerer Gewaltanwendung zu schützen und ihnen Hilfe zu leisten. Es wacht über die Wahrung des humanitären Völkerrechts, es ist Anwalt von in Konflikten bedrohten und verfolgten Menschen. Darüber hinaus hat es als einzige internationale Organisation das Recht, in bewaffneten Konflikten nicht nur Gefangene zu besuchen, sondern auch internierte Personen in besetzten Gebieten, die auf Grund der Beschuldigung von feindlichen Handlungen gegen die Besatzungsmacht gefangen gehalten werden. Allein im Jahr 2013 wurden so mehr als 40 000 Gefangene in über 2 000 Gefangenenlagern in rund 70 Ländern der Welt aufgesucht. Das Internationale Komitee des Roten Kreuzes muss darauf bestehen – betraut durch das Mandat der internationalen Staatengemeinschaft –, alle Gefangenen zu sehen, die unter das Mandat fallen, und alle Stätten aufzusuchen, wo sie festgehalten werden. Es ist berechtigt, vertraulich mit den Gefangenen zu sprechen, also ohne die Anwesenheit Dritter. Die Gefangenen, die unter das Mandat fallen, dürfen registriert und in entsprechenden Listen geführt werden, darüber hinaus dürfen die Besuche so oft wiederholt werden, wie es geboten scheint.

Neben dem Internationalen Komitee des Roten Kreuzes mit dem Mandat der Hilfeleistung in bewaffneten Konflikten ist die im Jahr 1919 gegründete Internationale Föderation der Rotkreuz- und Rothalbmond-Gesellschaften von großer Bedeutung.

Sie koordiniert die internationale Hilfe für Opfer von Natur- und Umweltkatastrophen, für Flüchtlinge und bei gesundheitlichen Notständen. Darüber hinaus leistet sie Entwicklungshilfe und handelt als offizielle Vertreterin ihrer 190 Mitglieder. Sie hat bei den Vereinten Nationen einen Beobachterstatus. Wie umfassend diese konkreten Hilfen weltweit für Menschen in sozialer und politischer Not, bei Unglücksfällen, Naturkatastrophen, Kriegen und Bürgerkriegen sind, zeigt sich sehr gut am Beispiel des DRK. Es ist derzeit mit Projekten in 50 Ländern der Welt tätig. Diese betreffen medizinische und schulische Einrichtungen, Armenhäuser, Straßenkinderprojekte, Ausbildung und Aufklärung, Prävention und Hilfe zur Selbsthilfe. Noch nie hat es eine solche schnelle Abfolge von Naturkatastrophen und bürgerkriegsähnlichen Zuständen gegeben wie in den letzten 10 bis 15 Jahren.

2004 wurde der asiatische Subkontinent von der wohl schrecklichsten Naturkatastrophe betroffen, die wir seit Jahrzehnten erlebt haben. Ein Tsunami traf unter anderem Indonesien, Sri Lanka, Thailand, die Malediven und Somalia. Wir vom Deutschen Roten Kreuz konnten mit der größten Spendensumme, die jemals bei uns eingegangen ist, helfen. Insgesamt unfassbare 126 Millionen Euro kamen zusammen. Ich bin jedes Mal wieder begeistert und gerührt, was wir mit diesem Geld bewegen konnten: Diese Hilfsgelder flossen in den genannten Ländern in den Bau von 1 800 Häusern, 17 Schulen, 2 000 Brunnen, 61 Krankenhäusern und Gesundheitszentren, sie sorgten dafür, dass Rettungsdienste und Waisenhäuser ihre Arbeit machen konnten.

In meine Amtszeit fiel die Dreifach-Katastrophe in Japan mit Erdbeben, Tsunami und atomarer Bedrohung in Fukushima. 2013 musste ich wie alle anderen die apokalyptischen Bilder von den Philippinen sehen, wo vom Taifun Haiyan mehr als 16 Millionen Menschen (ein Sechstel der Gesamtbevölkerung des Landes) betroffen waren, mehr als 4 Millionen Menschen ihre Häuser und Wohnungen verloren und mehrere Tausend Menschen ums Leben kamen. Ich wusste, dass wir dort seit 2008 gemeinsam mit dem Philippinischen Roten Kreuz im Einsatz waren und im Rahmen unserer Möglichkeiten sofort würden helfen können. Tankfahrzeuge zur Versorgung mit Wasser wurden organisiert, wir halfen mit Medikamenten und Lebensmitteln und zusätzlich später mit zwei großen Hilfsflügen. Auch aktuell arbeiten wir dort weiterhin mit einem integrierten Wiederaufbauprogramm.

## Reisen ins Herz der Finsternis

Bei diesen Einsätzen gibt es immer wieder bewegende und auch erschreckende Erlebnisse. Ein besonders bewegendes und anrührendes Erlebnis hatte ich im südafrikanischen Lesotho, wohin ich mit Maybrit Illner, die zu den Ehrenbotschafterinnen des Deutschen Roten Kreuzes gehört, gereist war. Dieses Land ist in besonderer Weise von der AIDS-Plage betroffen. Es gibt dort sehr viele Waisenkinder, deren Eltern an AIDS gestorben sind. Das Deutsche Rote Kreuz hat sich mit einem speziellen Projekt um viele dieser Kinder gekümmert. Wir haben dafür gesorgt, dass sie in andere Familien kamen, neue Schwesterchen und

Brüderchen fanden. Mit diesen gingen und gehen sie zur Schule und haben eine neue Perspektive für ihr Leben.

Als wir nun dort waren, wurde ein großes Treffen organisiert. Maybrit Illner und ich saßen auf einmal mit etwa hundert dieser Kinder zusammen und konnten hautnah erleben, wie die Arbeit des DRK in der schlimmsten Katastrophe einen Funken Hoffnung bringen kann.

Jedes dieser Kinder hatte einen eigenen kleinen Kasten, in dem es Erinnerungsstücke an seine Eltern aufbewahrte. Sie hatten dort auch niedergeschrieben, was sie noch von ihren Eltern wussten und mit ihnen erlebt hatten. Bei all dem Leid, das sie erfahren hatten, war das Schöne die Freude, die diese Kinder ausstrahlten. Es war eine fröhliche Begegnung, die uns zeigte, dass es ihnen trotz ihres schweren Schicksals wieder gut ging. Sie alle hatten neue Familien gefunden, in denen sie betreut und versorgt wurden und in deren Kindern sie neue Geschwister finden durften.

Wie schnell das Schicksal zuschlägt und wie schnell dann sofortige Hilfe gefragt ist, wurde mir klar, nachdem ich mit Jan Hofer, Chefsprecher der ARD-Tagesschau und ebenfalls einer von unseren Ehrenbotschaftern, in Port-au-Prince, der Hauptstadt von Haiti, gewesen war. Schon zum Zeitpunkt unseres Besuchs gehörte Haiti zu den ärmsten Ländern der Welt. Im Hotel wurden wir von der dortigen Geschäftsführerin herzlich begrüßt und willkommen geheißen. Vier Wochen später, wir waren längst nach Deutschland zurückgekehrt, kam eine furchtbare Erdbebenkatastrophe über dieses Land und verwüstete fast alles. Als wir versuchten, Informationen zu bekommen, mussten wir auch erfahren, dass unser Hotel, in dem wir noch wenige Wochen zuvor so herzlich aufgenommen worden waren, komplett zerstört wurde. Die Geschäftsführerin, die uns jeden Wunsch von den Augen abgelesen hatte, lag sechs Tage unter den Trümmern begraben. Wir waren sehr erleichtert, als wir erfuhren, dass sie sich durch eine glückliche Fügung wieder hatte befreien können und am Leben war.

Die ganze Infrastruktur des Landes wurde zerstört. Wir haben in unserem Feldkrankenhaus und unseren Basisgesundheitsstationen über 70 000 Menschen medizinisch behandelt, Amputationen durchgeführt, in diesen Zelten sind 2 500 Babys geboren worden. Auch eine eigene neue Blutbank haben wir dort aufgebaut.

Ich habe auf meinen Reisen als Präsident des DRK so manches Aha-Erlebnis gehabt, einige davon machen einen fast sprachlos. So ging es mir und meiner Delegation, als wir nach einem Zwischenbesuch in China und Gesprächen mit dem dortigen Roten Kreuz nach Nordkorea weitergereist waren. Das Auswärtige Amt hatte uns gebeten, die Effektivität eines von ihm finanzierten sozialen Projektes zu prüfen. Dabei ging es um finanzielle Hilfen zur Verbesserung der Situation in den ländlichen Kliniken Nordkoreas.

Nordkorea ist bekanntlich das wohl isolierteste Land in der ganzen Welt. Es schien mir, als wären wir auf einem anderen Planeten gelandet. Wir sahen Busse und viele Fahrräder, jedoch kaum Privatautos. Männer und Frauen trugen schwarze und braune Einheitskleider, überall waren Bilder vom »großen Führer« zu sehen. Die Menschen schienen ständig damit beschäftigt, Pilgerfahrten zu dessen Geburtshaus zu absolvieren. Während wir in Deutschland und anderen westlichen Ländern aus hunderten TV-Programmen wählen können, gab es dort nur ein einziges staatlich gesteuertes Fernsehprogramm, das auch in allen Bussen in Dauerschleife lief. Dieses Fernsehprogramm zeigt fast ausschließlich Filme. Einen davon haben wir damals gesehen. Er beginnt damit, dass eine Mutter ihren Sohn tränenüberströmt in die Arme schließt. Sie ist traurig, weil er zur Armee einberufen wird und zittert um sein Leben. Der Film endet schließlich damit, dass der Sohn in einer von Orden nur so starrenden Uniform zu seiner Mutter zurückkehrt. Diese schließt ihn in die Arme, die heile kommunistische Welt ist gerettet und ihr Sohn hat dazu beigetragen.

Ich bin in vielen Ländern gewesen, auch in Diktaturen, aber ein solches System wie in Nordkorea habe ich nirgendwo erlebt: Die totale Abschottung der Bevölkerung von der Welt, die bis ins Kleinste gehende Indoktrination der Menschen und das Götzentum um den großen politischen Führer waren wirklich kaum zu fassen.

## Flüchtlingsströme

Schwerpunkt unserer Auslandsarbeit war in den vergangenen Jahren Syrien, wo der Konflikt gekennzeichnet ist durch allseitigen mangelnden Respekt vor dem humanitären Völkerrecht, darunter wahllose Angriffe auf dicht besiedelte Wohnviertel und gezielte Anschläge auf Gesundheitseinrichtungen und deren Personal. Das IKRK beschreibt immer wieder Menschenrechtsverletzungen von ungeahntem Ausmaß: über 250 000 Tote, 6,6 Millionen Menschen mussten ihre Häuser, ihre Städte verlassen. Mehr als fünf Millionen Syrer haben in den Nachbarländern Zuflucht gesucht, etwa eine Million allein im Libanon.

Vor einiger Zeit war ich in Damaskus, wo in den Vorstädten nach wie vor Bomben fielen und Schüsse krachten. Ich besuchte ein libanesisches Flüchtlingslager, 30 Kilometer von der syrischen Grenze entfernt. Da lebten Familien mit teilweise vielen Kindern 10, 12 oder auch 15 Monate lang ohne jede Perspektive. Sie wurden verpflegt, erhielten auch Medizin, aber was ist das für ein Leben, wenn jeder Tag ist wie der andere. Arbeit gibt es nicht und Eltern, die mit ihrer Familie auf engstem Raum hausen mussten, waren schon froh, wenn es nachts nicht geregnet hatte, damit die Kinder wenigstens draußen trockenen Fußes ein wenig spielen konnten.

Wer diese Bilder gesehen hatte, dem musste schon früh klar sein, dass diese Menschen sich bei Fortdauer des Krieges irgendwann auf den Weg machen würden. Genau das ist es, was ja dann auch geschah und weiter geschieht: Menschen fliehen auf dem lebensgefährlichen Weg über das Mittelmeer in die Ägäis und versuchen schließlich auf dem Landweg, einen sicheren Ort zu finden. Europa hat viel zu lange zugeschaut und war fast hilflos, als der Strom der Flüchtlinge 2015 innerhalb von Wochen und Monaten immer stärker anschwoll.

In dieser Situation, wo in Syrien das Gesundheitswesen praktisch zusammengebrochen ist, wo es an allem fehlt, an Nahrungsmitteln, sauberem Wasser, Medikamenten, wo nach wie vor Flüchtlingsströme unterwegs sind, helfen wir dem Syrisch-Arabischen Roten Halbmond (SARC) seit vielen Jahren nach Kräften. Große Unterstützung erfahren wir dabei von der Bundesregierung, der EU und durch die Spendenbereitschaft der Menschen hierzulande. Hilfsgüter in einer Größenordnung von 60 Millionen Euro hat allein das Deutsche Rote Kreuz in den letzten fünf Jahren nach Syrien gebracht. Das DRK unterstützt seine Schwestergesellschaft in der Logistik, mit Notstromgeneratoren für Krankenhäuser, Lieferungen von Hilfsgütern wie Lebensmitteln, Decken, Matratzen, Küchensets, Hygienesets und medizinischen Verbrauchsgütern. Ein DRK-Delegierter ist in Damaskus vor Ort, weitere sind in Beirut. Mehr als 50 Helfer des Syrisch-Arabischen Roten Halbmondes sind bei ihren ehrenamtlichen Einsätzen bereits ums Leben gekommen.

In der internationalen Zusammenarbeit hat das Deutsche Rote Kreuz als Teil der Rotkreuz- und Rothalbmondbewegung mit seinen Schwestergesellschaften in Ländern wie Syrien, Libanon, Jordanien, der Türkei, Mazedonien oder Griechenland seine Aktivitäten vervielfacht. Bei steigenden Flüchtlingszahlen nimmt mit zunehmender Dauer der Krisen in der Region die Widerstandskraft der Menschen, der Hilfsorganisationen und auch der Behörden vor Ort ab. Die Menschen sind zunehmend allein gelassen in ihrer schwierigen, oft lebensbedrohenden Situation. Das Deutsche Rote Kreuz mobilisiert allein in der vom Syrienkrieg betroffenen MENA-Region (Mittlerer und Naher Osten sowie Nordafrika) seit dem Jahr 2012 Hilfen in fünf Ländern mit insgesamt mehr als 36 000 freiwilligen Helfern in den örtlichen Schwestergesellschaften. Darüber hinaus unterstützte das DRK die Flüchtlinge auf der Insel Lesbos in Griechenland, auf dem griechischen Festland und in Mazedonien und betreute somit wesentliche Teile der Balkan-Route.

Am 26. August 2015 war ich mit Bundeskanzlerin Angela Merkel in der großen Flüchtlingsunterkunft in Heidenau bei Dresden, die das Deutsche Rote Kreuz gemeinsam mit dem THW innerhalb von 36 Stunden errichtet hatte. Es war der erste Besuch der Kanzlerin in einem solchen Lager und der Gegensatz hätte nicht schärfer sein können: In den großen Sälen dieser Unterkunft waren 600 Flüchtlinge, viele Frauen, viele Kinder, die sich über den Besuch freuten und auf vielfache Weise ihre Dankbarkeit zum Ausdruck bringen wollten. Draußen hingegen, etwas abseits, standen 80 bis 100 demonstrierende Menschen, hasserfüllt und mit ordinären und beleidigenden Zwischenrufen, die ich nicht wiederholen möchte. Die Bilder gingen um die Welt, ähnlich wie damals in Rostock-Lichtenhagen. Man konnte sich nur schämen.

Für seine Überzeugungen zu demonstrieren ist ein Grundrecht. Auch muss die Politik, muss die Gesellschaft Sorgen und Ängste von Menschen ernst nehmen, aber eine Verrohung der

Sitten dürfen wir nicht zulassen. Das sind wir auch den vielen ehrenamtlichen Helferinnen und Helfern schuldig.

In Deutschland sind in den vergangenen Monaten mehr als 480 Notunterkünfte für Flüchtlinge vom DRK betrieben worden, über 20 000 ehrenamtliche und hauptamtliche Helfer haben in einem enormen Kraftakt innerhalb kürzester Zeit Unterkünfte und Hilfsangebote geschaffen. Allein in den sogenannten Warteräumen von Feldkirchen und Erding hat der DRK-Bundesverband seit September 2015 mehr als 180 000 Menschen erstbetreut und auf ihre Weiterfahrt in die Aufnahmeeinrichtungen der Bundesländer vorbereitet.

Es ist klar, dass Deutschland nicht alle Flüchtlinge aufnehmen kann. Würden wir alle aufnehmen, so hätten wir dafür keine Akzeptanz in der deutschen Bevölkerung und wir stünden vor zu großen Herausforderungen der Integration, bei der für mich nach wie vor das Wort vom Fördern und Fordern gilt. Die Hilfsbereitschaft in der deutschen Bevölkerung ist noch immer sehr, sehr groß, aber ebenso groß ist ihre Erwartungshaltung, dass die Flüchtlinge mit Bleibeperspektive sich auch selbst um Integration bemühen, mit Blick auf die Sprache, mit Blick auf Ausbildung und Arbeit, mit Blick auf unsere Rechtsordnung, unser Grundgesetz und die Gleichstellung von Frauen und Männern. Das Grundrecht auf Asyl wurde nach dem Zweiten Weltkrieg geschaffen für politisch, religiös und rassistisch Verfolgte und für Menschen, die in Lebensgefahr sind durch Kriege und Bürgerkriege. Ihnen gilt zunächst unsere Hilfe, deswegen müssen wir unterscheiden zwischen Menschen, die einen Asylgrund haben und denen, die aus durchaus verständlichen, aber eben doch sozialen und wirtschaftlichen Gesichtspunkten nach Deutschland kommen. Ihnen müssen wir in ihren Herkunftsländern helfen – und das reiche Europa sollte das auch tun.

Deutschland kann stolz sein auf das, was in der Flüchtlingshilfe in den vergangenen Monaten alles geleistet wurde. In dieser Dimension haben wir ein solches Engagement vielleicht in der unmittelbaren Nachkriegszeit erlebt, aber bisher nicht in der neueren Geschichte der Bundesrepublik.

Das ehrenamtliche Engagement ist unglaublich. Die Aufnahme von mehr als einer Million Flüchtlingen wäre ohne die vielen Ehrenamtlichen gar nicht möglich gewesen. Zigtausende Helfer des Roten Kreuzes, anderer Hilfsorganisationen und der Kirchen arbeiten an Essensausgaben, in Kleiderkammern, geben Deutschunterricht, übernehmen Behördengänge und betreuen Kinder. Über Monate hinweg engagierten sie sich in den Notunterkünften, darunter auch viele spontane Helfer, die bis dahin mit ehrenamtlicher Arbeit gar nichts zu tun hatten. Der Staat allein wäre mit dieser Aufgabe hoffnungslos überfordert gewesen. Vor diesem Hintergrund bin ich zuversichtlich, dass die Zivilgesellschaft in Deutschland gestärkt aus der Flüchtlingskrise hervorgeht. Aus diesen Erfahrungen, aus diesem bürgerschaftlichen Engagement, kann die deutsche Gesellschaft auch bei künftigen Herausforderungen und Notlagen ähnlicher Art schöpfen.

2015 war das Jahr der ehrenamtlichen Helfer und der Flüchtlinge. Die nächsten Jahre werden Jahre der Integration sein müssen – auch das eine gigantische Aufgabe für den Staat und die humanitären Organisationen.

Bedingt durch Konflikte und Katastrophen werden oftmals Familien getrennt und es besteht Unsicherheit über den Verbleib von Angehörigen. Eine besondere Aufgabe ist in diesem Zusammenhang dem Deutschen Roten Kreuz übertragen worden. Nach dem Zweiten Weltkrieg hat der Suchdienst des DRK mit Sitz in München und Hamburg Millionen Menschen wieder miteinander in Verbindung gebracht und getrennte Familien wieder zusammengeführt. Nach dem friedlichen Umbruch in Europa und der Überwindung des Ost-West-Konfliktes konnten – nach langen intensiven Bemühungen – schriftliche Vereinbarungen mit verschiedenen Archiven in Russland abgeschlossen werden, in denen es um für die Schicksalsklärung wichtige Daten von deutschen Kriegsgefangenen und Zivilinternierten ging. Mit dem staatlichen russischen Militärarchiv in Moskau wurde zwischenzeitlich abgesprochen, dass auch künftig noch Informationen aus weiteren ein bis zwei Millionen Personalakten von deutschen Kriegsgefangenen und Zivilinternierten zur Verfügung gestellt werden. Bisher konnten so über 100 000 weitere Schicksale geklärt werden.

Aber der DRK-Suchdienst hilft nicht nur Deutschen. Angesichts der Kriege und Katastrophen der Gegenwart steht der DRK-Suchdienst mit den Rotkreuz- und Rothalbmondgesellschaften in aller Welt in ständigem Kontakt. Die große Flüchtlingsbewegung ist dabei eine besondere Herausforderung. Viele Familien wurden und werden auf ihrer langen Flucht nach Europa auseinandergerissen. Der Suchdienst hilft und versucht, den Kontakt wiederherzustellen. Aufgabenschwerpunkte sind außerdem die Beförderung und Zustellung von Familienbenachrichtigungen im Zusammenhang mit den Konflikten im Irak, in Afghanistan, in Somalia, Äthiopien, Eritrea und in Zentralafrika. Jährlich erreichen uns etwa 5 000 Suchanfragen aus diesen Konfliktregionen.

Seit 13 Jahren leite ich das Deutsche Rote Kreuz. In diesen Jahren habe ich großartige Menschen kennengelernt, nicht nur im Roten Kreuz, sondern auch bei anderen humanitären Organisationen wie den Feuerwehren, beim THW, den Sportverbänden, den Kirchen. Deutschland kann stolz sein auf das ehrenamtliche bürgerschaftliche Engagement angesichts der Unruhen in der Welt, geprägt von Krieg und Bürgerkrieg, Naturkatastrophen,

Armut, Krankheiten und mangelnden Perspektiven. Wir müssen alles tun, um das Ehrenamt zu schützen und zu unterstützen. Das meinte auch Altbundespräsident Roman Herzog, als er sagte: »Ehrenamtliche Arbeit, der Einsatz für das Gemeinwohl, das ist so etwas wie ein Gradmesser für die moralische Temperatur in unserer Gesellschaft.« Mit anderen Worten: Die moralische Temperatur entscheidet über Wärme und Kälte im Leben, darüber, ob unsere Gesellschaft ein menschliches Gesicht zeigt.

Es freut mich in besonderem Maße, dass in Deutschland die ehrenamtlichen Helferinnen und Helfer ihre Arbeit gerne tun. Sie engagieren sich jenseits des privaten und beruflichen Lebens und opfern sich mit ihrer Arbeit auf. Aber sie bekommen auch etwas zurück, die Einsicht und das Gefühl, etwas wirklich Gutes zu tun – so wie Bertha von Suttner einmal gesagt hat: »Nach lieben ist helfen das schönste Zeitwort der Welt.«

Nimmt man alles zusammen, die dramatische Zunahme der Naturkatastrophen, die weitere Eskalation der Gewalt im Nahen Osten, die weltweit 65 Millionen Menschen auf der Flucht, so könnte man meinen, die Welt sei aus den Fugen geraten. Noch nie waren mehr Menschen auf der Flucht als in den vergangenen Monaten. Sie überqueren internationale Grenzen oder sind in ihrem Heimatland vertrieben. Die Gründe für Flucht und Vertreibung sind mannigfaltig – Armut, Krieg, politische Verfolgung, der Verlust oder die Zerstörung von Lebensräumen und damit von Lebensunterhalt. Millionen von Menschen sind täglich massiver Gewalt ausgesetzt und nur unzureichend mit Wasser, Essen, Obdach und medizinischen Leistungen versorgt. Auch künftig wird Hilfe dringend gebraucht, mit Sicherheit mehr als bisher: Um die Lebensumstände in den Herkunftsländern merklich zu verbessern, legale Zufluchtswege für Flüchtlinge nach Europa zu öffnen, die tödlichen Katastrophen im Mittelmeer und in der Ägäis zu beenden. Wir brauchen eine europäische Konzeption, eine europäische Antwort auf die Dramen dieser Welt. Das Internationale und das Deutsche Rote Kreuz werden ihren Beitrag dazu – soweit es möglich ist – leisten.

# EIN WORT ZUM SCHLUSS

Was bringt uns die Zukunft? Ich wünsche mir, dass wir nie vergessen, was Europa für uns bedeutet. Die europäische Einigung dürfen wir auch in Zeiten der Verunsicherungen und Ängste – sei es mit Blick auf die Finanzmärkte und den Euro oder mit Blick auf die Flüchtlingsströme – nicht leichtfertig verspielen. Die Öffnung der Europäischen Union für unsere osteuropäischen Nachbarn war richtig, sie war ein Akt der Gerechtigkeit und sie war auch im Sinne einer Politik des Friedens.

Heute, wo wir angesichts von Elend und Verfolgung, von Kriegen und Bürgerkriegen in vielen Teilen der Welt eine europäische Antwort auf eine der größten Herausforderungen seit Jahrzehnten brauchen, stellt sich Europa leider nicht als eine solidarische Wertegemeinschaft dar. Zu oft scheint es, als würde das heutige Europa von nationalen Egoismen geprägt. Dabei wissen wir aus den vergangenen Jahrzehnten, dass viele Probleme in der Welt und auf unserem Kontinent nicht von den Nationalstaaten allein gelöst oder gemildert werden können. Sich darauf wieder zu besinnen, ist für die europäische Zukunft von zentraler Bedeutung. Im gegenwärtigen Zustand würde Europa den Friedensnobelpreis wohl kaum ein zweites Mal bekommen.

Viele Menschen meinen heute, die repräsentative Demokratie sei nicht mehr zeitgemäß und das Volk müsse im Sinne einer direkten Demokratie in vielen Fragen selbst entscheiden. Ich halte das für falsch. Der Brexit ist eines von mehreren Beispielen, wie dabei persönliche Verantwortung verloren geht. In einer repräsentativen Demokratie hingegen gibt es klare Verantwortlichkeiten bei jedem Abgeordneten, jedem Minister, jeder Regierung. Handeln sie richtig, so können sie bestätigt, handeln sie falsch, können sie abgewählt werden. Für den Ausgang von Volksentscheidungen mit ihren einfachen Ja- und Nein-Alternativen kann man jedoch niemanden verantwortlich machen. Ich habe in meinem parlamentarischen Leben gelernt, die parlamentarische Demokratie als die bestmögliche zu schätzen.

Wie sollte Verantwortung aussehen? Die Bürger sollten ihr Wahlrecht nutzen, das allgemeine Wahlrecht ist eine der wertvollsten Errungenschaften einer freiheitlichen Demokratie. Die gewählten Abgeordneten müssen in ihrer parlamentarischen Arbeit Verantwortung übernehmen, für falsche Entscheidungen auch haften, immer in dem Bewusstsein, frei und letztlich nur ihrem Gewissen verpflichtet zu sein.

Das Grundgesetz hat die Konsequenz aus dem Scheitern der Weimarer Republik gezogen. Die plebiszitären Elemente wurden zurückgenommen, ein starkes Parlament und ein starker Kanzler anstelle des fast allmächtigen Reichspräsidenten installiert. Stabilität und Wehrhaftigkeit sind die sichtbaren und erfolgreichen Bauelemente unserer Verfassung und sie müssen dies auch bleiben.

Ich selbst habe mich dieser Ordnung der Dinge immer verpflichtet gefühlt und sehe auch bei den meisten der heutigen Politiker im Bundestag, dass sie diese Verpflichtung fühlen. Dieser Ordnung ist es auch zu verdanken, dass ich ein solch erfülltes parlamentarisches Leben führen durfte.

Erfüllt war und ist es jedoch nicht ausschließlich im Bereich der Politik, sondern auch auf allen anderen Ebenen. Als Kind war meine Familie für mich ein Glücksfall. Daran hat sich auch heute, wo ich selbst Ehemann und Vater bin, nichts geändert. In der Politik und in großen Institutionen wie dem DRK kann es nicht immer familiär zugehen. Und doch waren die intensivsten Momente die, in denen in großer Einigkeit Dinge bewegt wurden.

In der Rückschau kann ich sagen, dass mein Leben tatsächlich von einer ganzen Reihe von Vertrauensverhältnissen geprägt worden ist, die mich als Mensch, aber auch in meiner jeweiligen Rolle ein Stück haben wachsen lassen.

Wenn ich 2017 nicht mehr zur Wiederwahl als DRK-Präsident antrete, werde ich andere Vertrauensverhältnisse pflegen. Es ist ein großes Glück, dass mich meine Gesundheit, meine Familie und Freunde so zuversichtlich und produktiv in die Zukunft schauen lassen.

# PERSONENREGISTER

## C



## D



## E



## F



## G



## H

# LITERATURVERZEICHNIS

Berg, Ulrike: Rudolf Seiters. Der stille Macher. Karriere in Hintergrund und Rampenlicht, Leer 2002

Buchstab, Günter (Hrsg.): Vita activa – Vita contemplativa. Politik denken und gestalten. Bernhard Vogel zum 70. Geburtstag, Düsseldorf 2003

Buchna, Jörg: Worte, die mich begleiten, Norden 2008

Carstens, Karl: Wanderungen in Deutschland. Von der See zum Alpenrand, Herford 1985

Gall, Lothar: Bismarck. Der weiße Revolutionär, Berlin 1997

Genscher, Hans-Dietrich: Erinnerungen, München 1995

Gölter, Georg und Elmar Pieroth: Die Union in der Opposition, Düsseldorf 1970

John, Antonius: Rudolf Seiters. Einsichten in Amt, Person und Ereignisse, Bonn 1991

Kohl, Helmut: Ich wollte Deutschlands Einheit, Berlin 1996

Kohl, Helmut: Vom Mauerfall zur Wiedervereinigung. Meine Erinnerungen, München 2009

Schäuble, Wolfgang und Rudolf Seiters (Hrsg.): Außenpolitik im 21. Jahrhundert. Die Thesen der jungen Außenpolitiker, Bonn 1996

Schomann, Stefan: Im Zeichen der Menschlichkeit. Geschichte und Gegenwart des Deutschen Roten Kreuzes, München 2013

Seiters, Rudolf: In der Spur bleiben. Politische Wegmarken zu Rechtsstaat und Demokratie, Europa und Weltfrieden, bürgerlicher Verantwortung und Solidarität, München 2005

Seiters, Sarah: Politikerkind. Wenn der Kanzler zweimal klingelt, Berlin 2014

Stern, Klaus: Das Staatsrecht der Bundesrepublik Deutschland. 5 Bände, München 1984 ff.

Wentker, Hermann: Außenpolitik in engen Grenzen. Die DDR im internationalen System 1949–1989, München 2007

Zick, Rolf: Die CDU in Niedersachsen. Eine Chronik. Konrad-Adenauer-Stiftung 2008

# ZEITTAFEL

| | |
|---|---|
| 13. Oktober 1937 | Rudolf Seiters wird in Osnabrück geboren und wächst in Bohmte auf |
| 1957 | Seiters gründet den JU-Ortsverband Bohmte |
| 1958 | Eintritt in die CDU |
| 1959 | Abitur am Carolinum in Osnabrück |
| 1959–1963 | Studium der Rechts- und Staatswissenschaften in Münster |
| 1963–1965 | Bezirksvorsitzender der Jungen Union Osnabrück Emsland |
| 1965–1968 | Landesvorsitzender der Jungen Union Hannover |
| 1967 | Zweites juristisches Staatsexamen |
| 1968–1969 | Regierungsassessor im Wirtschafts- und Wohnungsbaudezernat beim Regierungspräsidenten in Osnabrück |
| 1968–1970 | Landesvorsitzender der Jungen Union Niedersachsen |

| | |
|---|---|
| Seit 1969 | Mitglied des Deutschen Bundestages, zunächst des Wahlkreises 26, ab 1980 des Wahlkreises 20 (Unterems) |
| 1971–1973 | Mitglied des Bundesvorstandes der CDU Deutschland |
| 1971–1976 | Jüngster Parlamentarischer Geschäftsführer der CDU/CSU-Bundestagsfraktion |
| 1972–1998 | Stellvertretender Landesvorsitzender der CDU Niedersachsen |
| 1974 | Heirat mit Brigitte Kolata, sie bringt die Töchter Silke und Kirstin mit in die Ehe |
| 1977–1978 | Wahlkampfleiter der CDU Niedersachsen für die Kommunal- und Landtagswahlen |
| 1981 | Tochter Sarah wird geboren |
| 1981–1984 | Vorsitzender der Landesgruppe Niedersachsen in der CDU/CSU-Bundestagsfraktion |
| 1982–1984 | Parlamentarischer Geschäftsführer der CDU/CSU-Bundestagsfraktion |
| 1984–1989 | Erster Parlamentarischer Geschäftsführer der CDU/CSU-Bundestagsfraktion |
| 1989–1991 | Bundesminister für besondere Aufgaben und Chef des Bundeskanzleramts |
| 1991–1993 | Bundesminister des Innern |

| | |
|---|---|
| Juli 1993 | Rücktritt vom Amt des Bundesministers des Innern |
| 1994–1998 | Stellvertretender Vorsitzender der CDU/CSU-Bundestagsfraktion |
| 1998–2002 | Erster Vizepräsident des Deutschen Bundestages |
| 22. September 2002 | Rudolf Seiters nimmt Abschied als Parlamentarier vom Deutschen Bundestag |
| 21. November 2003 | Rudolf Seiters wird zum Präsidenten des Deutschen Roten Kreuzes gewählt |

# BILDNACHWEISE

S. 32 © Sven von Graefe
S. 42 © Heinrich Albers
S. 44 © privat
S. 54 © Bild am Sonntag/Rudolf Alert
S. 67 © privat
S. 78 © dpa Picture-Alliance/Steiner
S. 83 © privat
S. 95 © Bundesbildstelle Bonn/Stutterheim
S. 105 © Jürgens Ost + Europa Foto
S. 119 © dpa Picture-Alliance/Kemmether
S. 138 © Bundesbildstelle Bonn
S. 167 © Foto Felici, Rom
S. 198 © Bundesbildstelle Bonn/Faßbender
S. 203 © dpa Picture-Alliance/Athenstädt
S. 211 © privat
S. 223 © Bundesbildstelle Bonn/Kühler
S. 234 © Clemens Bilan – DRK

Der Verlag hat sich bemüht, alle Rechteinhaber ausfindig zu machen. In Fällen, in denen dies nicht gelungen ist, bitten wir um Mitteilung.